puberbr
binnens

'Het enige wat ik eigenlijk wil, is veel aandacht. Met emmers tegelijk! Gewoon dat mensen naar mijn verhaal willen luisteren en proberen te begrijpen dat ik iets goeds probeer te doen, maar dat het heel vaak gewoon niet lukt. Dan gaat het mis en dan weet je niet meer hoe je het terug moet draaien. Op zo'n moment zoek je eigenlijk een volwassene die gewoon zegt hoe het moet, zonder de hele tijd te zeiken dat je het eigenlijk niet kan. Dat weet ik zelf dan ook wel.'

Omar, 16 jaar

puber brein binnenstebuiten

Wat beweegt jongeren van 10 tot 25 jaar?

Huub Nelis & Yvonne van Sark

KOSMOS
Kosmos Uitgevers, Utrecht/Antwerpen

KOSMOS

www.kosmosuitgevers.nl

www.youngworks.nl

www.puberbrein.nl

Tiende druk, 2011

Vormgeving omslag en binnenwerk: Studio Veer, Utrecht

Styling kijkdozen met foto's van jongeren: Fanny Morriën,

naar een idee van Jeroen Vroegen

Fotografie kijkdozen: René Mesman

Fotografie auteurs: Linette Raven

ISBN 978 90 215 4889 0

NUR 851/853

Inhoud

Voorwoord

De puberteit was een periode die ik bij mijn eigen kinderen graag had overgeslagen. In de puberteit brengen de hersenen de productie van de geslachtshormonen op gang. Die hormonen werken in op het lichaam en de hersenen van de puber en zorgen voor enorme gedragsveranderingen. Dat is te begrijpen, want de functie van alle hersengebieden verandert door de geslachtshormonen, van het voorste deel van de hersenschors (de prefrontale cortex) tot in het ruggenmerg. Pubers hebben niet alleen een onrijp brein, zij moeten ook nog eens plotseling leren omgaan met een totaal anders functionerend brein. En dat is niet gemakkelijk, noch voor henzelf, noch voor de ouders, de school en de buurt.

Toch heeft het pubergedrag, biologisch gezien, zin. Pubers worden klaargemaakt voor de voortplanting. En het pubergedrag met het afzetten tegen de ouders, het gezin en de eigen omgeving voorkomt dat de voortplanting in de eigen kring zal plaatsvinden. Zij moeten het eigen nest dus verlaten, en daarbij hoort het zoeken naar nieuwe ervaringen, het nemen van grote risico's zonder enige angst en impulsief, soms agressief gedrag.

Ouders doen hun uiterste best het onrijpe brein van hun kinderen te vervangen door het stellen van regels, door het kind uit zijn bed te halen en aan het huiswerk te zetten, maar dat werkt vaak alleen maar averechts. Pubers denken alleen aan gevolgen van hun gedrag op zeer korte termijn en ze zijn tijdens de risicovolle keuzes ongevoelig voor straf. Dat komt door de onrijpe prefrontale cortex. Hierdoor is er ook een verhoogde kans op het misbruik van verslavende middelen die op het onrijpe puberbrein permanente schade kunnen aanrichten. 'Indrinken' voor een schoolfeestje is tegenwoordig heel gewoon. De kans op ontremd, antisociaal, agressief en crimineel gedrag neemt ook toe.

Er zijn ook hersenziekten waarvan de basis al gelegd is in de baarmoeder, zoals schizofrenie, die opeens tot uiting komen in de puberteit, onder invloed van de werking van de geslachtshormonen op de hersenen. Het begin van eetstoornissen zoals anorexia nervosa heeft bij meisjes ook een piek rond de

14 jaar. Overigens rijpen de hersenen van meisjes zo'n twee tot vier jaar eerder dan die van jongens, en dat zie je ook terug in hun betere prestaties op de middelbare school en op de universiteit.
Je krijgt soms het idee dat problemen door de puberteit iets van deze tijd zijn. Niets is minder waar, zoals blijkt uit de klacht van de filosoof Socrates (5e eeuw v. Chr.): 'Onze jeugd heeft tegenwoordig een sterke hang naar luxe, heeft slechte manieren, minachting voor het gezag en geen eerbied voor ouderen. Ze geven de voorkeur aan kletspraatjes in plaats van training... Jonge mensen staan niet meer op als een oudere de kamer binnenkomt. Zij spreken hun ouders tegen, houden niet hun mond in gezelschap... en tiranniseren hun leraren.' Het is natuurlijk wel zo dat iedere tijd zijn eigen problematiek rondom de puberteit meebrengt. Daarom is het goed dat YoungWorks, wiens *core business* al meer dan tien jaar jongerencommunicatie is, zich in deze problematiek verdiept heeft. Hiervoor zijn de auteurs van dit boek, Huub Nelis en Yvonne van Sark, het puberbrein ingedoken. Ze laten de woelige wereld van de puber zien in al zijn aspecten, belichten op een zeer toegankelijke manier de achtergronden van zijn doen en laten vanuit vele disciplines en komen met adviezen om de problematiek hanteerbaar te maken. Voor hen die ondanks al deze informatie toch midden in de heftige problemen van de puberteit blijven zitten is er één troost: ook de puberteit gaat eens vanzelf over!

Prof. Dr. D. F. Swaab

Dick Swaab is hoogleraar in de neurobiologie aan de Universiteit van Amsterdam en was tot 2005 directeur van het Nederlands Instituut voor Hersenonderzoek (NIH) van de Koninklijke Nederlandse Akademie van Wetenschappen. Het NIH is recent opgegaan in het Nederlands Instituut voor Neurowetenschappen, waar hij onderzoeksleider is. Professor Swaab geniet grote internationale bekendheid als hersenonderzoeker.

Emmy, 19 jaar, werkende jongere uit Hengelo (Ov).

Inleiding

'Alles wat je in die periode meemaakt, lijkt je leven te veranderen: de muziek die je dan hoort, je eerste liefde, je eerste gebroken hart. (...) Je beseft niet dat er nog genoeg liefdes en gebroken harten zullen volgen. Als je in de 20 bent, zoals ik nu, kun je dat zien. Maar niet op het moment zelf, dan ontbreekt het perspectief.'[1]

Lykke Li, Zweedse songwriter, 21 jaar

Al ruim tien jaar volgen wij jongeren en adviseren we klanten hoe ze met deze uitdagende en veelzijdige doelgroep kunnen communiceren. Daarbij kijken we altijd vanuit een wisselend perspectief, want je kunt op veel manieren naar ze kijken: hoe zijn ze als potentiële schoolverlater, als folderbezorger of hamburgerverkoper, als klant, als leerling, als nieuwe collega, als buurjongen of -meisje, als zoon of dochter, als gesprekspartner? Het blijven dezelfde jongens en meiden, maar de essentiële vraag is: hoe weet je wat ze echt bezighoudt en hoe dring je tot ze door? En als je dat weet: wat kun je met die kennis?
Die vragen hebben we in dit boek als uitgangspunt genomen. Het is geschreven voor iedereen die met jongeren te maken heeft, als ouder of als professional: docent, marketeer, jongerenwerker of beleidsmaker. Doordat we met jongeren praten, onderzoeken uitvoeren, trends monitoren en campagnes ontwikkelen, hebben we in de loop van de tijd veel kennis, cases en anekdotes verzameld, die we in dit boek graag met hen willen delen.

Het puberbrein tot 25 jaar Hoewel de term 'puberteit' meestal wordt gebruikt om de periode tussen pakweg 12 en 16 jaar aan te duiden, volgen we in dit boek jongeren tussen hun 10e en 25e jaar. De term 'puberbrein' geeft voor ons dan ook aan dat de hersenen zich nog tot het 25e levensjaar ontwikkelen.[2]
Veel thema's die de revue passeren, spelen weliswaar het heftigst tijdens de tienerleeftijd, maar we zullen ook zien dat bepaalde eigenschappen die we vooral aan pubers toeschrijven doorwerken totdat jongeren zo'n 25 jaar zijn.

'De jongeren' als doelgroep Het is altijd gevaarlijk om een diverse doelgroep zoals 'jongeren' te beschrijven en we zijn ons ervan bewust dat we in dit boek soms enorm generaliseren. Maar de processen die we beschrijven, raken alle jongeren, alleen de uitwerking op het gedrag verschilt per persoon. Omdat we niet iedereen apart kunnen beschrijven, praten we over 'jongeren', terwijl er natuurlijk veel subtielere indelingen gemaakt zouden kunnen worden, zoals naar leeftijd, opleidingsniveau en sociale achtergrond, naar waarden en motivaties.[3] Wij hebben gezocht naar algemene wetmatigheden en verklaringen, en dan blijken er volop overeenkomsten te bestaan tussen de 16-jarige vmbo-leerling uit Emmen en de 16-jarige vwo-leerling uit Rotterdam-Zuid.

Jong = de norm De afgelopen twintig jaar zien we twee opvallende ontwikkelingen. Allereerst is de jeugdcultuur de dominante cultuur in onze samenleving geworden. In mode en leefstijl proberen ouderen zo lang mogelijk jong te blijven. Jongerentrends – meestal bedacht door jonge mensen – zijn voor volwassenen een belangrijke inspiratiebron. Jong zijn is tot norm verheven en ouder (en wijzer) worden lijkt onaantrekkelijk. Ten tweede lijken jongeren steeds sneller volwassen te worden. *Kids Getting Older Younger*, noemen de Amerikanen dit fenomeen. Pubers weten al op jonge leeftijd dingen waar voorgaande generaties pas aan het eind van hun puberteit mee in aanraking kwamen. Ze wekken de indruk minder naïef te zijn en te weten wat er in de wereld te koop is. Ze vormen een ogenschijnlijk zelfverzekerde generatie, die alles weet van nieuwe media en technologie, maar ook van seks, drugs en drank. Alles duidt erop dat er voor het eerst in eeuwen een nieuw soort jongeren rondloopt.

Geef ze de ruimte? Het gevolg is dat volwassenen onzeker worden in hun rol als opvoeders en begeleiders. Wie zijn zij om deze nieuwe generatie bij te sturen, grenzen te stellen en te begeleiden? De waarde van ervaring is snel afgenomen.

In de huidige opvoeding ligt de focus op kinderen tot een jaar of 12: dan is het fundament gelegd en begint het loslaten. Opvoeders en begeleiders nemen meer afstand want, zo is de redenering, jongeren moeten vanaf de puberteit steeds meer ruimte krijgen om zichzelf te ontwikkelen en keuzes te maken. De afgelopen twintig jaar is dit vertaald in nieuwe vormen van onderwijs, waarbij het gaat om zelfstandiger leren en meer eigen keuzes maken. De mythe dat de huidige pubers met al deze vrijheid goed kunnen omgaan, heeft postgevat in de hoofden van de veertigplussers die het beleid bepalen, het onderwijs inrichten en hun eigen pubers opvoeden. De laatste tijd is er echter steeds vaker kritiek op deze gedachte.

Bij 12 begint het pas! De werkelijkheid is dat we jongeren overschatten. Pubers zijn helemaal niet veranderd: ze kunnen een heleboel dingen nog niet aan en hebben dezelfde onzekerheden als alle pubers voor hen. Natuurlijk, de vorm is anders. Ze kunnen 24 uur per dag op internet, ze hebben veel meer te besteden dan hun ouders indertijd en meer vrijheid dan de generaties voor hen. Maar ook pubers van nu moeten zich sociaal ontwikkelen door dingen te ervaren. Ook jongens van 13 die regelmatig pornosites bekijken, vinden het nog steeds eng om hand in hand te lopen met een meisje. En een meisje uit de tweede klas vmbo dat een spreekbeurt houdt over lsd en xtc, spreekt niet uit eigen ervaring.
Wie goed kijkt, ziet dat er in de opvoeding iets anders nodig is dan loslaten: tot 12 jaar moeten we kinderen goed begeleiden – en daarna nog veel beter! Want dan beginnen jongeren aan een ontdekkingstocht op weg naar hun volwassen ik. Terwijl het lichaam de ene na de andere groeispurt maakt, de hormonen op alle fronten veranderingen in gang zetten en de hersenen sterk in ontwikkeling zijn, hebben pubers, misschien nog wel meer dan jongere kinderen, structuur en kaders nodig.
Meer duidelijkheid, meer grenzen – het klinkt bijna als terug naar de jaren vijftig. Maar de samenleving is zo veranderd dat dit geen reële optie is. De enorme dynamiek en interactie, de toegenomen mondigheid, de culturele diversiteit, de interactieve media: het zijn allemaal ontwikkelingen die van invloed zijn en die alleen maar in hevigheid zullen toenemen. Binnen de context van een open samenleving die jongeren veel ruimte en mogelijkheden biedt, moeten we zoeken naar nieuwe wegen om jongeren grenzen en structuur te bieden.

Kennis over het brein Ons menselijk brein is pas rond ons 25e levensjaar volgroeid. Tot die tijd maakt dat brein allerlei ontwikkelingen door. Actuele inzichten uit de hersenwetenschappen werpen een heel nieuw licht op het gedrag van jongeren. Toen wij hier achter kwamen, werden we direct gegrepen. Veel van die bevindingen sloten namelijk perfect aan op inzichten die wij in ons werk hadden opgedaan: jongeren voelen zich vaak overvraagd.

Ze willen meer kaders en sturing dan volwassenen vaak denken. De samenleving daarentegen biedt hun steeds meer vrijheid, keuzemogelijkheden en complexiteit. De actuele bevindingen over de hersenen van jongeren deden ons nog beter begrijpen waarom dit vaak niet aansluit op hun behoeften.
Dit boek is geschreven omdat we de opgedane inzichten graag willen delen met een breder publiek en de beschikbare informatie over het puberbrein willen omzetten in praktische adviezen over hoe we met jongeren zouden moeten omgaan. Voor de duidelijkheid: wij zijn specialisten in jongerencommunicatie en geen hersenwetenschappers. Voor de kennis over het brein zijn we te rade gegaan bij een aantal hersenspecialisten, die ons in hun werk, in hun publicaties en in gesprekken hebben laten zien wat de neurologische inzichten tot nu toe zijn. Wij gaan een stap verder dan de hersenwetenschappers, door hun inzichten te vergelijken met onze praktische kennis over jongeren en deze te vertalen naar een visie op verschillende terreinen. 'Puberbrein' is dus niet alleen een verwijzing naar de langzaam rijpende hersenen, maar ook een metafoor voor het inzicht in de ontwikkeling van jongeren.

Jeugd van tegenwoordig Het zou mooi zijn als dit boek bijdraagt aan meer begrip voor jongeren en hun belevingswereld. Volwassenen hebben altijd een mening gehad over 'de jeugd van tegenwoordig'. Ze fronsen hun wenkbrauwen over de verschillen met hun eigen jeugd en vragen zich af of het nog wel goed gaat met de jongste generatie. Ook in deze tijd zijn er alarmerende verhalen over jongeren en comazuipen, *happy slapping*, breezerseks en gameverslaving. Toch gaat het in die berichten meestal maar over een klein deel van de jeugd, tussen de 5 en 10 procent. Over die andere 90 procent horen en zeggen we weinig. Hoe zit het eigenlijk met de gemiddelde puber, die niet in de goot, de gevangenis of een orgie terechtkomt? Wat maakt hij of zij mee op de weg van kindertijd naar volwassenheid?
Dit boek zoomt niet in op risicojongeren of probleemjongeren. We willen het eerder omdraaien: veel inzichten die voor jongeren in het algemeen gelden, zijn ongetwijfeld ook van toepassing op probleemjongeren – zij zijn tenslotte ook gewoon jongeren. Misschien kan dit boek vanuit dit uitgangspunt nieuwe perspectieven bieden voor de benadering van groepen met risicovol en problematisch gedrag.

Puberbrein binnenstebuiten komt voort uit onze passie en fascinatie voor de jongerendoelgroep. We hopen dat iedereen die zich verdiept in het puberbrein, voorgoed anders naar die slungelige, giebelende, roekeloze en dynamische jongeren gaat kijken.

Eind 2009 voorspelden wij infobesitas als nieuwe trend onder jongeren. Wij zagen dat steeds meer jongeren, zeker met de komst van de smartphones, op een dwangmatige manier met informatie en communicatie omgaan. Dwangmatig omdat ze steeds alles willen volgen, continu online zijn en in contact willen staan. Daarbij viel ons op hoe dit proces inslijt in hun dagelijkse gewoonten en ook hoe onbewust dit proces verloopt. En natúúrlijk bieden al die communicatie en informatie heel veel goede zaken en mogelijkheden, maar, eh, is het soms niet gewoon een beetje veel?
We kregen veel reacties op dit onderwerp, van ouders, media, voorlichters en ook van jongeren zelf. Ook bij presentaties merkten we hoe het thema leeft. Bovendien is mediagedrag sterk in beweging. Reden om er bij een update van ons boek dieper in te duiken en een hoofdstuk toe te voegen over infobesitas.

Leeswijzer

Eerst bekijken we het proces dat jongeren tussen hun 10e en 25e individueel doormaken (hoofdstuk 1). Vervolgens kijken we naar de invloed van opvoeding (hoofdstuk 2) en van school (hoofdstuk 3), naar de betekenis van de netwerken van jongeren onderling (hoofdstuk 4) en naar de wijze waarop ook andere partijen, zoals kerken of verenigingen, van invloed kunnen zijn op jongeren (hoofdstuk 5).
Vervolgens belichten we verschillende terreinen waarop wij werkzaam zijn. We laten zien hoe vanuit verschillende achtergronden en doelstellingen geprobeerd wordt door te dringen tot het puberbrein: van de invloed van media en marketing (hoofdstuk 6), tot loopbaanoriëntatie en arbeidsmarkt (hoofdstuk 7) en de maatschappelijke en politieke context (hoofdstuk 8). Daarna zoomen we specifiek in op de multiculturele samenleving (hoofdstuk 9) en tot slot besteden we aandacht aan infobesitas (hoofdstuk 10).

PlayStation.2
ONLINE SPEELBAAR
PES6
PRO EVOLUTION SOCCER
KONAMI
3+
DE MEDIA-EXPLOSIE
SPSS

Rik, 20 jaar, thuiswonende hbo-student uit Alphen aan den Rijn.

Het puberbrein: de ontwikkeling van jongeren

1.

Iedereen die in de directe omgeving met jongeren te maken heeft, weet welke sprong zij maken tussen hun 10e en hun 25e levensjaar. Dit is natuurlijk zichtbaar aan de buitenkant, maar ook vanbinnen spelen zich razendsnel allerlei ontwikkelingen af. In dit hoofdstuk belichten we dit ontwikkelingsproces. Van groeistuipen tot gierende hormonen en communicerende hersendelen.

'Het is niet eerlijk om van tieners te verwachten dat ze op een volwassen manier beslissingen nemen terwijl hun hersenen nog niet af zijn.' Jay Giedd, Amerikaanse hersenonderzoeker

1.1 Drie sporen

Bij de ontwikkeling van jongeren tussen hun 10e en hun 25e zien we drie wegen, die tegelijk worden bewandeld en elkaar ook beïnvloeden: de lichamelijke ontwikkeling (de puberteit; zie kader), de cognitieve ontwikkeling (de groei van het denkvermogen) en de sociaal-emotionele ontwikkeling (verantwoordelijk voor het inzicht in jezelf en in anderen). Vooral de ontwikkeling van de hersenen heeft tot nu toe nooit veel aandacht gekregen. Lange tijd dachten we dat het brein aan het eind van de kindertijd wel zo'n beetje klaar was, maar inmiddels weten we dat de hersenen in de tienerjaren juist een grote transformatie doormaken. Het menselijke brein is pas rond het 25e levensjaar volgroeid.

Ongelijke ontwikkeling Wat het extra ingewikkeld maakt, is dat de verschillende hersengebieden niet tegelijkertijd en in hetzelfde tempo rijpen. Dat heeft veel grotere gevolgen dan opvoeders en begeleiders tot nu toe vermoedden. Het verklaart bijvoorbeeld waarom pubers moeite hebben met complexere vaardigheden zoals plannen, vooruitkijken, ordenen en anticiperen, en waarom een 17-jarige jongen al heel zelfstandig over kan komen (en zich ook zo voelt), maar soms ronduit kinderlijk gedrag vertoont.
En we compliceren de zaak nog verder: de fysieke en de sociaal-emotionele ontwikkeling verlopen niet synchroon. Terwijl de geslachtsrijping al voltooid is, zijn jongeren sociaal-emotioneel en cognitief nog lang niet uitgegroeid.
En bovendien zijn geen twee jongeren hetzelfde: de ontwikkeling van een jongere die er op alle fronten 'vroeg bij is' verloopt heel anders dan die van zijn leeftijdgenoot die juist met alles 'laat' is en weer heel anders dan die van het meisje dat vroeg in de puberteit komt, maar cognitief een laatbloeier is of de jongen die op zijn 10e naar het vwo gaat, maar er op zijn 16e nog steeds uitziet als een brugklasser.

Op reis in het puberbrein Deze in alle opzichten ongelijkmatige ontwikkelingen (sociaal-emotioneel, cognitief én lichamelijk) vormen de essentie van het 'puberbrein'. Het verklaart het typische, onlogische en dikwijls riskante pubergedrag dat volwassenen voor raadsels stelt. Kennis hiervan kan heel verhelderend zijn voor al die volwassenen (ouders, docenten, jongerenwerkers, marketeers, beleidsmakers) die worstelen met de vraag hoe zij die ongrijpbare pubers kunnen bereiken en begeleiden.

Tieners, jongeren, adolescenten of pubers?

'Tiener' is vooral een leeftijdsindicatie (de leeftijd van 10 tot 20 jaar).

- De term 'jongere' kan van alles inhouden: de een noemt kinderen van 12 tot 22 jaar jongeren, de ander legt de grens bij 30 jaar. De ondergrens ligt meestal rond de leeftijd waarop kinderen naar de middelbare school gaan. Als het in dit boek over jongeren gaat, bedoelen wij de leeftijdsgroep van 10 tot 25 jaar.
- 'Puber' wordt een kind op het moment dat de geslachtsrijping begint. De puberteit duurt gemiddeld drieënhalf jaar en eindigt als de geslachtsklieren volledig functioneren. In de praktijk betreft dit de periode van een jaar of 12 (13 bij jongens) tot een jaar of 15, 16. Meisjes lopen in het begin van de puberteit één à twee jaar voor, maar deze achterstand halen jongens later weer in. De puberteit omvat de vroege en midden-adolescentie.
- 'Adolescent' heten jongeren als ze grofweg tussen 10 en 22 jaar zijn. De adolescentie beslaat de hele ontwikkelingsfase van kind tot volwassene en is weer onder te verdelen in vroege, midden- en late adolescentie.

'Ik ga echt tien keer liever met mijn vriendinnen naar de bios dan met mijn ouders. Ze vragen nog wel eens of ik mee wil, maar dan verzin ik altijd een smoes. Ik wil toch echt niet dat mijn klasgenoten me daar met mijn ouders zien!' Evelien, 13 jaar

1.2 Sociaal-emotionele ontwikkeling

Het gebeurt tussen groep 6 en groep 7: in één zomervakantie maakt de *Donald Duck* plaats voor de *Tina*, wordt Chipz 'stom', kan de Lego de kast in en verandert het geknuffel op de bank in een nieuwe, onbegrepen afstandelijkheid. Grote schrik bij ouders: waar is hun basisschoolkind gebleven? Rond hun tiende levensjaar gaan veel kinderen een nieuwe fase in. Ze gaan anders doen, denken en voelen. Deze sociaal-emotionele ontwikkelingen verlopen volgens een vast patroon dat bestaat uit drie fases, al is niet iedere jongere op dezelfde leeftijd toe aan een volgende fase en kunnen de fases elkaar overlappen.

Fase 1

10-14 jaar: wankele stappen in het hier en nu

Vroege adolescenten (10-14 jaar)

Zijn:

- maken zich los van hun ouders
- gaan nieuwe emotionele bindingen aan met leeftijdgenoten

Doen:

- handelen impulsief (hier en nu)
- willen vooral niet opvallen

Denken/voelen:

- zijn emotioneel gevoelig
- zijn gevoelig voor groepsdruk

Besliscirkel 10-14 jaar

Een nieuw kompas 'Je vader verandert van een held in een oude zak en je moeder van een warme haven in een theemuts,' schrijft Midas Dekkers in *De larf* [1]. Een van de eerste tekenen van de naderende revolutie is dat vroege adolescenten zich gaan losmaken van en afzetten tegen hun ouders. Voortaan varen ze op een nieuw kompas: dat van hun leeftijdgenoten. Tussen 6 en 12 jaar brengen kinderen al 40 procent van de tijd dat ze wakker zijn met leeftijdgenoten door.[2] Dit wordt nog meer als ze naar het voortgezet onderwijs gaan. 10- tot 14-jarigen willen het graag goed doen in de ogen van hun leeftijdgenoten: ze willen bij de groep horen en niet afwijken. Gaan alle klasgenoten na schooltijd voetballen op het pleintje in de buurt? Is het binnen de vriendengroep gebruikelijk om hier en daar eens een bushokje te slopen of om prullenbakken in de fik te steken? Is 'army' de heersende kledingstijl op school? De vroege adolescent doet mee. Evolutionair gezien is deze conformistische opstelling heel logisch. Alle diersoorten, dus ook mensen, herkennen soortgenoten voornamelijk aan het uiterlijk. Als dat afwijkt, hebben ze grote kans om uit de groep gestoten te worden.[3]

Later is te laat Vroege adolescenten willen zelf bepalen wat ze doen, maar die keuzes zijn nog niet doordacht. Zoals we verderop zullen zien, zijn hun hersenen nog niet volgroeid. Daarom willen ze behoeften het liefst direct bevredigen: meteen dat nieuwe yoghurtdrankje proberen waar iedereen het over heeft, direct die ringtone downloaden die je op televisie zag en meteen morgen naar de winkel om de nieuwste iPod te bekijken die je oudere buurjongen ook heeft. Later is te laat. Van 'ordenen en vooruitkijken' is nog geen sprake. Bij keuzes overheerst de korte termijn en eventuele consequenties komen meestal als een verrassing. Een 13-jarige leeft in het hier en nu. Maar gaat er iets faliekant mis, dan zijn papa en mama gelukkig nog in de buurt om de scherven op te vegen.

Drama queens Jongeren tussen de tien en veertien jaar reageren emotioneel bijzonder gevoelig op allerlei dingen. Ze kunnen zich ontpoppen tot ware *drama queens* en *kings*. Hele scènes ontstaan rond issues als: mag ik die nieuwe laarzen meteen naar school aan? Hoeveel mag ik aan beltegoed uitgeven? Hoe laat gaat moet ik 's avonds de computer uitzetten?

'Ja stom, ik had geld geleend van een vriend, omdat mijn kleedgeld voor die maand op was en ik die nieuwe laarzen gewoon móést hebben. Maar ja, nu ben ik hem dus al maandenlang aan het afbetalen.' Eva, 15 jaar

Fase 2

14-16 jaar: het experiment 'IK'

Middenadolescenten (14-16 jaar)

Zijn:

- ontwikkelen een eigen 'ik'
- durven steeds meer af te wijken

Doen:

- experimenteren met van alles
- nemen veel risico's

Denken/voelen:

- hebben veel stemmingswisselingen

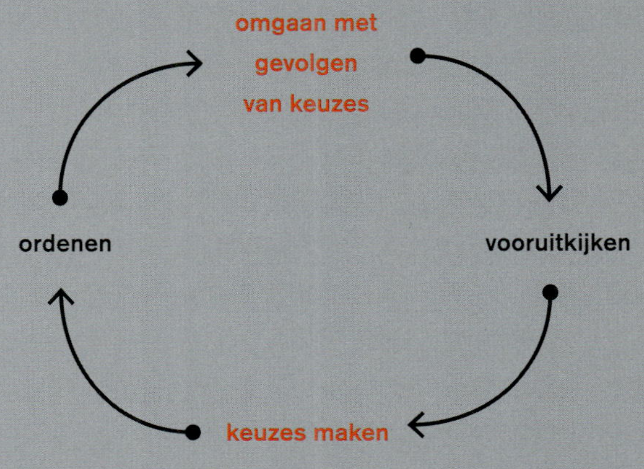

Besliscirkel 14-16 jaar

Een eigen smoel Tussen de 14 en 16 jaar is conformistisch gedrag niet langer voldoende om in de smaak te vallen bij leeftijdgenoten. Om erbij te horen moet je opvallen. Op zoek naar een 'eigen smoel' gaan middenadolescenten dan ook steeds meer experimenteren, allereerst op het gebied van uiterlijk. Het is geen uitzondering dat een 15-jarige zich gaandeweg ontwikkelt van hiphopper tot *fashionista*, twee uitersten op het spectrum van jongerenstijlen. Ook al zullen niet alle jongeren zich dergelijke stijlen toe-eigenen, uit angst uit de toon te vallen zullen ze zeker dingen uitproberen die ze eerder niet zouden hebben gedurfd, zoals een kleine tattoo of piercing, een gek kleurtje in het haar, een zelf vermaakt shirt of een opvallend statement op een schooltas.

Gaan voor de instant kick Kenmerkend voor jongeren in deze fase is dat ze veel risico's nemen. Dit zijn de jaren van het grenzen verleggen en uitproberen. Een eerste sigaret hebben ze waarschijnlijk een jaar of twee geleden al gerookt; nu komen ook zwaardere middelen om de hoek kijken. Drank, drugs, maar ook rijden op een brommer zonder helm of experimenteren met seks: alles wordt uitgeprobeerd. Ook al maken ze hun keuzes bewuster dan voorheen, van goed vooruitkijken en overzien wat de consequenties zijn, is nog geen sprake. Neuropsycholoog Jelle Jolles schetst de situatie van een onervaren 15-jarige snowboarder die rakelings met zijn snowboard langs de rand van een zwarte piste raast. Zijn moeder staat doodsangsten uit, de jongen gaat voor de *instant kick* en denkt geen seconde aan de mogelijkheid dat er wel eens iets zou kunnen gebeuren. En als hij al een angstgevoel ervaart, dan is dat een prettig soort kick.

Pieken en dalen Jongeren tussen de 14 en 16 zijn emotioneel nog heel kwetsbaar. In tegenstelling tot een jaar of twee geleden denken ze wel na over hun keuzes, maar erg rationeel gaat dat nog niet. Gevolgen kunnen ze nog niet goed inschatten, laat staan relativeren. Kijkt je beste vriendin je ineens met de nek aan omdat je over haar geroddeld zou hebben? Het is genoeg om een 15-jarige in diepe wanhoop te storten. Vreugde en verdriet volgen elkaar razendsnel op.

'Vroeger maakte het me echt niet uit. Dan stapte ik met mijn zatte kop gewoon weer op de scooter na een avondje stappen. Of ik reed gewoon met iemand mee die ook flink wat te veel op had, geen probleem. Maar tegenwoordig denk ik daar echt wel beter over na.' Bart, 19 jaar

Fase 3

16-22 jaar: (on)verwacht (on)volwassen

Late adolescenten (16-22 jaar)

Zijn:

- steeds zelfbewuster
- krijgen meer een eigen identiteit
- minder gevoelig voor groepsdruk

Doen:

- stellen zich verantwoordelijker op, naar zichzelf en naar anderen

Denken/voelen:

- denken verder vooruit
- zijn steeds beter in staat tot zelfreflectie
- vallen af en toe onverhoeds terug in onvolwassenheid

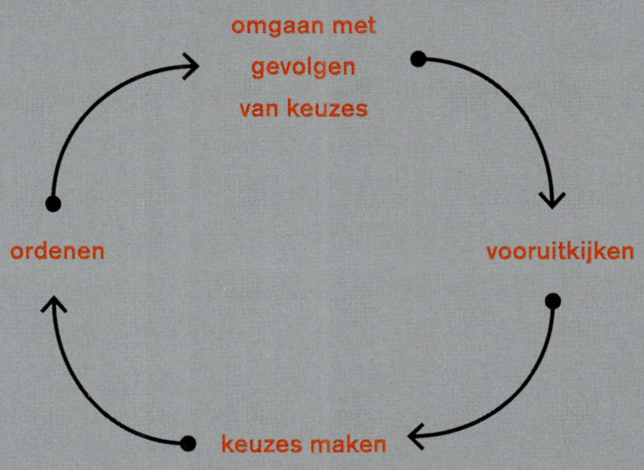

Besliscirkel 16-22 jaar.

Ik ben ik Jongeren tussen de 16 en 22 jaar zijn geen pubers meer, maar jongvolwassenen. Een belangrijk kenmerk is dat hun zelfbewustzijn groeit. Ze richten zich meer naar binnen en krijgen een wat positiever beeld van zichzelf. Hun identiteit krijgt steeds meer vorm en ze bezwijken minder snel voor groepsdruk.

Verantwoordelijkheid nemen Vanaf een jaar of 16 tonen jongvolwassenen meer verantwoordelijkheidsgevoel en denken ze verder vooruit. Ze moeten ook wel, want veel jongeren gaan in deze periode op zichzelf wonen, gaan studeren of starten met hun eerste echte baan. Stel, een meisje heeft net een stapel huiswerk klaarliggen als haar mobiel gaat: of ze mee de stad in gaat, want de uitverkoop is vandaag begonnen. Als 14-jarige zou ze de verleiding niet hebben kunnen weerstaan en meteen met haar vriendinnen meegaan, maar als 17-jarige denkt ze wel twee keer na, want ze weet dat ze voor biologie een dikke voldoende moet halen om nog voor de studie geneeskunde in aanmerking te komen, en ze slaat het aanbod af.

Toch weer even puber Late adolescenten zijn beter in staat hun emoties en impulsen te beheersen en hun vermogen tot zelfreflectie neemt sterk toe. Maar ze zijn nog niet definitief de drempel naar de volwassenheid over, ook al denken ze van wel. Vooral in nieuwe situaties of bij onverwachte consequenties laten al hun zekerheden hen soms plotseling in de steek. Een evenwichtige student kan veranderen in een onzekere puber als hij twee dagen na het behalen van zijn rijbewijs een aanrijding veroorzaakt. Een ijverige scholier in de ban van zijn eerste echte verliefdheid kan drie weken voor het examen zomaar de boeken in een hoek gooien. Een modelwerknemer kan zich verliezen in een nieuwe groep vrienden en ineens niet meer komen opdagen. Volwassenen kijken er met verbazing naar: dit was toch een stabiele jongvolwassene?! Meestal wel, maar soms even niet. Daarvoor is het nog net een paar jaar te vroeg.

1.3 Lichamelijke ontwikkeling

De periode tussen pakweg het 10e en 16e levensjaar is er een van grote lichamelijke veranderingen, die enorme invloed hebben op de manier waarop jongeren zijn, doen, denken en voelen.[4] In deze paragraaf schetsen we wat er tijdens de puberteit allemaal gebeurt.

'Hormonen!' is het standaardantwoord op de vraag naar de oorsprong van typisch puberaal gedrag. Voor een deel is dat waar: de hersenen jagen een chemische cocktail van hormonen door het lichaam met een snelheid waar geen formule 1-coureur tegen opkan. De hypothalamus (het 'hormoonorgaan') geeft het startsignaal voor de puberteit door aan de hypofyse. De hypofyse is een klier midden in het hoofd, onder de hersenen, die hormonen aanmaakt: bij jongens gaat het om een grote hoeveelheid testosteron en bij meisjes om oestrogeen. Deze geslachtshormonen veroorzaken de lichamelijke veranderingen, maar ook de overdadige energie en een toename aan agressief gedrag, vooral bij jongens.[5]

Het begint De puberteit begint met een jaar of 10, als de geslachtsrijping op gang komt. Jongens hebben rond een jaar of 13 hun eerste zaadlozing, bij meisjes begint meestal rond 11, 12 jaar de menstruatie. Aanvankelijk is er uiterlijk nog weinig van te merken, totdat geslachtskenmerken als schaam- en okselhaar, groeiende borsten bij meisjes en een groter wordende penis bij jongens ontstaan. De verdeling van vet- en spierweefsel over het lichaam verandert: bij meisjes concentreert het vet zich rond heupen, billen en dijen, bij jongens rond het middel. Jongens kweken in deze tijd ook meer spieren dan meisjes. Verder ondergaan de bloedsomloop en de luchtwegen grote veranderingen. Jongeren zijn daardoor meestal gezegend met een groot uithoudingsvermogen.[6]

Groeispurt De laatste verandering is een enorme groeispurt, zowel in lengte als in gewicht. Meestal groeien meisjes het snelst rond hun 12e en 13e en jongens rond hun 14e en 15e jaar. De handen en voeten zijn het eerst aan de beurt; daarom moeten pubers altijd eerst nieuwe schoenen hebben en daarna pas een langere broek. Het 'van buiten naar binnen'-principe geldt overal: eerst nemen de onderarmen en -benen in lengte toe, dan pas de bovenarmen en -benen. Daarna groeit de wervelkolom en als laatste groeien jongeren ook in de breedte: bij jongens neemt de omvang van de schouders toe, bij meisjes die van de heupen. De groeispurt duurt gemiddeld een jaar of vier. In die tijd groeien pubers zo snel (jongens tot wel 9 centimeter per jaar) dat hun hersenen het niet altijd kunnen bijhouden. Hun lengte verandert, maar ook hun zwaartepunt en balans verschuiven. Vandaar dat ze zo onhandig kunnen overkomen en werkelijk overal tegen op lijken te botsen.

Cocktail van hormonen De puberteit is geen makkelijke fase. Jongeren zijn heel onzeker over hun eigen lichaam en wat daar ineens allemaal op en aan groeit. Tot overmaat van ramp horen daar ook ongemakken zoals jeugdpuistjes bij, en dat terwijl jongeren juist in deze levensfase, met vlinders in hun buik en ontluikende seksuele verlangens, indruk willen maken op leeftijdgenoten.
Rond een jaar of 15, 16 zijn de geslachtsklieren volledig ontwikkeld en zijn pubers lichamelijk volgroeid. De puberteit is dan 'klaar', tot opluchting van de puber én diens omgeving. Maar dat geldt zeker niet voor die andere factor die de groei van kind naar volwassene sterk beïnvloedt: de ontwikkeling van de hersenen.

'Als adolescenten net zo slim zijn als volwassenen, waarom doen ze dan van die stomme dingen?' Larry Steinberg, hoogleraar ontwikkelingspsychologie

1.4 Ontwikkeling hersenen

Eeuwenlang dacht iedereen dat het brein van de mens aan het einde van de kindertijd wel volgroeid was. De hersenomvang van een kind van een jaar of zes is namelijk al zo'n 95 procent van die van een volwassen brein. Dan zou die 5 procent er in de resterende kinderjaren toch zeker wel snel bij groeien? En bovendien: er ontbreekt nog 'maar' 5 procent, dus mogen we van kinderen en zeker van opgroeiende pubers best wat verwachten! Maar uit recent hersenonderzoek blijkt nu dat de hersenen van het 10e tot het 25e levensjaar nog volop in ontwikkeling zijn. Zoals we in de eerste levensjaren steeds soepeler hebben leren bewegen, zo wordt in de puberteit het denken steeds soepeler. Pas halverwege de 20 zijn de hersenen helemaal 'klaar'. Deze paragraaf belicht wat er in de bovenkamer van pubers gebeurt en de gevolgen daarvan voor hun ontwikkeling.

Breinfeiten

Hersenen...

... wegen 1 tot 1,5 kilo;

... zijn zo'n 1,6 liter in volume;

... hebben in totaal een oppervlakte van zo'n 1500 tot 2000 vierkante centimeter;

... bestaan uit meer dan honderd miljard zenuwcellen, die signalen aan elkaar doorgeven met een snelheid van meer dan 400 kilometer per uur;

... vormen 2 procent van het totale lichaamsvolume, maar gebruiken circa 20 procent van alle zuurstof die een mens inademt en zo'n 20 procent van al het bloed dat het hart door het lichaam pompt;

... bestaan uit 'grijze' (in werkelijkheid roze) en witte stof;

... bepalen de motoriek, zintuiglijke waarneming, het denken en de emoties;

... bestaan voor 80 procent uit water.

Hoe werkt een brein?

Het menselijk brein is een enorm complex systeem dat bestaat uit ongeveer honderd miljard neuronen (zenuwcellen). Ze wisselen onderling elektrische signalen uit, te vergelijken met een telefoonverbinding. Zo worden allerlei belangrijke processen in het lichaam geregeld, van biologische functies zoals ademhaling en hartslag tot mentale functies zoals denken en emoties en motorische functies zoals beweging en evenwicht.

De hersenen bestaan uit verschillende onderdelen. Vaak hebben we het over de grote hersenen (cerebrum), de kleine hersenen (cerebellum) en de hersenstam. De hersenstam zit helemaal aan de onderkant van de hersenen en verbindt deze met het ruggenmerg. Daarboven zit de hypothalamus, die onder meer slaap, seksueel gedrag, honger en dorst en de afgifte van hormonen reguleert. De amygdala, een amandelvormige kern van neuronen, is verantwoordelijk voor emoties. Feiten en informatie slaan we op in de hippocampus. Achter in de hersenen zit het cerebellum, dat informatie van de zintuigen integreert om bewegingen te coördineren. Dan is er de thalamus, die informatie filtert die via de zintuigen binnenkomt en deze doorgeeft aan de cortex.

De cortex of hersenschors – een soort gekreukte deken die de boven- en zijkant van de hersenen omhult – beslaat ongeveer drie kwart van de hersenen.

Deze cortex is verdeeld in vier kwabben: de occipitale of achterhoofdskwab, de pariëtale of wandbeenkwab, de temporale of slaapkwab en de frontaalkwab.

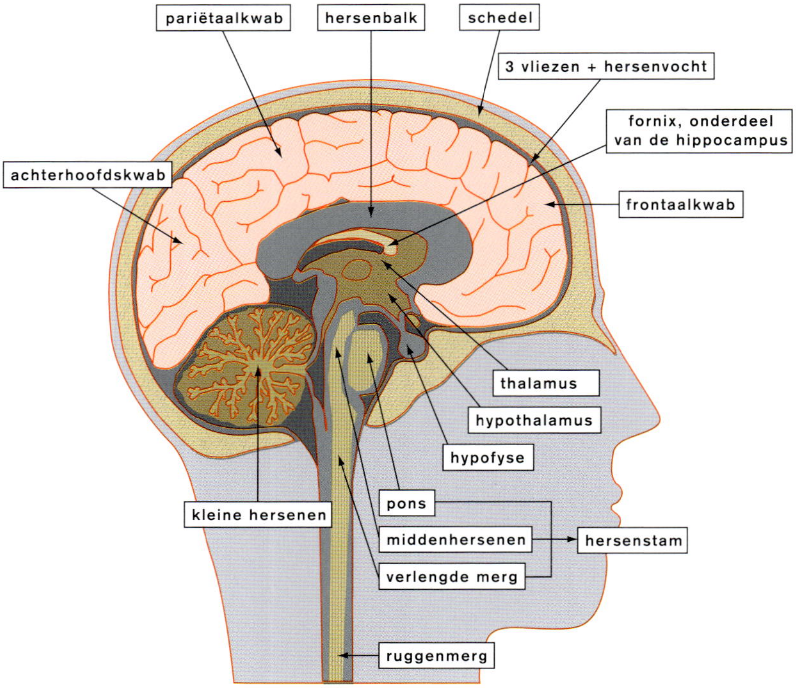

Sterk vereenvoudigde dwarsdoorsnede van de hersenen (illustratie: Hersenstichting)

De eerste drie gebieden verwerken zintuiglijke informatie: visuele informatie (occipitale kwab), informatie via de zintuigen in je huid (pariëtale kwab) en informatie rondom gehoor, verbaal geheugen en taalfuncties (temporale kwab). De frontaalkwab ten slotte is verantwoordelijk voor veel mentale functies, zoals impulscontrole, beoordelingsvermogen, probleemoplossing, planning, sociaal gedrag, taal en geheugen. De frontaalkwab, of specifieker de prefrontale cortex, die in het voorste deel van de frontaalkwab ligt, selecteert welk gedrag bij welke situatie past.

Under construction De ontwikkeling van het puberbrein is te vergelijken met de geleidelijke groei van een wegennetwerk. Smalle kronkelweggetjes die alleen nog te voet begaanbaar zijn, groeien uit tot steeds bredere en gladdere wegen. Daarna worden het vierbaans snelwegen waarover het verkeer met hoge snelheid de kortste route van A naar B aflegt.

Eigenlijk zijn de hersenen van jongeren continu *under construction*. Hoe dat verloopt, is een stuk duidelijker geworden sinds de komst van de Magnetic Resonance Imagingtechniek (MRI). Door het gebruik van magnetische velden en radiosignalen wordt zichtbaar dat verschillende delen van de hersenen zich in verschillend tempo ontwikkelen. De hersenen groeien als het ware van achteren naar voren. Al op jonge leeftijd zijn de motoriek, het gezichtsvermogen en de emotionele systemen klaar. De betrokken hersendelen liggen achter in de hersenen. Vervolgens rijpt het middelste deel, dat deze functies coördineert. Maar juist de voorste hersendelen, waar het controlecentrum zetelt, hebben dan nog een lange weg te gaan. En dat heeft grote consequenties voor het gedrag van pubers en adolescenten op allerlei gebieden.

Vier keer puberbrein In het puberbrein grijpt in werkelijkheid alles continu in elkaar, maar voor de helderheid benoemen we hier vier verschijnselen die een nieuw licht werpen op typische vormen van pubergedrag.

Geen helikopterview Minder verbindingen tussen hersendelen	• Lagere overdrachtssnelheid informatie • Minder probleemoplossend vermogen • Moeite met overzicht houden • Slechtere concentratie • Wisselingen in overwicht hersendelen: van rationeel naar emotioneel en omgekeerd
Ratio op achterstand Frontaalkwab in ontwikkeling	• Minder vermogen tot abstraheren • Moeite met keuzes maken • Moeite met plannen en anticiperen • Moeite met prioriteiten stellen
Heftige emoties Amygdala meer de overhand	• Emoties minder onder controle • Negatieve emoties sneller de overhand • Moeite met lezen van gezichtsexpressies en hierdoor minder inlevingsvermogen
Kicks Stijging spiegel diverse hormonen	• Enorme stemmingswisselingen • Verhoogde roekeloosheid • Lagere impulscontrole • Minder relativeringsvermogen

Geen helikopterview De overdracht van informatie in de hersenen staat of valt met de verbindingen tussen hersencellen en de verbindingen tussen hersendelen. Aan het begin van de adolescentie zijn nog lang niet alle verbindingen gelegd. Het aantal hersencellen (de grijze stof) is weliswaar maximaal, maar dat geldt niet voor de stof die bepaalt hoe snel signalen van cel naar cel worden overgedragen: de myeline, oftewel witte stof. Dit is het vettige, beschermende omhulsel van de uitlopers van de hersencellen. Tussen het 10e en 25e jaar blijft de hoeveelheid witte stof sterk toenemen. Tegelijkertijd voltrekt zich een proces dat wordt aangeduid als snoeien (*synaptic pruning*). Hierbij worden verbindingen tussen de hersencellen steeds gevormd en verbroken. De goede, veelgebruikte cellen en verbindingen worden sterker, de zwakkere of ongebruikte sterven af. Dit proces gaat zeker tot het 24e levensjaar door. Het brein wordt hierdoor steeds efficiënter.[7]
Aan het begin van de adolescentie moet deze efficiencyslag nog gemaakt worden. Mede hierdoor hebben jonge adolescenten moeite met zich concentreren en overzicht houden. De overdrachtsnelheid van informatie is nog relatief laag en hun probleemoplossend vermogen is nog niet zo groot. Dit verklaart bijvoorbeeld waarom een groepje brugklassers maar door blijft modderen in plaats van op tijd aan de bel te trekken als hun aardrijkskundeproject dreigt vast te lopen. Of dat een 16-jarige zijn kop in het zand steekt en een torenhoge telefoonrekening steeds verder laat oplopen.

Ratio op achterstand De prefrontale cortex in de frontaalkwab regelt allerlei belangrijke complexe vaardigheden en heeft binnen het brein veel touwtjes in handen. Hij wordt wel de ‘topmanager van het brein’ genoemd. Tegelijkertijd is het ook een van de hersendelen die pas laat uitontwikkeld zijn. Dat betekent bijvoorbeeld dat de hogere cognitieve vaardigheden nog lang in ontwikkeling zijn; abstract denken blijft lange tijd een probleem. Ook zijn jongeren niet goed in het maken van weloverwogen keuzes. Over de consequenties van een beslissing op de lange termijn (‘als ik nu dit vak niet haal, kan ik dan nog wel mijn favoriete studie volgen?!’) denken ze nauwelijks na. Ze kunnen niet goed plannen en anticiperen[8] en ook prioriteiten stellen is moeilijk.

'Ik ga naar houseparty's en gebruik daar, tegen de wil van mijn ouders in, xtc. Ik zelf beschouw dit absoluut niet als een probleem en ik wil er eigenlijk ook niet mee stoppen, hoewel ik soms denk dat het wel wat minder kan. Soms slik ik op één party twaalf of meer pillen. Ik slik ook al tweeënhalf jaar. Ik neem dus wel erg veel risico, maar ik heb wel een wrede nacht. Dit heb ik er dus eigenlijk ook wel voor over. Ik ben nu eenmaal gabber en xtc hoort daarbij.' Jongen, 17 jaar, brief aan Achterwerkrubriek in de VPRO Gids[9]

Heftige emoties De 'emotiegebieden' in de hersenen (nucleus accumbens, amygdala en insula) worden al vroeg aangelegd. Het zijn stimulerende systemen (Nu doen! Meteen uitproberen! Eerst genieten!), die eigenlijk in evenwicht gehouden zouden moeten worden door het remmende systeem dat zich in de frontaalkwab bevindt (eerst nadenken over gevolgen!). Maar dat controlegebied, de prefrontale cortex, is nog lang niet klaar, en de communicatie tussen die hersendelen verloopt nog niet optimaal. Daardoor zijn pubers bij een risicovolle keuze ongevoelig voor straf (als het misgaat, moet je...), maar erg gevoelig voor beloning (er is een kans dat je dit of dat wint!). Omdat de afstemming tussen hersendelen nog in ontwikkeling is, is het gedrag ook onvoorspelbaar: het ene moment reageert een meisje heel verstandig, het andere moment is ze niet voor rede vatbaar en juist zeer emotioneel. Bij heftige emoties hebben de hersenen de afstemming nog minder onder controle.

Ook het beoordelen van sociale tekens van anderen is lastig. Jongeren denken al snel dat ze geen respect krijgen of dat een houding of opmerking agressief is bedoeld; ze voelen zich snel aangevallen. Voor het beoordelen van de emoties van anderen is namelijk de frontaalkwab nodig, maar omdat die nog niet volgroeid is, hebben andere hersendelen, zoals de amygdala, een structuur in de temporale kwabben die betrokken is bij onbewuste emoties, meer de overhand. Dat gaat vaak fout: uit onderzoek van de Amerikaanse neuropsycholoog Deborah Yurgelun-Todd bleek bijvoorbeeld dat tieners in foto's van mensen met een angstige gezichtsuitdrukking de angst niet herkenden en vooral boosheid zagen.[10]

Onderzoekers van de universiteit van Londen hebben bovendien ontdekt dat het vermogen om sociale signalen en emoties te herkennen – vooral woede en verdriet – bij jongens en meisjes tussen 12 en 14 jaar zelfs tijdelijk afneemt. Rond 16, 17 jaar hebben ze hun scherpe blik weer terug.[11]

Kicks Hersenonderzoekers geven de puberteit ook wel het etiket 'risico's en kansen'. Tussen hun 10e en hun 16e zijn jongeren heel gevoelig voor invloeden van buitenaf. De hormonen gieren door hun lijf en zorgen voor sterke stemmingswisselingen. De behoefte aan kicks is groot. Denk aan de roekeloze snowboarder die zijn moeder de stuipen op het lijf jaagt, maar zelf wordt beloond met een intense ervaring. Jongeren op deze leeftijd vinden het moeilijk hun impulsen te beheersen. Een beloning in het hier en nu (lekker doorfeesten, ook al had je eigenlijk al thuis moeten zijn) is veel aantrekkelijker dan een beloning straks (geen ruzie met je ouders). Experimenteren met drank, drugs, seks en ander grensoverschrijdend gedrag hoort hierbij. Maar soms zijn de gevolgen catastrofaal. Pubers raken sneller verslaafd en lopen dan ook een veel grotere kans op verslavingsproblemen later in hun leven. Bovendien kan overmatig drank- en drugsgebruik de hersenen blijvend beschadigen zodat een ontwikkelingsachterstand ontstaat die volgens hersenonderzoekers niet meer in te halen is. Hierover later meer.

Probleem = kans Kort samengevat: in de adolescentie zijn de emotiegebieden in de hersenen al volop actief en heeft de frontaalkwab het nog weinig voor het zeggen. Ontwikkelingspsycholoog Michiel Westenberg vergelijkt het met het starten van de motor zonder goede chauffeur achter het stuur: de balans tussen emotie en ratio is zoek. Toch heeft dit niet alleen maar negatieve gevolgen. Het zorgt ervoor dat jongeren op zoek gaan naar nieuwe dingen, naar onafhankelijkheid, naar hun eigen rol binnen een groep. Neurobioloog Dick Swaab zegt het zo: 'De puber moet het veilige eigen nest uit en in een nieuwe omgeving zijn eigen onafhankelijke leven beginnen. Als hij zorgvuldig alle risico's af zou wegen, zou dat nooit gebeuren.'[12]

Big

In de film *Big* uit 1988 speelt Tom Hanks de rol van Josh, een 13-jarige jongen wiens lichaam in één nacht verandert in het lichaam van een 32-jarige. Omdat zijn brein niet is meegegroeid, zie je zeer illustratief pubergedrag in het lichaam van een volwassen man. Inlevingsvermogen, zichzelf in toom houden, diplomatie: Josh moet het allemaal nog leren. Zijn omgeving ziet zijn onwetendheid aan voor geniale eenvoud en hij maakt een bliksemcarrière op de computerafdeling van een speelgoedfabriek, waar hij zonder schroom nieuwe games bedenkt. Zijn brein is in feite perfect uitgerust voor een werkplek waar creativiteit alles is en ervaring amper telt. Op YouTube staan diverse fragmenten van deze film.

Revolutionaire inzichten

Hoogleraar neurocognitieve ontwikkelingspsychologie Eveline Crone richtte in 2005 in Leiden het Brain & Development Laboratorium op, waar de hersenontwikkeling van jongeren wordt onderzocht. Ze vertelt:
'We weten in snel tempo meer over de hersenen van pubers. Door nieuwe technieken, zoals MRI-scans en fMRI, functionele MRI-scans, kunnen we nu hersenen in actie onderzoeken terwijl we mensen taken geven. Dat kan pas sinds tien à vijftien jaar, en de kennis die we zo krijgen is echt revolutionair. Het biedt een compleet nieuw perspectief op het gedrag en de motivaties van pubers: zij gedragen zich echt anders dan volwassenen en hun hersenen werken ook anders.

Ik ben heel enthousiast over de mogelijkheden, maar als wetenschapper ook beducht voor verkeerde of te snelle interpretaties. Onderzoeksbevindingen worden soms te snel vertaald, waardoor allerlei neuromythes ontstaan. Mensen willen deze kennis ook graag individueel toepassen, bijvoorbeeld op hun zoon of dochter. Maar ik vind dat je voorzichtig moet zijn met labeltjes op mensen plakken. Uitspraken doen over individuen is iets heel anders dan overeenkomsten in groepen onderzoeken.

Daarnaast willen mensen kennis die nog in ontwikkeling is meteen vertalen in beleid. Deze week nog kreeg ik een vraag over programma's voor hoogbegaafde leerlingen. Interessant natuurlijk: verloopt hun hersenontwikkeling op school anders dan die van jongeren die niet hoogbegaafd zijn? Maar een antwoord op die vraag vergt vijf jaar onderzoek. Daarom is het belangrijk om niet te snel te willen vertalen naar de praktijk en te blijven onderzoeken en toetsen, samen met andere disciplines zoals pedagogiek. Wij kunnen de onderliggende mechanismen van gedrag bestuderen en zo aanvulling geven op al bekende kennis.

De komende decennia verwacht ik enorm veel nieuwe inzichten, zeker als we onderzoeken in de tijd kunnen uitzetten en groepjes individuen langer gaan volgen. Neem de *educational neuroscience*. We weten dat jongeren gevoelige periodes hebben waarin ze bepaalde vaardigheden makkelijker leren. Als we scans vóór en na die kritische periode gaan verzamelen, kunnen we dit nog

beter gaan begrijpen.
De aandacht die er nu is voor de hersenen van pubers is enorm. Ik vind het als wetenschapper soms ook wel een dilemma. Er wordt nu wel héél veel van verwacht. Maar het leuke is tegelijkertijd dat ook jongeren onze onderzoeken ineens interessanter vinden en dat scholen steeds meer willen meewerken aan onze experimenten.'

1.5 Maakbaar brein?

De langzame rijping van de hersenen bezorgt pubers problemen en hun opvoeders grijze haren. Maar laten we het eens anders stellen: de adolescentie zou ook wel eens de ideale periode kunnen zijn om de hersenontwikkeling van pubers bij te sturen en te stimuleren – een beetje Pokon voor het puberbrein!
In hoeverre het brein kneedbaar is, is in de wetenschap volop onderwerp van debat. Kun je jezelf trainen om ergens heel goed in te worden of heeft iedereen een aangeboren capaciteit voor bijvoorbeeld muziek, hardlopen of wiskunde? Neurobiologen, zoals Dick Swaab, menen dat veel hersensystemen en gedragingen al in de baarmoeder zijn vastgelegd en dat deze ook in een volwassene niet te veranderen zijn. Zo zouden bijvoorbeeld seksuele oriëntatie, de aanleg voor verslaving of bepaalde karaktereigenschappen nagenoeg niet veranderen. In de psychologie heerst daarentegen de opvatting dat de hersenen een enorme 'plasticiteit' hebben; we zouden onze hersenen zelfs kunnen trainen.[13] Ontwikkelingspsycholoog Eveline Crone nuanceert de discussie: 'Je brein heeft een bepaalde genetische aanleg. Daar zit een zekere plasticiteit in. Door te trainen kun je je hersenen harder laten werken. Maar je kunt er niet uithalen wat er niet in zit. Ik geloof niet dat iedereen een Mozart kan worden.'[14]
Er is meer overeenstemming over het principe *use it or lose it*: hoe meer je bepaalde hersendelen gebruikt, hoe meer ze zich ontwikkelen en hoe meer je ervan zult meenemen naar je volwassenheid. Voor sommige taken geldt een 'gevoelige periode', een tijd waarin het brein extra flexibel is. De tijd tussen het 15e en 25e levensjaar is bijvoorbeeld hét moment om uit te blinken in muziek, sport of wetenschap.[15] Pedagogen wisten dat allang. Hersenwetenschappers tonen aan dat het ook te maken heeft met de groei van de hersenen. Maar dit heeft ook een keerzijde: als je bepaalde vaardigheden in de adolescentie onbenut laat, zul je in het volwassen leven meer moeite hebben ze alsnog te leren.

Neotonie: de mens blijft langer jong

Volgens evolutionair bioloog Stephen Jay Gould vertoont de mens sterke vormen van neotonie, het verschijnsel jong te blijven (*neo*: nieuw, jong + *tenein*: blijven). Bij de mens duurt het immers jaren om geslachtsrijp en volwassen worden. Onze hersenen krijgen alle tijd om tot hun enorme omvang te komen en zo de intelligentie te bereiken die ons onderscheidt van de apen. Op de weg naar volwassenheid leren we vooral om te leren. Mensen weten dat ze niet op instincten kunnen vertrouwen. Nieuwe situaties vragen steeds weer om nieuw gedrag. En omdat je weinig van jezelf en het meest van anderen leert, verklaart dit ook waarom wij mensen sociale wezens zijn. We zijn flexibeler in ons gedrag dan al die primaten die zich nog altijd in tropische bossen en savannes ophouden.

1.6 De puber in zijn wereld

Ook al zien we grote verschillen tussen jongeren onderling, het is vooral duidelijk dat het leven tussen het 10e en 25e levensjaar turbulent is. Meer inzicht in al deze turbulentie en ontwikkelingen kan veel meer begrip creëren voor het gedrag van jongeren. Maar een kijkje in het brein van de jongeren volstaat natuurlijk niet. Mensen zijn sociale wezens en ook jongeren staan in relatie tot andere mensen. Ook die interactie is van invloed op hun gedrag. Deze invloed gaan we in de volgende hoofdstukken verder verkennen. We vragen aandacht voor vier soorten *influentials* (invloedrijke partijen) die op verschillende manieren structuur en betekenis aan jongeren geven: thuis, school, *peers* (leeftijdgenoten) en overige opvoeders:

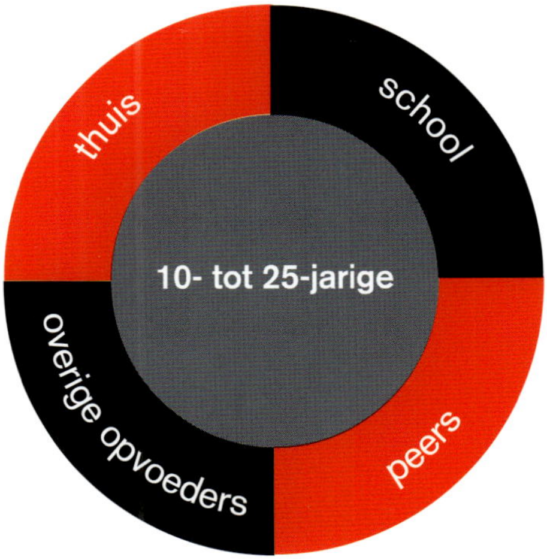

Wie geven de jongeren een kader?

Thuis, school, peers en overige opvoeders De meeste jongeren verdelen hun tijd tussen thuis, school en hun sociale netwerken.
In de thuissituatie hebben ze vooral te maken met hun ouders, die zich vaak verbijsterd afvragen hoe ze nog in contact kunnen komen met dat vreemde wezen aan hun keukentafel.
Op opleidingen breken de docenten zich het hoofd over de vraag hoe ze een hele klas vol 'bankhangers' weer gemotiveerd en aan het leren krijgen, al dan niet op weg naar een diploma en een passende baan.

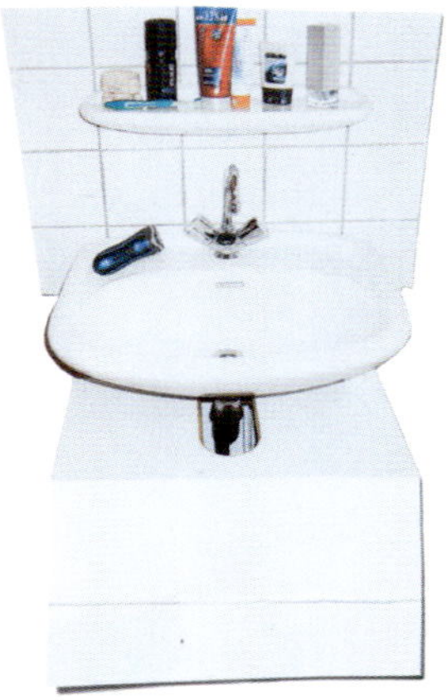

Op internet, op straat en op het sportveld ontmoeten jongeren hun vrienden en kennissen: de sociale netwerken met leeftijdgenoten (*peers*), die hun levensaders zijn. Bij deze vriendschappen en contacten overlappen internet en de echte wereld elkaar.
Tot slot gaan we in op overige opvoeders die zich rondom jongeren begeven, zoals buurtbewoners en professionals en vrijwilligers bij sportverenigingen, kerken, moskeeën of buurtcentra. Want opvoeding eindigt niet thuis of op school. We pleiten juist voor een benadering waarin de hele gemeenschap nadenkt over de eigen rol als opvoeder van jongeren.

In de volgende hoofdstukken volgen we in detail hoe deze vier *influentials* een rol spelen in het leven van jongeren. Die rol varieert continu, afhankelijk van de jongere en afhankelijk van het specifieke thema waar je naar kijkt. Jongere tieners laten zich meer beïnvloeden dan oudere jongeren en ook geslacht en mate van zelfstandigheid zijn van invloed. Maar je ziet ook dat jongeren zich bij bijvoorbeeld kledingkeuze veel meer laten beïnvloeden door leeftijdgenoten dan door ouders. Recent jongerenonderzoek toonde aan dat vanaf 12 jaar reclame en leeftijdgenoten meer invloed hebben op geld uitgeven dan ouders.[16] Bij studie- en beroepskeuze zijn ouders juist weer cruciaal. We zullen verderop in het boek zien dat als de invloed van ouders en school minder groot is, bijvoorbeeld door een minder stabiele thuissituatie, jongeren eerder sturing zoeken van andere opvoeders of van elkaar in de groep.

Verleiders en voorlichters Met deze vier kaders is nog niet alles gezegd. Op grotere afstand van de jongeren bevindt zich namelijk nóg een schil, die we hier samenvoegen onder de noemer 'voorlichters en verleiders'. Dit is een brede beroepsgroep van beleidsmakers, communicatiemedewerkers en marketeers. Ze werken voor bedrijven waarvoor jongeren een relevante afzetmarkt vormen; denk aan telecom-partijen. In deze bredere schil bevinden zich ook werkgevers en opleidingen die jongeren willen werven als student of werknemer. En er zijn diverse partijen die jongeren willen betrekken bij maatschappelijke discussies en issues, van ontwikkelingssamenwerking tot zinloos geweld of burgerschap in de wijk. Welke boodschap ze ook hebben, ze staan allemaal verder af van de leefwereld van jongeren maar zoeken toch een manier om deze jongens en meiden, de volwassenen van de toekomst, te kunnen bereiken.

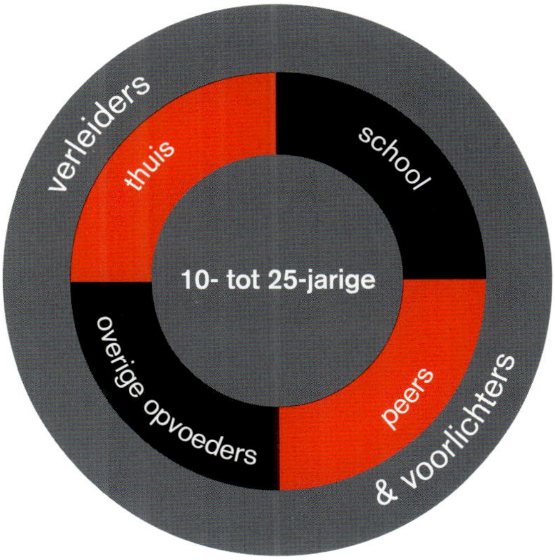

Betekenisgevende kaders en verleiders en voorlichters

De verleiders en voorlichters proberen op allerlei manieren invloed uit te oefenen op de jongerendoelgroep, door bewustwording te stimuleren of een gedragsverandering tot stand te brengen. Ze ontwikkelen bijvoorbeeld campagnes die zich specifiek op jongeren richten.

Interessant is dat al die verleiders en voorlichters ook te maken krijgen met de kaders in de binnenste schil. Bepaalde boodschappen worden bijvoorbeeld via de thuissituatie gecommuniceerd en soms loopt het communicatieve pad via school, in de vorm van speciale lespakketten. Maar het effectiefst is meestal om de leefwereld van de jongeren zelf binnen te dringen. We zullen echter zien dat dit moeilijk te sturen valt.

Niet alle marketing en voorlichting is even effectief, om het voorzichtig uit te drukken. Meer kennis van het puberbrein en van de *influentials* rondom jongeren kan helpen om boodschappen helderder en effectiever over te brengen.

BIER SCHUIM
adidas
HITACHI

EVERLAST
Heineken
Heineken

Opvoeding: het puberbrein thuis

2.

Vroeger werd een kind voor straf naar zijn kamer gestuurd, nu smeken ouders hun kinderen of ze alsjeblieft eens van hun kamer áf willen komen. Het lieve basisschoolkind is veranderd in een ongrijpbaar wezen uit de wereld van YouTube, games en Hyves. Ouders zitten erbij en kijken ernaar. Ze durven steeds minder regels te stellen, terwijl het puberbrein dringend behoefte heeft aan externe sturing, planning en organisatie. Hoe functioneren jongeren in de thuissituatie? Welke invloed hebben ouders, broers, zussen en andere inwonende familie?

'Als ik het ergens niet mee eens ben, dan zeg ik het gewoon tegen mijn ouders. Thuis kan ik altijd overal over praten, mijn moeder is mijn beste vriendin en mijn vader is ook helemaal niet streng. Mijn ouders geven me gewoon vrijheid. Ik moet wel bereikbaar zijn en mijn mobiel bij me hebben, en dan is gewoon alles oké. Ik mag zelf beslissen hoe laat ik thuiskom en als ik na een avond stappen bij een vriendin slaap, dan merken mijn ouders het vanzelf wel. Mijn ouders verbieden me gewoon nooit iets, er zijn weinig regels en over alles is te praten. Volgens mij heb ik zelfs nooit straf gehad…' Layla, 15 jaar

2.1 Opvoeding: bij twijfel niet ingrijpen?

Van bevel naar onderhandeling De meeste ouders van pubers zijn opgegroeid in de jaren zestig en zeventig, in de tijd van flowerpower en 'demokratiesering'. Natuurlijk stond niet iedereen op de trap van het Maagdenhuis en lag niet Jan en alleman met een joint in het park, maar over het algemeen was loskomen van tradities en hiërarchische verhoudingen kenmerkend voor deze periode. Er was volop ruimte voor ontplooiing, voor het ontdekken van de eigen identiteit en het ontwikkelen van een eigen mening. God en gebod waren niet langer heilig; autoritaire opvoeding werd taboe. In de structuren van het Nederlandse gezinsleven heeft dit zijn sporen nagelaten. Met het verstrijken van de jaren veranderden bevelshuishoudens massaal in onderhandelingshuishoudens. Gezag ontlenen aan hiërarchie ('omdat ik het zeg!') werd steeds minder geaccepteerd. Pubers anno nu vinden het vanzelfsprekend dat over elke (ouderlijke) beslissing te onderhandelen valt: het poldermodel in familiaire setting.
Tegenover die zelfbewuste houding van jongeren staat een meer timide opstelling van veel ouders. 'Bij twijfel niet ingrijpen' lijkt het nieuwe adagium. En getwijfeld wordt er veel. Kun je kinderen verbieden de hele tijd online te zijn? Is gamen slecht? Maar de Wii dan? Thuis leren drinken, kan dat? Twijfelende ouders stellen hun vragen op door hun kinderen ontdekte internetfora. Intussen zijn thuis de rollen omgedraaid: de puber is de baas in huis, de ouder faciliteert het puberbestaan.

Beeldcultuur Waar komt die omwenteling vandaan? Sommigen zien het als een logische wending in een historisch zigzagproces. Halverwege de zeventiende eeuw werden 16-jarigen als volwassenen beschouwd. Halverwege de twintigste eeuw bleven ze juist veel langer kind: ze gingen minder werken en langer naar school. Maar het was slechts een kwestie van wachten tot de pendel weer de andere kant op zou zwaaien.
Alleen ging die ommezwaai ditmaal sneller en anders dan in voorgaande eeuwen. De opkomst van de beeldcultuur, het gevolg van de groeiende invloed van televisie, bracht cultuurcritici zoals Neil Postman in de jaren tachtig tot de gedachte dat jeugd als fenomeen aan het verdwijnen was. Postman zag dat kinderen zich gingen gedragen als volwassenen en omgekeerd. Het verschil tussen oud en jong verdween qua kledingstijl, taalgebruik, gedrag en mediavoorkeuren.[1]
Noch hij, noch anderen konden vermoeden dat televisie slechts het begin was en dat internet een jaar of tien later voor een nog veel grotere revolutie zou gaan zorgen. Nu, aan het begin van de eenentwintigste eeuw, is het afgeschermde 'jeugdland' uit de jaren zeventig voorgoed verleden tijd. Nieuwe technologieën hebben jongeren plompverloren in de werkelijkheid geplant. Zij hebben rechtstreeks toegang tot een wereld die tot dat moment het domein was van hun ouders, een ongecensureerde wereld, met seks en geweld[2].

Leren van je kinderen Het lastige is dat ouders de technologische ontwikkelingen niet altijd hebben kunnen bijbenen. Kinderen en jongeren zijn hen in allerlei opzichten voor. Vaders vragen hun zoons hoe ze een film moeten downloaden en ongeduldige dochters vertellen hun moeders over het belang van een mooie foto op Sugababes. Omdat ouders nauwelijks zicht hebben op de belevenissen van hun pubers, begrijpen ze weinig meer van hun leefwereld. In de beslotenheid van hun kamer verkennen pubers de jongerenwereld.
Van een plek om te slapen en huiswerk te maken is de slaapkamer voor jongeren een complete leefomgeving geworden. 40 procent van de jongeren heeft een tv en computer op de eigen kamer.[3] Voor informatie, entertainment of sociale contacten hoeven ze die kamer niet meer uit. Welke programma's kijken ze? Met wie chatten ze? Op welke websites zitten ze? Ouders hebben geen idee. Ze voelen zich buitengesloten. Als basisschoolkinderen hadden de kinderen hen nodig, maar wat hebben ouders nog te bieden aan pubers die via internet toch alles kunnen vinden, leren en regelen?

Het gevolg is even opmerkelijk als ingrijpend: ouders gaan hun kinderen overschatten. Ze zijn zo onder de indruk van al die technokennis en hippe gadgets dat ze ervan uitgaan dat daarachter in het hoofd van hun puber een samenhangend wereldbeeld schuilgaat. Ze denken dat hun jonge computerexpert al die digitale informatie ook wel op waarde zal weten te schatten. En ze veronderstellen dat hun zo op privacy gestelde puber ('Mam! Ga weg!') ook op internet wel zorgvuldig zal omgaan met persoonlijke feiten en gegevens. Het tegendeel is waar.

Voor altijd jong Niet alleen nieuwe technologie heeft de machtsverhoudingen in gezinnen onderuitgehaald. Er is nóg een factor die de rolverwisseling van ouders en jongeren heeft versterkt. We leven al lange tijd in een hoogconjunctuur, waarin 'je bent zo oud als je je voelt' voor veel mensen het credo is. Genieten mag en 'je jong voelen' past daarbij. Grijze haren worden zelden meer geassocieerd met wijsheid en ervaring. Leden van de Eerste Kamer zijn 'fossielen' en mensen die langer dan een jaar of drie dezelfde functie bekleden, zijn 'meubelstukken' of 'vastgeroest'.
Vroeger schaamden jongeren zich voor hun ouders omdat die er hopeloos ouderwets uitzagen, nu schamen ze zich als ouders zich kleden als 16-jarigen zonder kennis van 'goede' en 'foute' merken. Veertigers gaan in spijkerbroek met hun tienerdochter naar een popconcert. Rimpels worden gebotoxt, hangende oogleden gelift, hippe gadgets aangeschaft en de laatste modetrends wanhopig op de voet gevolgd. Ouders willen wat hun pubers hebben: jeugd!
De dominantie van de jeugdcultuur plaatst volwassenen op achterstand. Het is een omgekeerde *peergroup*-relatie: niet het lidmaatschap van de leeftijdsgroep boven je, maar onder je is begerenswaardig. Dit verklaart het vreemde fenomeen dat ouders van nu proberen bij hun pubers in de gunst te blijven. Vindt je zoon van 12 Breezers lekker? Dan haal je die voor een bijzondere gelegenheid voor hem in huis. Wil je 15-jarige dochter niet voor vieren thuiskomen na het stappen? Ach, als haar beste vriendin ook zo laat mag... En zo zitten de prinsen en prinsesjes uit de kleutertijd nog altijd comfortabel op het pluche van de huiselijke troon.

2.2 Puberbrein en opvoedingsvragen

Daar zitten ouders dan op de bank met hun puber, hun eigen kind van wie ze steeds minder begrijpen, uit een wereld waar zij zelf ook deel van willen uitmaken, een sterke onderhandelaar tegen wie ze niet zomaar nee willen of durven zeggen. In hun hoofd zoemen tientallen vragen rond. Zeg ik 'die jas betaal je zelf maar' of ben ik dan te streng? Hoeveel tijd gamen is oké? Moet ik drank verbieden of ze thuis 'verantwoord' leren drinken? Wie weet hoe het puberbrein zich ontwikkelt, is al een heel eind op weg naar een antwoord.

'In de vakantie neemt mijn moeder vaak een dag vrij om iets leuks met mij te doen. Dan gaan we winkelen of naar een pretpark, omdat ik dat leuk vind. Dan krijg ik vaak ook wat. Best lief. Maar ze wil dan altijd praten over mijn vriendinnen en hoe ik me voel en daar heb ik niet altijd zin in.' Larissa, 13 jaar

Cipier of beste vriend? Een manier om te zorgen dat je contact met je kinderen houdt, dat ze ook af en toe tijd met jou willen doorbrengen, is een toffe vader of moeder zijn. Maar hoe word je dat? Je probeert uit te vinden wat ze willen en dat zo veel mogelijk te geven. Kunnen de oude sneakers van je puber echt niet meer maar is het kleedgeld op? Voor één keer dan. Gaan echt ál haar vriendinnen pas om halfdrie 's nachts naar huis? Vooruit dan maar, als ze maar niet alleen over straat gaat. Is die computer echt te sloom om op te gamen? Oké, we gaan upgraden naar een snellere verbinding.
Ouders maken zichzelf wijs dat ze weinig verbieden om het toch al kwetsbare en summiere contact niet te verliezen: 'Als je te streng bent, keren ze zich van je af en ben je ze helemaal kwijt.' Maar ze zeggen ook ja om niet ouderwets over te komen. Zo reactionair en conservatief als hun eigen ouders willen ze niet zijn. Ze huiveren bij het idee van een rol als bewaker of politieagent.
Diep in hun hart willen ze de beste vriend van hun kinderen zijn. Maar dat kan niet en dat zouden ze ook niet moeten willen. Ze hebben een veel belangrijkere rol te vervullen: die van plaatsvervangende prefrontale cortex voor het puberbrein. In de inleiding zagen we dat uitgerekend deze 'topmanager van het brein' zich bevindt in de hersendelen die pas rond het 25e levensjaar volledig ontwikkeld zijn. Het blijft voor jongeren dus nog heel lang moeilijk om prioriteiten te stellen, risico's in te schatten en beslissingen te nemen. Pubers kunnen de gevolgen van hun daden niet inschatten, niet voor zichzelf, en niet

voor anderen.
Dat is de beste reden om als ouder impopulair te willen zijn en af en toe nee te zeggen. Ja zeggen is makkelijker, maar grenzen stellen (én handhaven!) is beter. En het mooiste is: pubers vragen er om. Recent onderzoek laat zien dat jongeren die liefdevol maar streng worden opgevoed, het gelukkigste zijn. Als ouders eisen stellen, vinden ze die redelijk – al houden ze zich er natuurlijk niet altijd aan.[4]

'Ik word gek van mijn moeder. Roept ze dat ik moet komen eten, dan denkt ze dat ik zomaar even uit mijn game kan stappen! Dat je niet in je eentje gamet en dat ik mijn vrienden dan niet zomaar in de steek kan laten, begrijpt ze echt niet. De enige games die zij kent, zijn mens-erger-je-niet en monopoly.' Joost, 14 jaar

Computer uit of aan? Ze maken huiswerk, luisteren naar Radiohead op hun iPod, chatten en msn'en en dat allemaal tegelijk. Ze weten moeiteloos de weg naar de hipste sites op internet, surfen hele werkstukken bij elkaar en downloaden op verzoek binnen een paar minuten de nieuwste afleveringen van de favoriete serie van hun moeder. *In Real Life* (IRL) afspreken doen ze steeds minder, ze ontmoeten elkaar in de virtuele wereld. Daar presenteren ze zich op PartyPeeps2000, Sugababes en Hyves, daar spelen ze World of Warcraft, daar leven ze in SimCity, competent en wereldwijs. De internetgeneratie doet haar ouders versteld staan. Maar wat die geïmponeerde ouders door hun eigen kennisachterstand niet zien, is dat die wereldwijsheid deels schone schijn is. En dat betekent dat pubers ook op dit vlak behoefte hebben aan begeleiding en sturing – zelfs, nee júíst van hun in technologisch opzicht prehistorische ouders.

Gamen Op het gebied van gamen is de kloof tussen jongeren en hun ouders misschien wel het grootst. Volwassenen kunnen zich maar moeilijk voorstellen hoe hun puber volkomen kan opgaan in de virtuele wereld van een *multi-user* computerspel. Voor hen is een spelletje een spelletje en ze hebben maar weinig begrip voor de woede-uitbarsting die hen ten deel valt als ze plotseling de concentratie verstoren of erger nog: de computer uitzetten.
Voor veel ouders is het een gewetensvraag of gamen überhaupt wel gezond is. Worden hun kinderen er niet gewelddadig van? Of spelverslaafd? Die zorgen lijken overtrokken. Het spelen van computergames brengt jongeren belangrijke

vaardigheden bij. Ze worden er resultaatgericht, toegewijd en punctueel van en leren opereren in complexe situaties. Ze leren risico's nemen en communiceren in teamverband. Gamers worden ook goede teamspelers, want samenwerken is een must bij de online rollenspelen waaraan honderdduizenden spelers meedoen (de mmorpgs, ofwel *massively multiplayer online role playing games*). Onderzoekers van ICT-gigant IBM en het beroemde Massachusetts Institute of Technology constateren dat gamers al jong leren hoe ze moeten samenwerken en organiseren. Dat maakt hen als leiders van de toekomst heel geschikt voor het moderne bedrijfsleven.[5]

'Als ouder vraag je aan je kind hoe het op school was, bij de voetbalclub, of in de bioscoop. Waarom zou je dan niet vragen hoe het was op internet? Als je interesse toont en openstaat voor je kinderen, vertellen ze je precies wat ze op internet doen. Soms komt een moeder naar mij toe en begint over haar gamende zoon, maar wanneer ik dan vraag welke games hij speelt, heeft ze vaak geen idee. Dat is hetzelfde als een moeder vragen welke sport haar kind doet en zij zegt: "Uhm, volgens mij is het iets met een bal, of zo."' Justine Pardoen, hoofdredacteur *Ouders Online*

Verslaving en agressie Maar hoe zit het dan met de nadelen? Doet het echt niets met een puber als hij avond aan avond virtuele tegenstanders afslacht? Uit recent onderzoek wordt steeds duidelijker dat gewelddadige games en films agressieverhogend kunnen werken, stelt hersenonderzoeker Dick Swaab.[6] Maar... dat geldt ook voor het lezen van gewelddadige Bijbelteksten en zelfs voor zomerhitte. Hoe onsmakelijk en bloederig de computerbeelden ook zijn, er is nog geen overtuigend bewijs dat games verboden zouden moeten worden omdat ze jongeren gewelddadiger maken. Games lijken eerder de functie van uitlaatklep te vervullen.

Wel geldt voor games wat voor alle hobby's geldt: te veel is onverstandig. Spelverslaving is een risico. Een puber moet niet zodanig in de online wereld opgaan dat hij de greep op de realiteit verliest. *In real life* krijg je niet altijd directe feedback op je handelen; na een mislukking kun je geen nieuwe avatar aanmaken en met een schone lei beginnen. Het echte leven houdt zich niet aan de regels. Wie dat wel denkt, stoot zijn neus.

Bovendien moet het nut van games niet overdreven worden, vindt Marianne van den Boomen, die aan de Universiteit Utrecht onderzoek doet naar virtuele werelden. Door vrijwel alles wat je doet, doe je vaardigheden op: van lezen tot kletsen met de buurvrouw en van krabbelen op Hyves tot schrijven op je weblog. Samenwerken, snel reageren, resultaatgericht zijn en communiceren leren pubers ook van een potje voetbal op straat. En daar word je lichamelijk fitter van.[7]

Positieve en negatieve invloed van games

Dr. Wijnand IJsselstein van de TU Eindhoven doet onderzoek naar de invloed van gamen op jongeren:

'Er bestaan nogal wat misvattingen over gamen en gamers. Computerspellen hebben niet alleen aantrekkingskracht op jonge jongens. De gemiddelde leeftijd van gamers is 33 jaar, een derde is onder de 18 en maar liefst 38 procent is vrouw. Nog zo'n misvatting: er worden hoofdzakelijk gewelddadige games verkocht. Het populairst zijn de *strategy games* en *role playing games*, zoals *The Sims*. Maar 10 procent zijn agressieve shooters.

Gamers zijn absoluut niet de losers van de maatschappij, geen nerds op zolderkamers. De nummer één motivator om te spelen is zelfs een sociale: gamers willen samen met vrienden hun tijd doorbrengen.

Natuurlijk is er wel een kleine groep die zijn tijd achter de spelcomputer verbrandt. En ja: gamen kan verslavend werken. Games zijn beloningsmachines, die in de hersenen dezelfde beloningscircuits stimuleren als eten, seks en stimulerende middelen. Dat is ook de bedoeling van de makers: het gaat er tenslotte om een zo leuk mogelijke ervaring te verschaffen. Maar zolang games onderdeel vormen van een gevarieerd gedragspatroon met lezen, internet, tv en fysieke sporten en spelletjes, is er helemaal niets mis mee, integendeel juist.

Wat ik als probleemgedrag zou definiëren? Bij mij gaan de alarmbellen rinkelen als het palet van interesses van een kind dramatisch versmalt. Als hij geen vrienden meer zou zien, niet meer zou sporten, dik zou worden, prikkelbaar zou worden als hij even niet meer mocht gamen, en weinig andere dingen meer zou ondernemen.

Veel minder aandacht is er voor de positieve effecten van games. Ze zijn enorm educatief. En dan heb ik het niet over de educatieve *serious games* maar over de 'gewone' commerciële. Het zijn complete werelden die een groot beroep doen op vaardigheden en kennis. Uit de gemiddelde

strategy game kom je echt niet zomaar uit. Bij *SimCity* bouw je steden met infrastructuur, wijken en bedrijfsterreinen en moet je met beperkte middelen een optimale balans zien te vinden tussen de tegenstrijdige belangen van industrie en bewoners. In andere games, zoals *World of Warcraft*, zijn er verschillende rollen te verdelen, wordt er een leider aangewezen, en worden agenda's getrokken. Gamers moeten zich op elkaar afstemmen; een heel sociaal proces.
De moderne games zijn de oog-handcoördinatie van *Pacman* ver voorbij. Het draait om creativiteit, doorzettingsvermogen, geduld, patroonherkenning, complexe problemen doorzien en oplossingen vinden. Allemaal vaardigheden die later in een managementfunctie uitstekend van pas komen. Ik zie gamen dan ook vooral als een gelegenheid tot *collateral learning*: terwijl je plezier hebt, leer je ook nog, zowel in cognitief als in sociaal opzicht. En dat is zeker geen verspilde tijd.'

Digitale ADHD? Jongeren van nu lijken geboren multitaskers. Hun ouders schudden afkeurend het hoofd: zo kun je toch niet leren? Huiswerk maken én muziek luisteren hoeft geen probleem te zijn en af en toe een sms'je tussendoor kan makkelijk. Maar veel jongeren lopen wel tegen problemen aan als multitasken hun levensstijl wordt.
Bij multitasken is het vooral de vraag in hoeverre de afzonderlijke taken negatief beïnvloed worden. Experimenten laten zien dat jongeren tot een jaar of 15 er meer moeite mee hebben om meerdere taken tegelijk uit te voeren. Hoe ouder een jongere is, hoe beter hij irrelevante informatie kan onderdrukken.[8]
Continu vier dingen tegelijk doen is dus ook voor pubers van nu niet vol te houden. Het is geen uitzondering dat jongeren die naast hun school een baantje hebben, een website in de lucht houden en serieus *into gaming* zijn moe worden, gestrest raken en hun schoolresultaten zien teruglopen. Voor een deel is dat gewoon een kwestie van tijd: uren die je achter de pc zit, kun je niet aan je huiswerk besteden. Maar daarnaast is het ook een kwestie van overbelasting: als je meer dingen tegelijk doet, doe je ze niet allemaal even goed. Wie continu zijn aandacht verdeelt, vindt het moeilijker om te reflecteren, weloverwogen beslissingen te nemen en creatief te denken – van multitasken naar digitale ADHD.
Wat is eraan te doen? Er zijn activiteiten waarbij verdeelde aandacht prima

werkt, zoals lopen en praten tegelijk, maar ook activiteiten waarvoor volledige aandacht nodig is omdat de taken complexer zijn en/of omdat er verschillende zintuigen en handelingen in het spel zijn. Pubers kunnen dat onderscheid zelf nog niet goed maken. Ouders zullen dat met hen moeten bespreken en zo nodig voor hen moeten beslissen. De oplossingen zijn niet zo moeilijk te bedenken. Ouders moeten besluiten om ook deze levenssfeer van hun kinderen binnen te gaan. Ze kunnen voor jongere adolescenten de computer met internettoegang weer in de woonkamer zetten, waarbij ze de protesten trotseren en afspraken maken over huiswerktijd, gametijd en computertijd. Ze kunnen helpen met het plannen van het huiswerk en zeggen dat hun kinderen af en toe tijdens het leren hun mobieltje even beneden leggen. Grote kans dat hun puber hen dankbaar is. Lees meer hierover in hoofdstuk 10.

Bijna beroemd Persoonlijke ontplooiing en online profilering zijn voor jongeren onlosmakelijk met elkaar verbonden. Volgens onderzoek in opdracht van Digibewust had eind 2007 twee derde van de Nederlandse tieners een eigen profiel op internet. Meisjes scoren hierbij hoger dan jongens.[9] Veel jongeren hebben meerdere profielen tegelijk.

Volwassenen onderschatten vaak hoe belangrijk netwerksites als Hyves, Sugababes en PartyPeeps voor jongeren zijn. Op privacygebied gaapt de eerste echte generatiekloof sinds de komst van rock-'n-roll, schrijft de Amerikaanse journaliste Emily Nussbaum. Van hun diepste emoties tot hun meest persoonlijke foto's: jongeren delen op internet bijna alles met elkaar. De openheid is vrijwel onbegrensd. Jongeren kijken fundamenteel anders naar zichzelf in relatie tot de buitenwereld. Ze documenteren hun puberteit van A tot Z op internet, tot en met hun eerste seksuele ervaring aan toe. 'De grote vraag voor mensen van mijn generatie is: waarom zou je dat doen?' schrijft Nussbaum. 'Die vraag zegt een 16-jarige niets. De voordelen zijn overduidelijk. Leven in de openbaarheid is leuk. Het is creatief. Je vrienden zijn er. Het is theater, maar ook leefgemeenschap. (...) Je hebt er een plaats om hardop te denken, vreemden te ontmoeten en vriendschappen te verdiepen.'[10]

Volwassenen zullen hun achterstand op dit gebied inhalen. Dan groeit waarschijnlijk een gedragscode of webetiquette die de excessieve openheid reguleert. Maar helemaal zal de kloof niet gedicht worden.

Riskante bijverschijnselen Het virtuele leven is een niet te stoppen revolutie. 'Tegen' zijn is niet aan de orde, het begeleiden van riskante bijverschijnselen des temeer. Want ook in de virtuele wereld, waar zij zich zo goed thuis voelen, missen jongeren het vermogen om risico's in te schatten. Het is naïef te veronderstellen dat je dochter zich er bij het chatten voortdurend bewust van is dat mensen zich anders kunnen voordoen dan ze zijn. Je overschat haar door te denken dat achter al die fragmentarische internetkennis in haar hoofd een samenhangend wereldbeeld schuilgaat, dat zij al die digitale informatie op de juiste waarde weet te schatten. Dit vraagt om een abstractieniveau en een reflectievermogen die juist pubers met hun onrijpe hersenen nog niet bezitten.

Jongeren denken aan nu, niet aan later. Nu is die grappige foto van dat uit de hand gelopen feest misschien nog leuk en die hatemail aan een irritant vriendje nog om te lachen. Maar dat ligt anders als een hr-manager acht jaar later bij het googelen op dezelfde informatie stuit. Ouders die hun kinderen tegen dit soort problemen beschermen, doen niets fout. Het is een misvatting om te denken dat je de privacy van je dochter aantast door een internetfilter te installeren en regelmatig haar persoonlijke pagina's op diverse profielensites te checken – alle protesten ten spijt. Het is niet slecht om de lijst met sites te checken die je zoon de afgelopen dagen heeft bezocht. Als iets niet privé is, dan is het internet wel en de manier waarop jongeren zichzelf daar presenteren. Wie laat z'n 13-jarige dochter om één uur 's nachts nog 'in de kroeg hangen'?

'Hoeveel ik te besteden heb? Weet ik eigenlijk niet. Ik krijg kleedgeld en ik heb een baantje, maar dat geld is meestal snel op. Als ik echt iets nodig heb, ga ik zeuren en dan krijg ik het wel van mijn ouders.'

Lara, 16 jaar

Vrek of bank? Geld is bij uitstek een gebied waarop het onrijpe puberbrein het laat afweten. Twee derde van de jongeren tussen 8 en 18 jaar vindt het moeilijk om met geld om te gaan.[11]

In de jaren dat jongeren nog thuis wonen, is het meestal nog niet zo'n probleem. Af en toe een hoog oplopende ruzie over de hoogte van de rekening van de mobiele telefoon, gekibbel over de vraag of die scooter er nu echt moet komen en een ijzige stilte rond de astronomische kosten van een avondje stappen, maar over het algemeen blijven echte problemen beperkt. Dankzij kleedgeld en bijbaan hebben scholieren en studenten veel vrij te besteden: van gemiddeld € 30 netto per maand voor 12- tot 14-jarigen tot ruim € 860 voor 20- tot 24-jarigen.[12] Dat is aanzienlijk meer dan de meeste ouders voor zichzelf te besteden hebben. Sparen doen jongeren alleen als er geld over is. Als de nood aan de man komt, springen hun ouders bij. Een op de drie jongeren kan niet eens vertellen hoeveel hij van zijn ouders krijgt, omdat die aardig wat bijdragen.[13]

Dat jongeren niet goed met geld kunnen omgaan, wordt pas duidelijk als ze op zichzelf gaan wonen. Ze schaffen nieuwe spullen aan, terwijl vaste lasten onbetaald blijven. Van een inboedelverzekering heeft de helft nog nooit gehoord en een op de drie jongeren leent geld zonder te weten of ze de aflossing wel kunnen betalen.[14] Aan het eind van het geld is er steevast een stuk maand over. Veel hiervan is rechtstreeks te verklaren uit wat we weten over de hersenontwikkeling van jongeren. Met hun overactieve emotiegebieden wordt het voor pubers wel heel moeilijk om niet te bezwijken voor die stoere, dure tas. Het idee dat een dief er wel eens vandoor zou kunnen gaan met je onverzekerde nieuwe laptop, komt niet eens bij hen op. En de remmende systemen in de frontaalkwab zijn zeker bij jongere adolescenten nog onvoldoende ontwikkeld om in te kunnen zien dat de eindeloze nasleep van een lening in geen verhouding staat tot de beloning van dat weekje Salou met je vriendinnen.

'Als ik een avondje uitga, geef ik altijd meer uit dan ik me van tevoren had voorgenomen.' Claartje, 17 jaar

Geen onderbuikgevoel

Om inzicht te krijgen in de manier waarop jongeren risico's inschatten, kregen zij in het Brain & Development Lab in Leiden de keuze voorgelegd in een computertaak: Wil je een klein geldbedrag (één euro) dat je met 80 procent zekerheid kunt krijgen of liever een groter bedrag (tien euro) dat je maar met 20 procent zekerheid kunt krijgen? Een puber kiest eerder voor het grootste bedrag, in tegenstelling tot volwassenen. Het blijkt voor pubers veel moeilijker te zijn om voor de veilige optie te kiezen. Ontwikkelingspsycholoog Eveline Crone: 'We zien dat pubers veel meer risico's nemen dan volwassenen. Een volwassene die ook voor het hoge bedrag kiest, gaat veel meer zweten en krijgt een hogere hartslag. Pubers voelen het risico niet. Zij hebben dat onderbuikgevoel niet.' Andere experimenten laten zien dat jongeren ook meer risico voor de langere termijn durven te nemen dan volwassenen, en jongens vertonen tussen de 8 en 25 jaar iets risicovoller gedrag dan meisjes. Crone: 'Risico nemen en explorerend gedrag vertonen is ook zinvol. Dat aspect wordt nog wel eens vergeten.'[15]

Grenzen stellen en handhaven is bij financiën dus het motto. Geef een puber niet meer financiële verantwoordelijkheid dan hij aankan. Zeg niet ja op elk verzoek, maar maak de grenzen tastbaar. In een groot jongerenonderzoek constateerde het Nibud dat een goede financiële opvoeding thuis echt helpt.[16] Ook al zitten er grenzen aan de financiële planningsmogelijkheden van jongeren, opvoeden heeft aantoonbaar invloed op de manier waarop ze met geld omgaan. Jongeren die goed begeleid worden, staan minder vaak rood, hebben minder schulden, maken vaker een overzicht van inkomsten en uitgaven en sparen bewuster.[17] Er is niks mis met het aloude kleed- en zakgeld: eerst per week, dan per maand en als dat goed gaat misschien per halfjaar. Ook het maken van potjes voor verschillende uitgaven komt tegemoet aan de beperkingen van het onrijpe puberbrein, omdat daarmee veel eerder duidelijk wordt dat geld op is. In dit licht spreekt het voor zich dat continu bijlappen indruist tegen de opgedane financiële discipline.
Verder is het belangrijk dat ouders met hun kinderen praten over de invloed van media en hen helpen reclames te doorzien. Wat gebeurt er als je zo'n leuke ringtone koopt: is dat eenmalig of zit je vast aan een abonnement? Is gratis lenen wel gratis? Hoeveel betaal je met een afbetaling nou echt voor die mooie televisie? Kun je niet beter doorsparen en er dan pas een kopen?[18]

'Elke dag krijg ik weer die stomme broodtrommel mee. Boterhammetje kaas, boterhammetje worst, pakje chocomel. Ik zit toch niet meer op de basisschool! Maar het maakt niet uit wat ik zeg, ze doet het toch. Dus gooi ik het weg en koop ik gewoon wat chips of zo.' Joeri, 14 jaar

Brood of chips? Eetstoornissen zijn een typisch puberprobleem. Een flink aantal jongeren eet te veel, te ongezond of juist te weinig. De onvolgroeide prefrontale cortex maakt ook op dit vlak controle en beheersing een stuk lastiger. Je kunt een puber wel vertellen dat een dieet van chips en chocola niet gezond is, maar voor hem gaat genieten toch boven de voorspelde gevolgen. Voor ouders is het extra gecompliceerd omdat veel eetmomenten buiten hun gezichtsveld plaatsvinden. Je vermoedt misschien wel dat je zorgvuldig gesmeerde boterhammen om de hoek van de straat al in de afvalbak verdwijnen omdat je puber cola en chips koopt, maar helemaal zeker weten doe je het niet. Je kunt wel zien dat je dochter plotseling een maatje meer nodig heeft of dat de puistjesdichtheid op zijn jongenswangen nu echt de spuigaten uitloopt, maar bewijzen dat het van slecht eten komt kun je niet. En kinderen dwingen te eten is nooit een succes, niet als ze twee zijn en de sperziebonen uitspugen en niet als ze 12 zijn en hun bord onaangeraakt laten staan.

Te dik Overgewicht is een van de belangrijkste gezondheidsproblemen van dit moment. Eerst was het een Amerikaans probleem, toen een westers probleem en nu krijgen ook opkomende landen als China en India ermee te maken. Vergeleken met de Verenigde Staten valt het aantal te dikke pubers in Nederland nog wel mee. Maar het aantal te dikke kinderen stijgt door de jaren heen aanzienlijk: nu al heeft onder Nederlandse kinderen 14,5 procent van de jongens en 17,5 procent van de meisjes overgewicht.
Lange tijd leek gebrek aan beweging de voornaamste oorzaak, maar inmiddels is duidelijk dat de toegenomen consumptie minstens zo'n belangrijke rol speelt.[19] We eten gewoon te veel en we eten ongezond.
Juist voor jongeren in de groei is gezond eten ontzettend belangrijk. Niet alleen hun lichaam, maar vooral ook hun hersenen hebben goede voeding nodig. En dan niet alleen de verantwoorde omega 3-vetzuren uit vette vis waarover zo veel te doen is, maar gewoon goed, gezond en evenwichtig eten. Het is bewezen dat het dagelijks eten van een stevig granenontbijt met een laag vetgehalte samengaat met een lagere Body Mass Index bij kinderen en dat iedereen – ook volwassenen – veel beter presteert na het eten van een ontbijt. Bovendien voorkomt een gezond ontbijt het eten van calorierijke tussendoortjes zoals koeken later in de ochtend.

Haring voor je brein

Bepaalde voedingsstoffen zijn extra goed voor je brein, zoals de onverzadigde vetzuren DHA en EPA. Eet daarom één of twee keer per week vette vis, zoals haring, ansjovis, zalm of makreel. Regelmatig groene groenten eten én gevarieerd eten zijn ook belangrijk voor de vitamines en mineralen.

Te dun Te weinig eten is een minder algemeen, maar vaak ook complexer probleem. Eetstoornissen zoals anorexia nervosa en boulimie en *binge eating disorder* ontstaan vooral bij meisjes in de puberteit. Behalve de onvoltooide hersenontwikkeling spelen hierbij ook de grote lichamelijke en psychologische veranderingen een rol. Gebrek aan zelfvertrouwen en onzekerheid over hun positie als vrouw kan ertoe leiden dat meisjes hun lichaam 'in de hand willen houden', aldus de Stichting Anorexia en Boulimia Nervosa. Het eetgedrag kan een manier zijn om onvoldoende autonomie te compenseren; controle over het lichaam wordt dan synoniem met controle over het eigen leven.
Elk jaar komen er in Nederland rond de 1300 anorexiapatiënten en 1100 boulimiepatiënten bij. Jaarlijks overlijden volgens het RIVM in Nederland vijftien tot dertig mensen aan de gevolgen van anorexia; vooral jonge vrouwen tussen de 15 en 24 jaar.[20]
Bij het vermoeden van een eetstoornis is professionele hulp onmisbaar. Je kunt het dan als opvoeders niet alleen af. Alert zijn is van levensbelang, vooral ook in het voorstadium. Deskundigen zijn het er namelijk over eens dat lijnen een belangrijke risicofactor is, vooral als jongeren daarmee beginnen zonder dat zij overgewicht hebben. Niet eten terwijl je wel voedsel nodig hebt, maakt dat je steeds aan eten denkt. Zo kan continu lijnen uitmonden in een fixatie op eten, wat een voorbode kan zijn van een ernstigere stoornis. Als jongeren eenmaal verzeild raken in kringen waar afvallen wordt verheerlijkt (vaak aangeduid als pro-ana ofwel pro anorexia nervosa), is de weg terug erg moeilijk.

Fragmenten uit de geloofsbelijdenis van Ana

- Ik geloof in controle, het enige dat machtig genoeg is om orde te stellen in deze chaos die 'mijn leven' wordt genoemd.
- Ik geloof dat ik de gemeenste, meest waardeloze en nutteloze persoon ben die ooit op de aarde heeft gestaan en dat ik tijdverspilling ben van anderen.
- Ik geloof dat mensen die me iets anders vertellen idioten zijn. Als ze konden zien hoe ik echt ben, zouden ze mij haten net zoals ik mijzelf haat.
- Ik geloof in een weegschaal als een indicator van mijn dagelijkse successen en mislukkingen.[21]

Samen eten Maar zelfs als de inhoud van de familiekoelkast een toonbeeld is van gezond en verantwoord eten, blijft de vraag hoe je het bij je kind naar binnen krijgt. Simpele oplossingen zijn er niet. In elke supermarkt zijn snacks te koop en de gemiddelde Nederlandse puber heeft meer dan genoeg geld om te kopen waar hij trek in heeft. Ongezond eten is nu eenmaal goedkoop. Ook andere dingen vallen buiten de directe invloedsfeer van ouders, zoals het aanbod in de schoolkantine, al kan een ouderraad dit wel bij de schooldirectie aankaarten.

Toch kun je ook dingen doen, zoals van jongs af aan samen met je kinderen boodschappen doen en koken, zodat ze weten hoe eten in elkaar zit. Misschien nog belangrijker is om regelmatig samen aan tafel eten. Ook al is het lastig te regelen met overvolle agenda's, voetbaltrainingen en uitlopende vergaderingen, de cultuur van ieder voor zich en met het bord op schoot bij de televisie gaat meestal niet samen met een goed voedingspatroon. Dat geldt ook voor het ontbijt. Een kwartier eerder opstaan loont als je daardoor samen met je slaperige puber aan de ontbijttafel zit. En wie weet wissel je nog een paar woorden ook!

'Kijk, drinken gaan ze toch. Dan heb ik liever dat het in mijn eigen huiskamer gebeurt dan ergens in een vieze keet achteraf op een weiland. Zo heb ik er tenminste zicht op en kan ik ze uitleggen wat te veel is.' Raymond (48), vader van Joshua (13)

Drank en drugs: verbieden of begeleiden? Alcohol- en drugsgebruik is typisch iets waarbij jongeren zich sterk laten leiden door emoties en impulsief gedrag. Ze willen vooral direct genot, zijn gevoelig voor de druk van leeftijdgenoten en denken niet aan de risico's voor hun gezondheid. Ze hebben het gevoel dat ze heel veel aankunnen. Maar ze kunnen zich vaak geen voorstelling maken van de zeer negatieve gevolgen van het gebruik van alcohol en drugs voor hun nog ontwikkelende brein.

Resultaten van onderzoek naar drankgebruik onder jongeren in Nederland zijn verontrustend. Jongeren drinken te vaak, te veel en beginnen op veel te jonge leeftijd. In groep 8 van het basisonderwijs heeft bijna de helft van de scholieren al eens alcohol gedronken en zegt 14 procent ook de afgelopen maand gedronken te hebben.[22] Psychologen schrijven het experimenteren met alcohol en drugs in de puberteit toe aan groepsdruk, nieuwsgierigheid naar nieuwe ervaringen en interesse in het verminderen van seksuele barrières.

De meeste ouders zien wel het gevaar van comadrinken of van blowen in de schoolpauze, maar toch vinden ze het, met name bij alcohol, erg moeilijk om grenzen te stellen. Vaak hebben ze het onterechte idee dat begeleid drinken het beste van twee kwaden is: liever opvoeden dan verbieden en daarmee aantrekkelijk maken. Bovendien gebruikten ze tijdens hun eigen jeugd vaak ook genotmiddelen, waarmee ze veelal ingingen tegen de strenge regels van hún ouders, op wie ze beslist niet willen lijken.[23] Ze vinden het niet fair om hun eigen kinderen ook zo streng te behandelen. En dus regeert de twijfel. Welke regels moeten ze hun kinderen stellen: geen drank en drugs, gebruik met mate of vertrouwen dat pubers het zelf wel weten? Onnodig streng zijn willen ze in elk geval niet.

Schadelijk Juist in dit geval is toegeeflijk zijn erg onverstandig. Er bestaat steeds meer overtuigend bewijs dat drank en drugs voor jongeren schadelijk zijn, zodat geen ouder meer hoeft te twijfelen aan het nut van grenzen. Voor jongeren zijn de gevolgen veel ernstiger dan voor volwassenen, vooral omdat hun brein nog in ontwikkeling is. Alcohol heeft een remmende werking op de ontwikkeling van de hersenen. Na overmatige consumptie kunnen hersencellen afsterven. Ook duurt het bij jongeren langer voordat het gevolg (dronkenschap) zich openbaart, waardoor ze langer doordrinken dan volwassenen. Dit is een van de verklaringen voor excessen als *binge*-drinken en comazuipen.
Bovendien blijkt uit recent onderzoek dat jonge adolescenten door hun onvoltooide hersenontwikkeling vatbaarder zijn voor snelle en hardnekkige verslaving. Dat lijkt te komen door het feit dat de herinnering aan de verslavende middelen bij pubers zo sterk is, dat afkicken niet helpt. Die krachtige herinnering ontstaat doordat de prefrontale cortex in deze leeftijdsfase meer in contact staat met de beloningsgebieden in het brein. 'De cocaïne is dus niet lekkerder, maar hakt er qua herinnering dieper in.'[24] De onderzoekers adviseren hier rekening mee te houden bij de behandeling van jongverslaafden: ze hebben langdurige therapie nodig en misschien zelfs wel een andere aanpak met 'tegenbeloningen' om de herinnering aan de drugs uit te wissen.
Dit is een interessant terrein voor vervolgonderzoek, omdat steeds duidelijker wordt dat het puberbrein en alcohol en drugs een gevaarlijke cocktail vormen.

Verbieden Alle reden dus om eerder te streng dan te ruimhartig te zijn. Maar hoe streng? Kunnen je kinderen niet beter in je eigen huis met drank leren omgaan dan ze een totaalverbod op te leggen en daarmee stiekem naar de kroeg te jagen? Het antwoord is nee.

Intensieve voorlichtingscampagnes hebben er de laatste jaren toe geleid dat minder jongeren tussen de 12 en 14 jaar zijn gaan drinken, maar pubers die het wél doen, drinken veel.[25] Jongeren boven de 14 jaar trekken zich veel minder aan van de campagnes. Dit bevestigt onderzoekers van de Radboud Universiteit in hun opvatting dat niet leren drinken altijd beter is dan wél leren drinken, hoe voorzichtig ook. 'Voorlichting over de schadelijke gevolgen van alcoholgebruik blijkt minder effectief dan gewoon verbieden. Ouders zouden alcoholgebruik van het begin af moeten verbieden en zelf het goede voorbeeld moeten geven.'[26]

En áls je streng bent, wees dan duidelijk. Onderzoek van Trimbos laat zien dat maar één op de twaalf ouders het goed vindt dat hun kind op feestjes alcohol drinkt, terwijl een kwart van de kinderen zegt dat ze zeker weten dat het van hun ouders wel mag.[27]

Fruitmachine

Het emotionele deel van het brein ontwikkelt zich sneller dan het controlerende en sturende deel. Dat emotionele deel is gevoelig voor de positieve gevolgen van gedrag, het controlerende deel (de prefrontale cortex) voor de negatieve gevolgen. Linda van Leijenhorst van het Brain & Development Lab in Leiden liet jongeren van verschillende leeftijden (11-12, 14-15 en 18-24 jaar) naar een fruitmachine kijken en bestudeerde hun hersenactiviteit terwijl ze een spelletje speelden. Bij een fruitmachine betekent drie keer hetzelfde fruit winst. Bij alle jongeren reageerden de beloningsgebieden in de hersenen erg actief. Bij 11- tot 15-jarigen reageerden die beloningsgebieden ook op het vooruitzicht op een **mogelijke** beloning (als na twee keer draaien twee keer hetzelfde fruit verschijnt en winst in zicht lijkt). Bij verlies was het juist omgekeerd: het deel van de prefrontale cortex waar negatieve consequenties worden verwerkt, was bij 11- tot 15-jarigen niet actief, maar bij jongvolwassenen wel. Conclusie: jongeren van 11 tot 15 jaar zijn heel gevoelig voor beloning en niet voor verlies. Voor de oudere groep van 18- tot 24-jarigen geldt dit effect niet.[28]

'Mijn moeder moet echt met iedere zwerver die ze tegenkomt een praatje maken. Alsof het een vriend is. Ik schaam me dood.' Sherida, 14 jaar

Ik of de ander? Pubers kunnen de gevolgen van hun eigen gedrag misschien nog niet zo goed inschatten, maar de gevolgen van hun gedrag voor anderen kunnen zij nóg minder overzien. Empathie en voorstellingsvermogen zitten nog niet in het puberbrein. Ook dat heeft weer te maken met de nog onvolgroeide frontaalkwab en overactieve emotiegebieden. Jongeren voelen hun eigen pijn heel snel en soms overdreven scherp, maar die van een ander is moeilijker voor te stellen. Aan de andere kant: áls iets hen raakt, dan raakt het hen ook hard. Jongeren kunnen ook heel zwart-wit zijn in hun keuzes: van de ene op de andere dag gaat er geen hap vlees meer in en worden ze niet alleen donateur, maar ook meteen de meest actieve voorvechter van het door hen uitverkoren goede doel.

Lesjes moraal Iedere ouder wil empathie en voorstellingsvermogen bij zijn kinderen aankweken, maar een paar moraallesjes zetten geen zoden aan de dijk. Rekening houden met anderen is bij uitstek een kwestie van lange adem en een gebied waarop ouders een voorbeeldrol vervullen. Sta je zelf op voor een zwangere vrouw op in de tram? Doe jij boodschappen voor een invalide buurman, ook al is hij praatgraag en eigenlijk onuitstaanbaar? Het is ook een gebied dat vraagt om systematisch opvoeden. Ieder kind pikt wel eens een chocoladereep uit de winkel, maar niet ieder kind moet die reep van zijn ouders gaan terugbrengen. Iedere jongere laat wel eens een vriend of vriendin als een baksteen vallen, maar niet iedere jongere wordt daarop door zijn ouders aangesproken.
Volgens hoogleraar pedagogiek Micha de Winter zijn empathie, geweten en altruïsme het best aan te kweken met een opvoedingsstijl die affectie combineert met duidelijke grenzen, veelvuldig uitleggen en een zuinig gebruik van machtsmiddelen.[29] Als je kinderen maar consequent uitlegt wat de gevolgen van hun handelingen zijn voor anderen en hoe anderen dat ervaren, ontstaat bij hen vanzelf een soort 'script' dat hun gedrag van binnenuit reguleert. Geleidelijk is minder uitleg nodig en zorgt de wens om schuldgevoelens te voorkomen dat kinderen hun sociale gedrag op anderen afstemmen. Het gedrag van ouders luistert hier nauw, waarschuwt De Winter. Reageer je te streng, dan worden kinderen zo angstig of boos dat ze niet meer kunnen luisteren. Ben je niet

streng genoeg, dan word je genegeerd. Precies genoeg druk is dus het devies. Het gaat erom, zegt De Winter, jongeren te leren verantwoordelijk te zijn voor hun eigen daden. En dat is een kwestie van laten ervaren, en van praten. Bewuste burgers kweek je aan de keukentafel.

Ja, maar Een voordeel is, zegt ontwikkelingspsycholoog Michiel Westenberg, dat jongeren in de adolescentie steeds beter leren redeneren en het heerlijk vinden hun ouders uit te dagen en klem te praten. 'Ja, maar gisteren zei jij iets heel anders.' 'Jij doet het zelf toch ook!' Westenberg: 'Wat dat betreft zijn het geboren sofisten. Ouders kunnen dat niet altijd waarderen, maar het is een uiting van duidelijke vooruitgang in het denken.'[30] In feite trainen pubers door al dat tegenspreken hun frontaalkwab.
Met kinderen kunnen we te veel redeneren als ze er nog niet aan toe zijn, maar met jongeren doen we het eerder te weinig, want de puberteit is eigenlijk de ideale periode om met kinderen over ethische dilemma's te praten. Hoe concreter, hoe beter. Het is belangrijk om dat vanuit je eigen perspectief te doen: wat vind je zelf wat kan en niet kan, waar voel jij je soms schuldig over?

Streng maar liefdevol Grenzen stellen en je verantwoordelijkheid als ouder nemen, lijkt het beste motto voor de opvoeding van de huidige generatie jongeren. De autoritaire opvoeding heeft als reliek uit de jaren vijftig al lang afgedaan, maar dat blijkt ook te gelden voor de toegeeflijke, vrije opvoeding die hierop de reactie was.
Er gaan de laatste jaren steeds meer stemmen op voor een strenge maar liefdevolle opvoeding met grenzen die slechts tot op zekere hoogte onderhandelbaar zijn, maar altijd bespreekbaar. Hoogleraar Micha de Winter noemt dit een 'autoritatieve opvoeding'[31]: 'Geen grenzen stellen aan kinderen werkt averechts. Je schept dan niet een bepaalde veiligheid, een marge waarbinnen ze kunnen experimenteren. Dat experimenteren doet elke puber. Autoritatief is niet alleen autoritair zijn, maar vooral ook uitleggen waarom grenzen nodig zijn.'
Én je moet die grenzen handhaven, voegt de Nijmeegse cultuurpsycholoog Maerten Prins daaraan toe. Volgens zijn online onderzoek onder 13.000 jongeren vinden ze de eisen van hun ouders redelijk en zouden zij die grenzen zelfs ook aan hun eigen kinderen stellen, al houden ze zich er als echte pubers bepaald niet altijd aan. Dat jongeren toch eerder gaan roken, drinken en

gokken dan afgesproken, komt vooral doordat bestaande regels onvoldoende worden gehandhaafd.[32]
In de opinie van Prins verdient vooral de overheid hiervoor een zwartepiet: de wettelijke regels zijn onduidelijk en straffen voor overtreding laten te lang op zich wachten. Maar ook ouders moeten consequenter zijn als het om hun eigen regels gaat. Bedenk dat jongeren die autoritatief worden opgevoed, zich het gelukkigst voelen en het best presteren. Zij maken vaker hun huiswerk, halen betere cijfers, spijbelen minder en worden minder vaak geschorst van school. Op deze manier is de rol als plaatsvervangende frontaalkwab helemaal niet zo ondankbaar.

Tips voor ouders van jongeren >

- > **Je hebt écht invloed.** Veel ouders denken ten onrechte dat hun invloed nihil is als hun kinderen de tienerleeftijd bereiken. Veel studies laten echter zien dat goed ouderschap tieners helpt zich evenwichtig te ontwikkelen, uit de problemen te blijven en goed te presteren op school. Wat je doet, doet ertoe.
- > **Blijf betrokken.** Veel ouders die bij hun kinderen een heel actieve rol innamen, trekken zich terug als hun kind de puberteit bereikt. Het blijft echter belangrijk, misschien wel meer dan toen, om betrokken te zijn bij het wel en wee van je kind. Word actief binnen school, ga eens kijken bij die voetbalwedstrijd, leer de vrienden van je kind kennen, breng samen tijd door.
- > **Bied structuur en grenzen.** Allereerst hebben kinderen liefde nodig van hun ouders, maar een goede tweede is structuur. Wees streng, maar redelijk. Verruim grenzen naarmate je kind zich rijper gedraagt. En als je kind die nieuwe vrijheden nog niet aankan, trek de teugels dan weer strakker aan, trotseer protesten en probeer het over een paar maanden nog eens. Laat het niet bij die ene poging.
- > **Geef het goede voorbeeld.** Kinderen pikken veel gedragingen en opvattingen op door te spiegelen. Wil je niet dat je kind drinkt, rookt of uren achter de computer zit? Vertoon dan zelf ook het gewenste gedrag.
- > **Stimuleer zelfstandigheid.** Veel ouders verwarren de drang naar meer zelfstandigheid van hun tiener met rebellie, ongehoorzaamheid of disrespect. Het is gezond als adolescenten strijden om meer autonomie. Geef je kind de ruimte om te leren meer zelf te doen en weersta de verleiding alles te blijven controleren. Laat los.
- > **Verklaar je nader.** Goede ouders hebben verwachtingen van hun kind. Maar om je kind in staat te stellen hieraan te voldoen moeten je regels en beslissingen duidelijk en reëel zijn. Naarmate je kind beter wordt in redeneren, volstaat het tegenargument 'omdat ik het zeg' steeds minder.[33]

NOW ENTER

Niek, 17 jaar, 5 havo, uit Leide

Onderwijs: het puberbrein in de klas

3.

Er gaapt een diepe kloof tussen pubers en school. In een poging het gat te dichten zijn scholen massaal de leerling centraal gaan stellen. De docent van nu stelt zich dienstbaar op: de leerling 'moet de kans krijgen' zelfstandig te plannen, werken en leren. Maar dat vraagt erg veel van het nog lang niet uitontwikkelde puberbrein.

'Ik vind school best leuk. Vooral nu ik de vakken volg die ik zelf heb gekozen. Een psychiater stelde bij mij op mijn 17e een concentratiestoornis vast. Ik was snel opgefokt door mijn emoties en miste controle. Na die test kreeg ik medicijnen waardoor het allemaal veel beter gaat. Ik ben teruggegaan van 5 vwo naar 4 havo, terwijl ik denk dat ik met goede begeleiding best vwo had kunnen doen.

Mijn leraren verwijt ik niet dat zij mijn concentratieprobleem niet eerder hebben gezien, dat is niet hun taak. Wel vind ik dat er vanuit school meer begeleiding moet zijn. Jongeren stappen zelf niet op iemand af als ze problemen hebben. Een schoolpsycholoog is voor geen enkele school een overbodige luxe.

Soms zeggen leraren: "Over twee maanden hebben jullie een toets. Jullie moeten dat zelf in de gaten houden, want straks op de universiteit moet dat ook." Dan denk ik: ja, maar ik zit nu nog niet op de universiteit. Ik kan dat nu ook nog niet, ik heb begeleiding nodig van iemand die mij precies zegt wat ik moet doen voor wanneer. Ze moeten ons niet zo vrij laten. Daarom ben ik ook heel erg tegen het nieuwe leren. Dat zelfstandige onderwijs is niets voor jongeren, die vrijheid kunnen ze niet aan. Er zijn er maar een paar in de klas die dat kunnen en dat zijn vaak de minder sociale klasgenoten.

Wij jongeren kunnen al zo veel meer dan onze ouders: we internetten veel, zijn overal mobiel bereikbaar. En dan moeten we ook nog zo veel naast school: sporten, muziek, sociale bezigheden. Daarmee komt veel stress op je af en als je dan ook nog op school die vrijheid krijgt, dan is dat te veel. Een les in het middelbaar onderwijs hoort goed begeleid te zijn en een leraar moet streng zijn. Hij hoort de regels te stellen, niet de leerling. Als de leraar dat niet doet, gaat een leerling grenzen opzoeken.' Paul, 18 jaar

3.1 Onderwijs: alles voor de leerling

De afstand tussen leerling en school is van alle tijden. Docenten constateren echt niet voor het eerst dat hun onderwijs slecht aansluit bij de interesses van de leerlingen. Wel nieuw is de oplossing. Eeuwenlang moest de leerling zich aanpassen aan de leermeester. De novice in de kloosterschool, het arbeiderskind uit de boeken van Theo Thijssen, de hbs-scholier: wat meester zei, gebeurde. En gebeurde het niet, dan waren de gevolgen voor de leerling. Maar tegenwoordig is het de school die zich verantwoordelijk voelt voor het schoolsucces van jongeren.

Deze ommekeer werd zichtbaar bij de invoering van de basisvorming in het voortgezet onderwijs, begin jaren negentig. Decennialang was er weinig veranderd in het onderwijs. Met de regelmaat van de klok lanceerden beleidsmakers plannen die door politiek gekonkel en gebrek aan draagvlak een stille dood stierven. De sfeer op school veranderde wél, onder invloed van de veranderende maatschappij. Mijnheer De Groot werd Jan en de leerlingenraad mocht meepraten over schoolfeesten en het menu in de kantine. Maar daar bleef het bij: iedere leraar was in essentie koning in zijn klaslokaal.

De kloof De invoering van de basisvorming begin jaren negentig was bepaald geen succes. Begin 2008 figureerde het in het rapport van de commissie-Dijsselbloem als een van de schoolvoorbeelden van hoe het níét moet. Maar voor het eerst in lange tijd kwam wel een onderwijsvernieuwing los van het papier. Deels was het toeval dat de politieke balans bij de basisvorming net doorsloeg naar ja in plaats van nee, maar deels kwam het ook doordat in de schoolpraktijk een probleem voelbaar werd: de groeiende afstand tussen leerling en school. Op het vmbo en de regionale opleidingencentra, vooral in de grote steden, was de kloof al bijna niet meer te dichten. Docenten waren de wanhoop nabij: 'Hoe boei ik jongeren die alleen naar school komen om hun vrienden te zien?'

Onzekere leraren Voor volwassenen lijken het soms wel ruimtewezens, die pubers met hun mobieltjes, piercings en iPods. Wat beweegt ze? Veel docenten worstelen met dezelfde opvoedingsonzekerheid als de ouders van die jongeren. Dat is niet verwonderlijk, want ze zijn van dezelfde generatie en velen hebben zelf kinderen in de puberleeftijd. De gemiddelde leeftijd van de Nederlandse leraar in het voortgezet onderwijs ligt nog altijd een eindje boven de veertig.

Bovendien waren leraren van nu zelf jong in de jaren zestig en zeventig en het taboe op hiërarchie en autoriteit zit dus bij hen ingebakken. Het is een van de redenen waarom menige surveillant op zijn rondje door de school doet alsof hij het zwerfafval in de gang niet ziet. Mag hij leerlingen wel vragen zoiets op te ruimen?

Bovendien weet hij al wat ze, brutaal en zelfbewust, zullen zeggen: 'Waarom?! *Ik* heb het er niet neergegooid!' Want pubers laten zich weinig zeggen, ze hebben de mond vol van respect en vinden steevast dat ze in hun recht staan.

Voor docenten die toch al gebukt gaan onder een enorme werkdruk, is het gemakkelijker om ze tegemoet te komen. Houd je leerlingen tevreden, dan heb je tenminste geen last van ze. Verkeerd gedrag wordt eerder door de vingers gezien onder het mom: 'Dan houden we in elk geval contact met ze,' of: 'Zo houden we ze tenminste van de straat.'
De leerlingen worden in hun houding bevestigd door hun ouders, die steeds vaker verhaal komen halen bij de school. Een lerares die een mobieltje afpakt van een meisje dat tegen alle regels in tijdens de les zit te sms'en, kan 's avonds een vinnig telefoontje van moeder verwachten. De conciërge die een oervervelende jongen extra corvee laat doen, vindt na schooltijd vader tegenover zich bij de conciërgebalie: 'Mijn kind hoeft geen afval op te ruimen. Daar hebben jullie toch schoonmakers voor!'

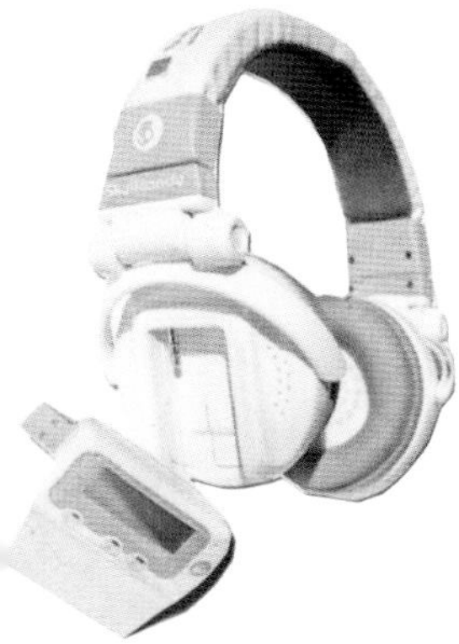

Onder de indruk Veel leraren horen tot de generatie die de technologische revolutie maar nauwelijks kan bijbenen. Ook in dat opzicht lijken zij op de ouders van de pubers aan wie ze lesgeven. Grote overheidsprojecten waren nodig om een grote groep docenten zo ver te krijgen dat ze een computer durfden aan te raken en nog steeds zijn er leraren die er niet mee overweg kunnen. Opnieuw doet zich hetzelfde fenomeen voor als bij ouders: door hun eigen technologische achterstand overschatten veel docenten de capaciteiten van hun leerlingen. Tot voor kort gebeurde het geregeld dat leraren zo onder de indruk waren van het gelikte uiterlijk van een werkstuk dat ze te weinig kritisch keken naar de inhoud of niet vermoedden dat al die mooie tekst simpel knip- en plakwerk van internet was. Die bewustwording bij docenten is nu langzaam op gang gekomen, mede doordat de vergrijzingsuittocht is begonnen en een stroom jonge, internetbewuste docenten de plaatsen innemen van hun oudere collega's.

Vmbo als afvalputje? In het voorbereidend middelbaar beroepsonderwijs (vmbo) is het extra ingewikkeld. Dit schooltype ontstond nog niet zo lang geleden uit het voorbereidend beroepsonderwijs en de mavo. Qua doorstroming lag de combinatie voor de hand (kinderen van beide soorten onderwijs gingen grotendeels naar het mbo), maar qua imago lagen de schooltypen mijlenver uit elkaar. Het resultaat is dat de theoretische leerweg nu ook zucht onder het slechte imago van het vbo en dat de nog overgebleven zelfstandige mavo's floreren.

'Mijn vader zegt dat we gaan verhuizen als ik of mijn broertje naar het vmbo moet.' Rick, groep 7

Al jaren staat het vmbo te boek als 'restonderwijs' en 'afvalputje'. Feit is dat de sociale problemen op het vmbo groter zijn dan gemiddeld, vooral in de grote steden. Daar komt bij dat het vmbo jarenlang nauwelijks in beeld is geweest bij de hoogopgeleide beleidsmakers (en journalisten). Doordat zij zelf vooral ervaring hebben met havo en vwo, realiseren ze zich niet dat meer dan 60 procent van alle leerlingen naar het vmbo gaat en dat 'restonderwijs' dus wel heel raar klinkt voor een meerderheid van de leerlingen. In onderwijskundig opzicht moest het vmbo het lange tijd doen met het zogeheten theezakjesmodel, waarbij onderwijsconcepten van havo/vwo in een flauw aftreksel doorsijpelden 'naar beneden'.
Maar er zitten ook andere kanten aan. Op het vmbo werken vaak uitstekende pedagogen met hart voor de leerlingen. Ook is de gemiddelde vmbo-docent wat flexibeler dan zijn doorsnee havo/vwo-collega. En juist omdat de nood zo hoog was, is het vmbo-onderwijs de laatste jaren in een ongekend hoog tempo gemoderniseerd. Veel vmbo-scholen hebben een heleboel ontwikkelingen al doordacht waar havo/vwo-scholen nog aan moeten beginnen. Maar aan de motivatie- en de sociale problemen van de leerlingen is nog niet veel veranderd.

Mbo van massa naar maatwerk En halen die vmbo-leerlingen hun examen, dan doemt meteen de volgende drempel op: de overstap naar het mbo. Ze vallen bij bosjes kort na de start uit of schrijven zich zelfs helemaal niet in. Dat de overstap naar het mbo zo moeilijk is, komt door allerlei factoren. Schoolverlaters komen vanuit de relatief kleinschalige wereld van het vmbo in een massale onderwijsinstelling terecht; regionale opleidingscentra met tienduizenden deelnemers en honderden opleidingsvarianten zijn geen uitzondering. Probeer daar als 16-jarige vmbo'er maar eens niet in te verdrinken. Bovendien beginnen veel vmbo'ers aan een mbo-opleiding zonder duidelijk beroepsbeeld en is er van oudsher geen goede aansluiting tussen het vmbo en het mbo – de kans op problemen is dus levensgroot. Niet voor niets verlaat jaarlijks bijna een op de tien deelnemers het mbo zonder diploma en haalt uiteindelijk 19 procent nooit gediplomeerd de (mbo-)eindstreep.[1]

Structuur bieden

Piet Boekhoud was tot eind 2009 voorzitter van het College van Bestuur van het Albeda College in de regio Rotterdam-Rijnmond. Het Albeda College biedt voor 25.000 leerlingen 350 verschillende opleidingen aan, van allround metselaar tot ICT-medewerker.

'Ik zie een groeiende tweedeling tussen allochtoon en autochtoon, arm en rijk, jong en oud. Volwassenen willen niet meer investeren in jongeren, waardoor jongeren in hun directe omgeving vaak opgroeien zonder een goed kader en goede voorbeelden. School is de eerste plek waar jongeren die elders tussen wal en schip vallen een structuur vinden die ze houvast biedt. Maar een school kan dat alleen waarmaken als zij verder kijkt dan haar onderwijstaken. Daarom hebben we een zorgketen opgezet waarmee we leerlingen ook ondersteunen bij problemen buiten de school. Zo krijgen ze een eerlijke kans om de school mét diploma te verlaten. We bieden bijvoorbeeld schoolmaatschappelijk werk en trajectbegeleiding. Leerlingen die door schulden of andere problemen op straat dreigen te komen staan, bieden we een tijdelijk onderdak of helpen we met hun administratie.

Er is veel discussie of dit tot de kerntaken van een school behoort, maar als wij het niet doen, doet niemand anders het. Jongeren lopen nu eenmaal allemaal een periode op school rond. En elke uitvaller kost de samenleving nu zo'n 1,4 miljoen aan begeleiding, probleemopvang en uitkeringen.

Winkelcentrum Zuidplein had een tijdlang overlast van jongeren. Ik ging hierover met de winkeliers om de tafel en inmiddels lopen jaarlijks 600 studenten Beveiliging stage in de bewaking op het Zuidplein. Tussen die studenten zitten ook jongeren die voorheen de overlast veroorzaakten. Als een jongen een paar uur in uniform meeloopt met de bewakers, gebeurt er echt iets. Hij ervaart ineens gezag en respect. Een beroep normeert, geeft je een identiteit. Je krijgt te maken met anderen en met structuur. Ons Zuidplein-leertraject is nu een groot succes. De voormalige probleemjongeren volgen een opleiding in de beveiliging of detailhandel. Ruim 85 procent van die jongeren haalt ook echt de eindstreep. En dat is winst voor iedereen.'

De leerling centraal Begin jaren negentig werd steeds duidelijker: de kloof met de leerlingen werd te groot, er moest iets veranderen in het onderwijs. De tijd was rijp voor een andere benadering. Niet verwonderlijk, want bij de jongeren thuis speelde zich iets vergelijkbaars af: pubers werden het middelpunt, ouders stapten naar de zijlijn. In het vorige hoofdstuk zagen we de verschillende oorzaken: ouders die hun kinderen meer volwassenheid toedichten dan ze bezitten en de idealisering van de jeugd. Diezelfde factoren spelen ook in het onderwijs een rol. In een samenleving waarin jong zijn de norm is, wordt de jongere al snel de norm van de school. Zo slaat de pendule weer helemaal uit naar de andere kant, in een klassieke dialectische beweging.

Emeritus hoogleraar Luc Stevens, oprichter van de onderwijsdenktank NIVOZ en onderwijsvernieuwingsgoeroe:

'De leerling wordt als volwaardige partij gezien en krijgt de ruimte mede te bepalen wat er wordt gedaan en hoe. De leraar blijft degene die uitdaagt en ondersteunt, de leerling doet het leerwerk. Tegelijkertijd stappen leraren de wereld van leerlingen binnen en laten merken dat leerlingen hen wat waard zijn. Daardoor gaan de leerlingen zich aan school binden. En dan ben je er. Dan gaat het echte leren heel snel en effectief.'[2]

Waar vroeger alle aanpassing van de leerling werd verwacht, stelt nu de school zich dienstbaar op. 'De leerling centraal' is het nieuwe motto. In veel beginselverklaringen van middelbare scholen en regionale opleidingscentra staan tegenwoordig zinnen als 'wij zijn er om het leren van de leerlingen te faciliteren'. Maar het inzicht dat hersenen in de puberleeftijd nog lang niet uitontwikkeld zijn, werpt een nieuw licht op de mate waarin scholen de leerling als maat der dingen zijn gaan nemen.

Het nieuwe leren

Onderwijs waarin de leerling centraal staat, heet al snel 'het nieuwe leren' (of in het mbo 'competentiegericht' leren), maar wat is dat nieuwe leren eigenlijk? In werkelijkheid zien de nieuwe vormen van onderwijs er overal anders uit en loopt het niet zo'n vaart met de ommezwaai. Het aantal middelbare scholen dat zijn hele onderwijssysteem op de kop heeft gezet, is op twee, hooguit drie handen te tellen. (Om een gevoel van verhouding te krijgen: er zijn ruim 650 scholen voor voortgezet onderwijs in Nederland.) De overgrote meerderheid van de scholen werkt nog gewoon in een systeem met klassen en lesuren. Wel worden die steeds vaker gecombineerd met projecten.

In het middelbaar beroepsonderwijs ligt de situatie anders. Daar bestond van oudsher een ondoordringbaar woud aan opleidingen, leerdoelen en deelkwalificaties. In een gigantische veranderingsoperatie maakt het mbo momenteel de ommezwaai naar onderwijs dat is georganiseerd rondom competenties. Voor de verandering op zich bestaat bij leerlingen, ouders, werkgevers en docenten wel steun, maar organisatorisch gaat het niet van een leien dakje.[3]

3.2 Het puberbrein en onderwijsvragen

Vierentwintig slaperige gezichten kijken vanuit de vertrouwde touringcaropstelling naar het bord. De een doet zijn best om op te letten, de ander is met zijn gedachten mijlenver weg en nummer drie typt onder de beschutting van het tafelblad nog snel een verboden sms'je. Een klas vol pubers en een leraar vol vragen. 'Hoe boei ik ze nog? Kunnen ze de zelfstandigheid wel aan? Leren ze meer als ik ze weer ouderwets rijtjes laat stampen?' Wie weet hoe het puberbrein zich ontwikkelt, heeft in elk geval een aanzet tot een antwoord in handen.

'Om acht uur begint het eerste lesuur al. Dan ben ik echt nog niet wakker hoor. Een leraar kan een proefwerk toch ook best wat later op de dag plannen?' Joeri, 16 jaar

Hangen of meedoen? Een grotere rol voor de leerling, daar is iets voor te zeggen. In het traditionele onderwijs moeten vooral de docenten zich uitsloven. Leerlingen kunnen achteroverleunen en consumeren. Of niet, want de orde in de klas is vaak schone schijn: stil zitten bewijst niet dat je met je hoofd bij de les bent en al helemaal niet dat je iets leert.
'Ze hangen maar wat in de banken' is dan ook een veelgehoorde klacht. Niet alleen de vermeende desinteresse, maar ook de leeropbrengst baart docenten zorgen. Gebeurt er wel iets in die hoofden? Steeds meer scholen zijn overgegaan op activerende werkvormen die leerlingen dwingen mee te doen, zoals elkaar overhoren of ieder een stukje leerstof bestuderen en aan de klas rapporteren. Activerende didactiek, oftewel coöperatief leren, is in korte tijd op veel scholen populair geworden. Hoewel het vaak voorkomt in samenhang met het nieuwe leren, is het niet synoniem. Veel activerende werkvormen zijn ook in traditionele lessen bruikbaar. In Amerikaans onderzoek is overtuigend

aangetoond dat het werkt en ook in Nederland bestaat daar weinig twijfel over. Voor de Inspectie van het Onderwijs is het gebruik van activerende werkvormen een van de kenmerken van goede instructie.[4]

Verschuivend bioritme Maar zelfs de meest activerende werkvormen voorkomen niet dat pubers met hun hoofd op hun armen op tafel hangen, zeker 's ochtends. Hun hersenontwikkeling speelt hen namelijk parten. Negen op de tien adolescenten hebben last van een verschuivend bioritme; rond het 15e levensjaar wordt de interne klok van een jongere ongeveer anderhalf uur achteruitgezet. De melatonine in hun hersenen (de stof die slaap oproept) gaat pas later werken. Adolescenten zijn 's avonds nog niet moe, gaan veel te laat naar bed, en zijn 's ochtends hun bed vaak niet uit te branden. Volgens onderzoek van de Hersenstichting blijkt 60 procent van de ouders niet van dit veranderende slaappatroon op de hoogte te zijn.[5] Maar ook scholen zouden er beter rekening mee kunnen houden. Zo wist de Amerikaanse psychologe Mary Cascadan, die onderzoek deed naar slaappatronen van pubers, enkele Amerikaanse scholen ervan te overtuigen hun lessen anderhalf uur later te laten beginnen.[6] In elk geval is dat proefwerk om acht uur 's ochtends dus echt geen goed idee.

'Wij waren de proefkonijnen van de tweede fase. Je kreeg een studiewijzer in je handen gedrukt en daar moest je het mee doen. Zelf plannen, projecten doen, werkstukken maken. Dat het fout ging, merkte je pas als het te laat was en als je het niet meer kon inhalen. Dan zeiden ze: eigen schuld. Maar zelfstandig werken moet je toch ook leren?' Lisanne, 20 jaar

Zelfstandigheid: verdrinken of leren zwemmen? 'Het leren van leerlingen faciliteren' klinkt nobel, iedereen vindt tenslotte dat de school leerlingen moet voorbereiden op een maatschappelijke loopbaan waarin zij verantwoordelijkheid dragen en zelfstandig functioneren. Maar veel scholen en opleidingscentra die zijn overgestapt op systemen waarin leerlingen zelfstandiger werken, hebben door schade en schande geleerd dat ze hun leerlingen overschat hebben. Vooral leraren op het vmbo constateerden verschrikt dat hun leerlingen minder konden dan ze dachten. Mbo-docenten die deelnamen aan een onderzoek naar de invoering van competentiegericht onderwijs geven als kritiek dat de balans tussen sturen en loslaten zoek is.[7] Eén blik op het puberbrein laat zien waar de denkfout zit: in de aanname dat leerlingen uit zichzelf al zo ver zijn. Zelfstandig leren moet je leren, zeker als puber. Een frontaalkwab in ontwikkeling betekent nu eenmaal: nog niet goed kunnen plannen, organiseren, prioriteiten stellen, anticiperen en problemen oplossen. Dat toch verwachten, is de mislukking inbouwen.

Van massaproductie naar maatwerk Inmiddels dringt dat besef wel door. In een actieplan erkent de koepel van regionale opleidingscentra voor middelbaar beroepsonderwijs (de MBO-raad) bijvoorbeeld dat bij de invoering van competentiegericht onderwijs vrijlaten 'soms ontaardt in een gebrek aan onderwijs'. Men wil meer balans in het onderwijs: een goed ontworpen mix van afgestemde onderwijsvormen binnen heldere kaders. Uit datzelfde onderzoek blijkt dat de problemen niet zitten in de invoering van een nieuw systeem op zich. De opleidingen oude stijl hebben nog meer problemen, zo blijkt uit inspectieonderzoeken. Maar het lukt de opleidingscentra nog niet om van standaard massaproductie over te stappen naar maatwerk voor de deelnemer. De mensen die het moeten doen, zijn onvoldoende voorbereid.[8]
In het voortgezet onderwijs spelen op kleinere schaal vergelijkbare problemen. Wel hebben veel scholen al aanpassingen gedaan. Sommige zoeken het in de voorbereiding op het studiehuis in de bovenbouw havo/vwo. Zij gebruiken het derde leerjaar als opmaat naar het studiehuis en doorlopen daarin met leerlingen een vaardighedenprogramma. Andere werken al vanaf de brugklas met een 'leerlijn' vaardigheden. Maar de meeste scholen hebben geleidelijk wat meer sturing gebracht in de opzet van hun projecten en zelfwerkzaamheidsuren. Vooral op het vmbo zijn ambitieuze, open projecten omgevormd naar afgebakende vraagstukken met een stapsgewijze instructie. Uit een grootschalig onderzoek naar kenmerken van vmbo-leerlingen blijkt dat dit ook is waar deze leerlingen het meest behoefte aan hebben: veel praktische (geen schriftelijke) instructie, waarbij de docent de leerling begeleidt door de stappen van het leerproces.[9]

Nu of nooit Er zijn ook scholen die zo geschrokken waren dat ze de onderwijskundige veranderingen meteen hebben teruggedraaid. Maar dat is gezien recente inzichten uit het hersenonderzoek ook weer te rigoureus, want datzelfde onvolgroeide puberbrein dat leerlingen hopeloos doet verdrinken in een stuwmeer aan leerstof, zou wel eens extra ontvankelijk kunnen zijn voor de lessen van een goede zweminstructeur. Ontwikkelingspsycholoog Michiel Westenberg zegt het zo: 'Het is denkbaar dat de prefrontale cortex in de adolescentiefase extra kneedbaar is. Het is een gevoelige periode voor het aanleren van specifieke vaardigheden zoals plannen en wederkerigheid.' Het is dus nu of nooit. Zelfstandig leren overboord zetten omdat leerlingen het nog niet kunnen, is absurd. Want waar kunnen ze het beter leren dan op school? [10]

'In de onderbouw doen wij nu projecten en dat levert beslist veel op. Een enthousiasme voor het vak dat ik met gewone lessen nooit zou bereiken. Vaardigheden zoals samenwerken, een onderzoekje doen. Maar op zeker moment moeten projecten ook weer wijken voor lessen. Want de kennisoverdracht is gewoon minder effectief, en anders weten ze niet genoeg als ze in de bovenbouw komen.' Docent bètavakken, havo/vwo

Vaardigheden ontwikkelen of kennis stampen? Plannen, organiseren, reflecteren en andere vaardigheden verdienen dus echt een plaats in het lesprogramma van de middelbare school. Maar die medaille heeft een keerzijde: meer tijd voor vaardigheden betekent minder tijd voor kennisoverdracht. En dat vinden velen een gevaarlijke ontwikkeling.

'De vraag is of je kennis ontwikkelt door vaardigheden of dat je eerst kennis moet inbrengen om tot vaardigheden te komen.'
Jules Pieters, hoogleraar Toegepaste Psychologie[11]

Zonder kapstok missen jongeren de haakjes om hun fragmentarische informatie en vaardigheden aan op te hangen. Maar juist in het zien van verbanden zijn adolescenten met hun onvolgroeide frontaalkwab nu eenmaal niet sterk. Dat kader kunnen ze niet zelf ontdekken, dat moet aangereikt worden. En dan nog zou het best onvoldoende kunnen 'landen' in het onvolgroeide puberbrein. Maar, suggereren anderen, is de adolescentie dan niet de tijd om alvast veel kennis op te slaan zodat die puzzelstukjes later, als de dwarsverbanden in de hersenen er wel zijn, in elkaar kunnen vallen?
En zo klinkt de roep om een terugkeer van het ouderwetse stampwerk steeds

luider. Maar met het ouderwetse stampwerk komt ook het ouderwetse calculerende gedrag weer terug. Wie feitjes stampt op de dag voor het proefwerk, is de volgende week weer veel vergeten. Stampen én herhalen lijkt een betere oplossing.

'Helaas is ons onderwijssysteem ook erg hedonistisch: onderwijs moet vooral "plezierig en leuk" zijn. Maar leuke dingen zijn niet noodzakelijkerwijs de belangrijkste dingen. Onregelmatige werkwoorden leren is niet leuk. Maar het zijn wel de belangrijkste werkwoorden in elke taal. Beheers je die niet, dan spreek je de taal niet. Stampen dus maar.' Andreas Kinneging, hoogleraar Rechtsfilosofie in Leiden[12]

Leren ze meer of minder? Er is nog een reden om de balans tussen kennis en vaardigheden te heroverwegen. Het peil van het voortgezet onderwijs laat al een tijdje een dalende tendens zien. Wie de rapporten goed leest, ziet echter dat het een stuk minder dramatisch is dan schreeuwende krantenkoppen doen vermoeden.[13] Het gaat niet om een daling over de gehele linie, maar om een accentverschuiving: het kennispeil zakt een beetje en het vaardigheidspeil stijgt een beetje. Gezien de aard van de onderwijsveranderingen was daar bepaald geen kristallen bol voor nodig. Je oogst wat je zaait.[14]

Maar er is één punt waarop de daling wel zorgen baart, en dat is de basiskennis. Over de hele linie van het voortgezet onderwijs zien docenten de taal- en rekencapaciteiten van leerlingen achteruitgaan. Tijd om in te grijpen, vond een expertgroep die hierover de minister moest adviseren.[15] Het voorstel is niet om alle nieuwigheid maar weer in de prullenbak te deponeren. Het vaststellen van duidelijke begin- en eindniveaus, compleet met taal- en rekentoets, is hopelijk voldoende stimulans voor scholen om hun taal- en rekenonderwijs eens goed onder de loep te nemen. Want slechte scores op landelijke toetsen, daar zit geen enkele school op te wachten.

'Docenten – van alle vakken, niet alleen wiskunde en Nederlands – hoef je niet te overtuigen van de noodzaak om het taal- en rekenonderwijs aan te pakken. Dat merk ik op mijn eigen school. Het draagvlak bij docenten is er al.' Sectordirecteur havo/vwo

De leraar: orakel of begeleider? De nadruk op zelfstandig leren heeft nog een andere, minder belichte keerzijde. Omdat het voor jongeren nog wel tot hun 25e lastig blijft om prioriteiten te stellen, risico's in te schatten en beslissingen te nemen, hebben ze iemand nodig die dat voor hen doet, iemand die een voorbeeldrol vervult, grenzen stelt en bereid is over die grenzen in gesprek te gaan. Thuis vervullen – hopelijk – de ouders die rol van 'plaatsvervangende frontaalkwab', maar op school is de positie vacant. Want nu de leerling centraal staat, is de docent uit het middelpunt verdrongen. Natuurlijk hebben leerlingen nog altijd een mentor als vraagbaak en praatpaal, maar de docent is, doordat hij minder voor de klas staat, letterlijk minder zichtbaar geworden. En dat terwijl rolmodellen en identificatiefiguren juist voor pubers zo belangrijk zijn. Ook wetenschappers zetten vraagtekens bij een te nadrukkelijk coachende rol van docenten. Prof. dr. Jules Pieters: 'Cognitie is een gevolg van een goede sociale en emotionele leeromgeving. In het studiehuis is de leraar op de achtergrond geraakt.' Neurobioloog prof. dr. Lex Cools pleit voor een herwaardering van de leraar. 'Oudere generaties hebben echte leermeesters gehad die leerlingen wisten te motiveren en talenten te verzilveren. Dat is veel beter voor het onderwijs dan een procesbegeleider.'[16]

Creatief als Einstein? Volwassenen lijken de huidige generatie jongeren soms als een supergeneratie te beschouwen: 'Ach, die zijn zo wijs. Ze weten echt veel meer dan ik op die leeftijd. Wat kan ik hun nog vertellen?!' Jongeren bewegen zich schijnbaar moeiteloos over het wereldwijde web en technische middelen hebben weinig geheimen voor ze. Sommigen betogen dat ze daarmee een andere manier hebben ontwikkeld om informatie te verwerven. De generatie geboren na 1988 wordt zelfs de 'generatie Einstein' genoemd.[17] Opgegroeid in het digitale tijdperk zijn ze slimmer, sneller en socialer dan de generaties voor hen.

De laatste tijd worden dergelijke beweringen ook wel in twijfel getrokken. Het digitale tijdperk heeft jongeren zeker veranderd en ze onderhouden meer sociale contacten, maar hun hersenontwikkeling verloopt niet anders dan bij de pubers in de generaties vóór hen. Dit predicaat vertroebelt vooral het zicht op onderlinge verschillen en de onzekerheden van jongeren.

Innovatiedenktank Hiteq onderzocht met een kwantitatief onderzoek in hoeverre de claims rond generatie Einstein toepasbaar zijn op vmbo-leerlingen.[18] Zoals veel docenten al wel hadden vermoed, vonden zij voor de meeste claims geen bewijs of juist tegengestelde resultaten. Vmbo'ers hebben anderen en externe factoren nodig om structuur aan te brengen in hun leerproces en hen te helpen informatie te duiden en te plaatsen. Vmbo'ers netwerken wel volop, maar vooral binnen hun eigen omgeving en sociaaleconomische laag. Ze ervaren wel eens of regelmatig een informatie-*overload* en ook multitasken is geen aangeboren talent. Veel vmbo'ers geven aan te kampen met concentratieproblemen en moeite te hebben met het combineren van taken.

'Wanneer jongeren op school komen, wordt hun leven met moderne technologieën uitgezet. Dat wekt verveling en weerzin. Een docent met een krijtje voor een schoolbord is meestal niet erg boeiend.'

Nolan Bushnell, oprichter Atari[19]

Mens of computer? Als de leraar weer terug in beeld moet, betekent dat dan het einde van de prille opmars van informatie- en communicatietechnologie in het onderwijs? Na tonnen verslindende promotiecampagnes en stimuleringsprojecten beginnen scholen net de mogelijkheden van moderne technologie te ontdekken. Smartboards met internetaansluiting verdrijven ouderwetse schoolborden, Kennisnet raakt eindelijk ingeburgerd en steeds meer lesmethoden gaan vergezeld van digitale modules die draaien in een elektronische leeromgeving.

Serious gaming De nieuwste loot aan de stam is het gebruik van computergames in onderwijs en educatie: *serious gaming*. Het was de makers opgevallen dat dezelfde jongeren die zo ongeïnteresseerd in de schoolbank hangen een intense concentratie aan de dag leggen als ze met hun Nintendo of Playstation bezig zijn. Slimme vraag: kan het onderwijs op die fascinatie inspelen? Ja dus. Het maken van spelletjes die niet gericht zijn op vermaak, begint een groeiende tak te worden binnen de gamesindustrie.
Op school zijn de ervaringen wisselend. Van gamen leren jongeren, zoals we in hoofdstuk 2 ook zagen, samenwerken, resultaatgericht zijn, risico's inschatten en kennis delen. Maar er zijn ook grenzen. *SimCity* alléén zal leerlingen nooit een goed begrip van planologie bijbrengen en oefenen in een vluchtsimulator is evenmin voldoende om piloot te worden.
In simulaties kunnen leerlingen veel kennis en vaardigheden opdoen, maar zonder 'kapstok' blijft het allemaal zweven. *Serious gaming* is vooral nuttig

binnen een context. Leerlingen vinden het leuk en leren daardoor meer. Games zijn een handig middel om leerlingen die ergens zwak in zijn extra te laten oefenen. En als de klas geconcentreerd aan het gamen is, kan de docent gericht aandacht geven aan leerlingen die dat nodig hebben. Voor *serious gaming* geldt kortom hetzelfde als voor alle ICT-toepassingen in het onderwijs: in handen van een goede leraar zijn het goede middelen. Niets meer en niets minder.

Onderwijzen of opvoeden? Steeds meer maatschappelijke taken zijn bij de school komen te liggen, deels vanwege de toenemende opvoedingsonzekerheid van ouders. Wat ouders laten liggen, komt op het bordje van de school. Maar ook de politiek gooit voortdurend maatschappelijke opdrachten over de schutting. De afgelopen decennia gold dat voor een scala aan verplichte en vrijwillige 'educaties': van natuur en milieu tot verkeer, van ontwikkelingssamenwerking tot genotmiddelen.
Scholen zijn niet onverdeeld gelukkig met al deze maatschappelijke opdrachten. Aan de andere kant zijn ze de eersten om te bevestigen dat ze een pedagogische opdracht hebben, maar ze hebben vaak moeite met écht contact krijgen met leerlingen. Kennis van de hersenen kan de juiste inzichten geven.

Motivatie In onderwijs vormt de interactie, de dialoog tussen de leerling en de docent de basis. Zij gaan een samenwerking aan, die feitelijk alleen werkt als leerling én docent gemotiveerd zijn om iets te leren. Van een leerling vragen we motivatie om nieuwe kennis en vaardigheden op te doen, om vooruit te komen in het leven. De docent moet gemotiveerd zijn de benodigde kennis en vaardigheden over te brengen op de leerling. Deze motivatie is echter in lang niet alle onderwijssituaties vanzelfsprekend. Docenten zijn een groot deel van hun tijd en energie kwijt om een situatie te bewerkstelligen waarin onderwijs überhaupt mogelijk is.
Alle ervaringen die een mens in relaties opdoet, zet het brein om in biologische signalen die invloed hebben op het gedrag en prestatievermogen. Welke prikkels in het brein beïnvloeden nu de motivatie van een leerling om zijn of haar doelen na te streven?
Motivatie wordt in de hersenen door drie hormonen getriggerd: dopamine, opioïden en oxytocine. Dopamine is een soort dopingdrug waardoor je zin krijgt je ergens voor in te zetten en te presteren. Lichaamseigen opioïden

zorgen ervoor dat je je lichamelijk en mentaal goed voelt. En oxytocine, ook wel 'knuffelhormoon' genoemd, maakt dat je je verbonden voelt met andere mensen en je je voor hen wilt inspannen. Samen vormen deze drie stoffen een geniaal trio. Als je brein voldoende van deze mix bevat, heb je zin in het leven, ben je bereid je samen met anderen in te zetten en wil je doelen en successen nastreven. Interessant is dus de vraag wat er nodig is om deze cocktail in het puberbrein te genereren.

Onderzoeken laten zien dat interesse, sociale acceptatie en persoonlijke waardering positief doorwerken op de spiegel van deze drie hormonen. Sociale uitsluiting zet deze stoffen juist op inactief. Met andere woorden: motivatie hangt sterk samen met de context waarin iemand leert en of anderen hem wel of niet stimuleren. Interessant is dat ook alleen al het vooruitzicht op erkenning en waardering deze processen activeert. Bij jongeren tot een jaar of 15 werkt positieve feedback ook beter dan negatieve feedback.

Hier lijken we een uitermate interessante sleutel voor de onderwijssetting in handen te hebben: een leerling ontwikkelt zijn motivatie in relatie tot anderen. Cruciaal zijn de ouders, docenten, mentoren en medeleerlingen die zich voor hem of haar persoonlijk interesseren, die hem als individu waarnemen en hem stimuleren in de goede richting. Als jongeren deze stimulans niet ervaren, komt de hormonencocktail moeilijker op gang en raken ze dus veel minder gemotiveerd om een leerproces aan te gaan.

Hier ligt een grote uitdaging. Allereerst voor docenten om te zorgen dat leerlingen zich geen 'nummer' voelen maar echt als individu worden gezien en waargenomen.[20] Maar daarnaast moet het management van de school zorgen voor een motiverend leerklimaat en ook ouders hebben de verantwoording om de motivatie aan te wakkeren door zich actief te verdiepen in schoolvorderingen en betrokken te zijn bij alle belangrijke zaken die op school gebeuren.

'Als ik toch op het plein moet surveilleren, maak ik er ook maar gebruik van. Bij elke surveillance pik ik er een leerling van mijn mentorgroep uit met wie ik gericht een gesprekje ga voeren. Terwijl ik met één oog de rest van de horde in het oog houd, praten we over de meest uiteenlopende onderwerpen: van gamen tot het laatste rapport en van seks tot de echtscheiding van z'n ouders. Ongelooflijk wat zo'n kort gesprekje oplevert. Ik heb er de rest van het jaar profijt van.' Een docent vmbo-t

Echt luisteren Jongeren zijn niet alleen leerlingen aan wie de school iets moet leren en die de school in het gareel moet houden, het zijn ook mensen in ontwikkeling naar wie de school moet luisteren en die de school moet begeleiden, met als basisvragen: 'Wat wil je? Wat heb je daarvoor nodig? Hoe kan ik je daarbij helpen?' Iedere mentor kan het gesprek met zijn leerling aangaan met behulp van deze klassieke coachende vragen. Hij zou dat minstens eens per jaar moeten doen, want jongeren zijn dynamisch en stellen hun toekomstdromen nogal eens bij. Het hoeft hooguit een halfuurtje te kosten en genereert enorm veel informatie. De school kan leerlingen dan beter volgen en ondersteunen en krijgt aandacht voor het individu in de schoolbank. En de leerling raakt gemotiveerder om aan de slag te gaan.
Goed luisteren levert nog meer nuttige informatie op. Jongeren zijn zelfverzekerde consumenten die volop adviezen hebben over de schoolorganisatie. Natuurlijk is dat een lastige rollenwisseling. Als een leerling normaal gesproken alleen in de directeurskamer komt als hij op het matje geroepen wordt, zal hij niet direct vrijuit over alles zijn mening geven. En de leerlingenraden zijn op veel scholen nog niet meer dan veredelde feestcommissies. Maar een school die regelmatig een open gesprek met leerlingen durft aan te gaan, plukt daarvan de vruchten.

'Elke maand lunchen we als directie met een klein groepje leerlingen. De leerlingen mogen dan vertellen wat ze van de school vinden en welke ideeën zij hebben om de school nog beter en leuker te maken.'
Cees, schooldirecteur

'Aan het eind van hun schoolloopbaan krijgen alle leerlingen een getuigschrift. Daarop staan alle extra activiteiten waarvoor ze zich hebben ingezet, zoals het organiseren van feesten of het begeleiden van andere leerlingen. Zo laten we leerlingen zien dat we dit serieus nemen. Dat vinden ze heel belangrijk. En het staat later natuurlijk goed op hun cv.' Hanneke, rector gymnasium

De trotse school Wat zou er gebeuren als een school trots centraal stelt in het schoolbeleid: trots op de leerlingen, op het personeel, op de oud-leerlingen? Het klinkt wat Amerikaans, in de VS zijn *empowerment* en *pride* belangrijke sleutelwoorden. Maar iets van die flair kunnen scholen in Nederland

goed gebruiken. Het gaat daarbij niet alleen om cijfers, je kunt ook trots zijn op talenten die jongeren buiten school ontwikkelen en die niet met cijfers te beoordelen zijn. Scholen kunnen leerlingen stimuleren en ruimte bieden om binnen te school te laten zien wat zij verder zoal doen.
Ook dit triggert motivatie en verleent de jongeren status, die zij goed kunnen gebruiken in hun verdere loopbaan.

'Als ik burgemeester was, zou ik zorgen dat docenten strenger worden.'

Ahmed, 13 jaar

Streng, maar betrokken In gesprekken met leerlingen valt vaak op dat zij pleiten voor duidelijke regels. De populairste docenten zijn degenen die heel duidelijk zijn, maar tegelijk gepassioneerd over hun vak en betrokken bij hun leerlingen. Het is de schoolvertaling van wat in de thuissituatie de autoritatieve opvoeding heet: streng, maar liefdevol.

Leraar van het jaar

Uit het juryrapport over Rudi Hoffman, leraar bovenbouw vmbo in Lelystad en Leraar van het Jaar 2006:

'Rudi kun je midden in de nacht bellen voor alles. Alle leerlingen hebben zijn 06-nummer, maar tegelijkertijd wijst hij hen op hun eigen verantwoordelijkheid en zelfstandigheid. Dankzij hem begrijpen leerlingen de wereld. Hij is in staat een veilige sfeer te creëren in de klas, waardoor alles bespreekbaar is. Hij geeft met hart en ziel om de leerling en de school, soms zo veel dat hij naar huis moet worden gestuurd. Rudi is de motor in de onderwijsontwikkeling op school: het leerwerkhuis. Hij betrekt de buitenwereld bij de school, bijvoorbeeld door gastdocenten uit te nodigen. Na dertig jaar werken in het onderwijs blijft hij zich vernieuwen en ontwikkelen.'

De beste docent is streng, maar rechtvaardig en heeft passie voor zijn vak. Dat leert een blik op de eregalerij van docenten die de afgelopen jaren de titel Leraar van het Jaar wonnen. Leerlingen, collega's, schoolleiders en ouders hebben een grote stem in de verkiezing. Zij nomineren docenten, uit wie een deskundige jury per onderwijssector een winnaar kiest. De winnaars zijn nooit de lesboeren, nooit de vakfanaten, maar ook niet de leraren van het type 'je beste vriend'. De beste docent is een vriendelijke doch strenge voorbeeldfiguur. Zie www.deleraarvanhetjaar.kennisnet.nl

'We zijn natuurlijk jong en dus vinden we school niet leuk... Dat hoort er toch bij? Een te strenge school vind ik niks, maar school moet ook weer niet te populair gaan doen. Gamen doe ik wel thuis.' Charley, 17 jaar

Terugdraaien, populariseren of een derde weg?

Tegenstanders van het nieuwe leren worden nogal eens beschuldigd van een jarenvijftigmentaliteit en voorstanders van een ongebreideld vooruitgangsgeloof. Een heel eigen geluid komt van de Duitse historicus, psycholoog, socioloog en oud-docent Thomas Ziehe, nu werkzaam aan de universitaire lerarenopleiding in Hannover. Hij stelt dat de verhouding tussen jongeren en school sterk is veranderd door maatschappelijke trends buiten de schoolcontext. Eeuwenlang was de 'hoge cultuur' – die van kunst, wetenschap en de elite – leidend in de samenleving. Daar kwam de populaire cultuur naast, met cultuurdragers als langspeelplaten, tv, popmuziek en internet. Qua impact heeft de populaire cultuur de 'hoge cultuur' inmiddels volledig overschaduwd. Jongeren houden zich nog amper bezig met klassieke muziek of toneel; in hun belevingswereld spelen normen uit de hoge cultuur geen rol meer. De 'zelfwereld' is het middelpunt van hun wereldbeeld geworden. Het is een filter voor de buitenwereld, waarin jongeren voortdurend keuzes moeten maken.

Leraar als reisleider Ziehe vindt dat voorstanders van het nieuwe leren een fout maken door leerlingen meer verantwoordelijkheid te geven voor hun eigen leren. Daarmee verdubbel je de zelfwereld van jongeren, terwijl de wereld van school juist zou moeten afwijken. Want hoe kun je iets ontdekken als je niet weet dat het te ontdekken valt?
Maar ook de tegenstanders die terug willen naar traditionele kennisoverdracht slaan de plank mis. Ouderwets streng zijn past niet bij het grote belang dat jongeren aan sociaal contact hechten. De leraar als alwetende professor doet het niet goed bij jongeren van nu, die zich juist heel onzeker voelen tegenover al die leerstof uit de 'hoge cultuur'.
Wat dan wel? Laat de schoolwereld maar verschillen van de zelfwereld, aldus Ziehe. Vergeet de buitenwereld, vraag leerlingen niet steeds wat ze willen en kunnen, maar neem ze mee naar een schoolwereld die hun vreemd is: een wereld van symbolen, fictie en wetenschappelijke voorstellingen. De leraar is in zijn visie de reisleider: zijn taak is leerlingen mee te nemen vanuit hun eigen

wereld zonder de indruk te wekken dat die wereld minder belangrijk is. En om de leerlingen te laten schakelen naar die andere wereld zal de docent rituelen moeten verzinnen, kleine groepsgewijze handelingen of gedragingen die voor leerlingen de stap naar die andere wereld gaan symboliseren. Prikkel en stimuleer leerlingen en verras ze met zaken die ze (nog) niet kennen.[21]

Doorzetten In 2004 gaf de Berliner Philharmoniker samen met 250 leerlingen van acht tot vijfentwintig jaar uit heel diverse Berlijnse milieus een voorstelling rond *Le Sacre du Printemps* van Stravinsky. Sir Simon Rattle startte het project toen hij aantrad als chef-dirigent. Wekenlang werkte choreograaf Royston Maldoom met de leerlingen aan het instuderen van een dans. Het project is te zien in de film *RHYTM IS IT!* Als de leerlingen eerst vijf minuten doodstil voor de wand van het gymlokaal moeten staan, komen ze in opstand. Ze vinden het moeilijk en niet leuk. Er ontstaat een discussie met de choreograaf. Die wijst hen op het verschil tussen iets wat 'leuk' is en iets wat een dieper gevoel van tevredenheid geeft. Voor dat laatste moet je moeite doen. Hij houdt ze voor dat het de moeite waard kan zijn door te zetten omdat ze dan trots op zichzelf kunnen zijn. Dat helpt, want de meesten gaan door tot het eind: een voorstelling voor een enthousiast publiek van tweeduizend mensen.

Nieuwe saaiheid

Rector Joost van Rijn van ORS Lek en Linge in Culemborg:

'Wij kiezen het beste van twee werelden. (...) We willen toe naar meer vraaggestuurde componenten, maar we vinden ook dat leerlingen sommige dingen gewoon móéten. Er is nu eenmaal kennis die je verwerft door inslijping en er is kennis die je zelf moet construeren. (...) Zeg nou zelf: alles zelf moeten bedenken, dat is toch de nieuwe saaiheid? Bovendien zit de samenleving zo niet in elkaar. In elke baan móét heel veel.'[22]

Het nieuwe leren: tussenstand onbeslist

Wat pleit er vanuit het puberbrein vóór en tegen het nieuwe leren?

Voor:

- Activerende vormen van leren overbruggen hopelijk voor een deel de kloof tussen pubers en school.
- De frontaalkwab is in de puberteit wellicht extra gevoelig voor het aanleren van vaardigheden die jongeren hun hele leven van pas komen.

Tegen:

- Het aanleren van die vaardigheden kost zo veel tijd dat er te weinig tijd voor kennis overblijft. En er zijn nu eenmaal dingen – een algemeen kenniskader bijvoorbeeld – die jongeren aangereikt moeten krijgen.
- De docent is verdwenen uit het middelpunt en functioneert daardoor minder als voorbeeldfiguur voor leerlingen.

Het ziet er niet naar uit dat de welles-nietesdiscussie over nieuwe vormen van onderwijs snel beslist zal worden. Zijn de voorstanders in de ban van een nieuw geloof? Hebben de tegenstanders vooral heimwee en een sterk geromantiseerd beeld van hun eigen schooltijd? Of is er ook een middenweg die het beste van de twee werelden combineert?
Echt uitsluitsel kan alleen komen van een langdurig vergelijkend onderzoek naar effecten van nieuwe en traditionele vormen van onderwijs onder een fors aantal leerlinggeneraties. Maar dat duurt vele jaren en in de tussentijd is nietsdoen geen optie, al was het maar omdat de kloof tussen leerling en docent dan echt onoverbrugbaar wordt.
Vooralsnog pleiten inzichten in de ontwikkeling van het puberbrein voor het zoeken naar een middenweg tussen vaardigheden en kennis, en wel op zo'n manier dat ook de lastiger te motiveren pubers in beweging komen. En om die motivatie aan te wakkeren blijkt aandacht voor de individuele leerling essentieel. Hoe we het onderwijssysteem ook invullen, *bottomline* blijft dat jongeren als individu gezien en begeleid willen worden en niet als nummer. Ze willen aandacht voor hun unieke talenten en mogelijkheden, ze willen betrokken onderwijs, gegeven door docenten die oprechte interesse hebben in al hun leerlingen – van de docent die op een lijstje bijhoudt of hij al zijn leerlingen wel regelmatig écht spreekt, tot de betrokken conciërge aan de deur die precies weet welke pappenheimers vaker te laat zijn en waarom. Want in relatie tot andere mensen die voor hen betekenisvol zijn, leert het puberbrein het best.

Tips voor docenten >

- **Bied structuur en regels.** Leerlingen willen vooral een strenge, duidelijke leraar. Communiceer duidelijk je verwachtingen. Veruit de meeste leerlingen vinden het prettig als ze weten wat er aan het eind van het traject van hen wordt verwacht.
- **Heb oog voor elke individuele leerling.** Een leerling wil gezien worden in de massa. Je motiveert leerlingen door notie te nemen van hun vorderingen en je oprecht te verdiepen in hun beleving en ontwikkeling. Voer met iedere leerling af en toe een gesprekje.
- **Straal passie voor je vak uit.** Passie, trots en enthousiasme zijn besmettelijk. Jongeren zijn, in hun zoektocht naar studie en beroep hard op zoek naar rolmodellen en voorbeeldfiguren die enthousiasme uitstralen.
- **Geef veel complimentjes als jongeren iets goed doen.** Jongeren kunnen meer met complimenten dan met straf of afkeuring. Laat ze ook in bijzijn van hun medeleerlingen weten waar ze goed in zijn.

Tips voor onderwijsmanagers >

- **Toon voorbeeldgedrag.** Houd het schoolgebouw op orde en creëer een goede sfeer. Toon respect voor iemand met een andere mening. Wat je ook vraagt van je leerlingen, geef zelf altijd het goede voorbeeld.
- **Respect voor leerlingen is ook:** laten zien dat je in ze investeert, van een bloemperkje op het schoolplein tot een goede muziekinstallatie in de kantine. Rommelige plekken, graffiti op de muur en kapotte schoolmeubels versterken het gevoel van desinteresse en maken dat jongeren minder respectvol met hun schoolomgeving omgaan.
- **Geef jongeren mogelijkheden om trots te zijn:** maak iets bijzonders van een diploma-uitreiking, geef een podium om hun werk te laten zien, deel successen met hun ouders, vrienden en de hele school. Met name vmbo'ers en mbo'ers vragen om waardering en mogelijkheden om trots te zijn op zichzelf en op hun opleiding.
- **Een school is zo goed als zijn directie.** Die moet een visie hebben op omgaan met leerlingen en op wat zij beschouwt als goed onderwijs.
- **De beste adviseurs lopen op je school rond.** Nodig elke maand zes willekeurige leerlingen uit (niet de leerlingenraad) om met de voeten op tafel een uurtje te vertellen wat zij vinden dat er beter kan op school. Luister alleen en probeer niets ter plekke op te lossen.

Josephine, 12 jaar, brugklas,
en Emma, 14 jaar, 3 vmbo, uit Wouw.

De *peergroup*: het puberbrein in het kwadraat

4.

Na thuis en school zoomen we hier in op de leeftijdgenoten van jongeren: de *peers* – van boezemvrienden tot klasgenoten en verre kennissen. De impact van de *peergroup* neemt steeds verder toe naarmate jongeren ouder worden. De vriendschappen en netwerken met leeftijdgenoten vertakken en verdiepen zich voortdurend. Veel pubergedrag kunnen we dan ook verklaren vanuit de invloed van *peers*. We duiken in dit hoofdstuk volop in de wereld waarin jongeren samenkomen en waarin volwassenen vooral afwezig zijn.

'Mijn dorp is wel rustig, er gebeurt niet zo veel hier. Daarom vormen veel jongeren een groep om iets te doen te hebben. Ze accepteren je hier wel, maar het is belangrijk wat je doet. Als je bijvoorbeeld op badminton zit, vinden ze je algauw een meisje.
Hier vinden de boeren: wij zijn de baas. En wil je bij de boeren horen, dan moet je drie dingen doen: je moet echt drinken, motorrijden en plat praten. Oh ja, en naar boerenmuziek luisteren. Ik kom zelf uit Afghanistan. Als buitenlander moet je niet in de buurt komen van echte boeren. Die schelden je uit voor kutturk of zo.
Ik ken lui die 13 zijn en al aan de drank en de wiet zitten. Een paar jaar geleden ging een van ons ook blowen en toen blowden ze ineens allemaal en rookten ze ook allemaal. Maar de meesten zijn nu gestopt. Ze drinken allemaal in zo'n schuur, ik ben daar een keer geweest, maar dat is echt niets voor mij. Ik drink wel eens een biertje, maar daar houdt het op. Ik hoef niet te blowen om bij een groep te horen. Ik ga denk ik op mijn 18e verhuizen naar de grote stad. Niet zo ver weg, hoor. Dan kan ik nog vaak terug komen bij mijn ouders. Maar voor de rest ben ik blij dat ik ergens anders ga wonen. Er is hier te weinig te doen en alleen de boeren blijven.' Idris, 16 jaar

4.1 Van het veilige nest naar de vriendengroep

In de puberteit maken kinderen zich stap voor stap los van hun ouders en verleggen ze hun focus naar leeftijdgenoten. Ouders blijven bij zaken zoals school en beroepskeuze invloedrijk – we kunnen het niet genoeg benadrukken – maar ze verliezen hun exclusieve positie. Ouders kunnen, in die complexe en onzekere puberteit, ook niet langer de zekerheid van sociale acceptatie bieden waar hun kinderen naar zoeken. Dus zoeken jongeren hun heil elders, bij leeftijdgenoten. Een hechte vriendengroep kan die broodnodige veiligheid wel bieden. Vrienden maken en houden, geaccepteerd worden in de groep, erbij horen: het wordt van levensbelang. Ze brengen steeds meer tijd samen door.
Een *peergroup* betekent letterlijk een groep mensen met ongeveer dezelfde leeftijd, sociale status en belangstelling. Bij jongeren heb je het dan over beste vrienden, maar ook over klasgenoten, vrienden uit de buurt, teamleden en vrienden van vrienden.
Tussen leeftijdgenoten onderling zien we drie soorten verbindingen: de

'echte', goede vrienden, de romantische en seksuele relaties (ofwel vriendjes en vriendinnetjes) en de bredere kring kennissen en bekenden. Alle drie de relatiesferen zijn belangrijk voor het welbevinden van jongeren. We nemen ze een voor en door.
Psychologen benadrukken het belang van *peers* voor de ontwikkeling van kinderen en jongeren, omdat de onderlinge relaties zijn gebaseerd op gelijkheid, wederkerigheid, samenwerking en intimiteit. We laten zien hoe dit in de praktijk werkt en hoe veel gedrag ook vanuit de invloed van *peers* verklaard kan worden.

Goede vrienden Internetgoeroe Boyd omschrijft vriendschap als een buitengewoon sterke relatie met een bepaalde mate van wederzijdse liefde, exclusiviteit, intimiteit en verwachtingen van emotionele en praktische steun.[1]
Bij hun boezemvrienden of hartsvriendinnen kunnen jongeren zichzelf zijn, geheimen en problemen delen en zich gelijkwaardig aan elkaar spiegelen – een unieke context om jezelf te ontwikkelen. Jongens zijn vaak meer gericht op samen dingen ondernemen, meiden focussen vooral op het samen zijn en praten. Overigens praten jongens ook wel met elkaar, maar dan gaat het eerder om het delen van ervaringen in stoere taal. 'Heb je die chick nou nog op d'r bek gezoend?' klinkt het belangstellend na het weekend.
Het aangaan van vriendschapsrelaties is heel essentieel in de sociaal-emotionele ontwikkeling van jongeren. Bij hun vrienden zoeken ze steeds weer het referentiepunt voor sociale normen en zo ontwikkelen ze hun inlevingsvermogen en andere sociale vaardigheden. Op internet, aan de telefoon en in hun tienerkamer bespreken ze urenlang wat er in hun wereld gebeurt en welke betekenis ze daaraan moeten geven.

Jongeren tussen de 12 en 18 jaar beschouwen gemiddeld zes à zeven vrienden als echt goede vrienden.[2] Dat is een bescheiden aantal, maar die zijn wel heel belangrijk voor ze. Onderzoekers van de Radboud Universiteit constateerden dat jongeren hun leven positiever beoordelen als ze meer vrienden hebben. Terwijl jongeren hun leven gemiddeld het rapportcijfer 7,7 geven, daalt dit bij jongeren met één vriend tot onder de zeven en stijgt het bij tien vrienden tot 7,9. Hoe meer vrienden, hoe gelukkiger.[3]
Vrienden zijn voor jongeren dus essentieel en ouders raken meer op de achtergrond. Als een meisje van 15 vindt dat ze een vreselijk figuur heeft geslagen op het schoolfeest, kunnen haar ouders die situatie heel mooi relativeren, maar het echte referentiepunt zijn haar vriendinnen. Als die vertellen

dat het incident inderdaad ronduit gênant was, helpen de relativerende woorden van pa of ma daar nog maar weinig aan. Leeftijdgenoten geven betekenis aan elkaars wereld en de wereld die ze samen delen. Dat is meestal een andere dan die van volwassenen.

'Sinds ongeveer drie jaar ken ik mijn beste vriendin. Al sinds we bij elkaar in de klas kwamen, konden we het heel goed met elkaar vinden en na een halfjaar konden we elkaar al bijna alles vertellen.' Anja, 14 jaar

Clubjes Vriendschappen ontstaan vaak binnen vriendengroepen, clubjes van meestal niet meer dan zeven vrienden met gedeelde smaken en voorkeuren. Het heeft wel iets van een familie. Maar terwijl pubers steeds minder willen optrekken met hun ouders en broers en zussen, nestelen ze zich in hun vriendengroep, in de veiligheid en zekerheid van een nieuw groepsverband. Hier gelden allerlei vaste patronen, er is een subtiele hiërarchie met een informele leider en er is een sterk wij-gevoel. Meisjesvriendenclubs zijn vaak nog meer gesloten dan die van jongens, ook omdat meiden meer intimiteiten en geheimen met elkaar delen.[4]

Jonge tieners hebben vaak vriendenclubs van alleen jongens of meisjes, maar geleidelijk ontstaat er tussen jongens- en meisjesclubs contact en interactie, op straat, op het schoolplein of in de discotheek. Met je vrienden als zekere achterban is het veiliger flirten dan alleen. Vaak zijn er enkele voorlopers die toenadering zoeken tot de andere sekse, waarop er meer volgen. De eerste liefdesrelaties ontstaan, een leerzaam proces voor alle betrokken vrienden. De 'volgers' kunnen eerst een beetje de kat uit de boom kijken en zo passief leerzame liefdeslessen opdoen. En als het weer uit gaat, sluit iedereen makkelijk weer aan bij de vriendenclan.

Als de tieners ouder worden ontstaan gaandeweg grotere vriendengroepen met daarbinnen meerdere stelletjes. En zo zet menige vriendengroep als het ware de eigen ondergang in gang, want als al die stelletjes aan het eind van de adolescentie die veilige, bredere achterban steeds minder nodig hebben, vallen die grotere groepen vanzelf uiteen.

Op de fiets

Erna, 15 jaar, fietst elke dag dertien kilometer naar haar middelbare school. 's Ochtends en 's middags trekt een lange sliert met meer dan twintig fietsers door het Brabantse landschap. Meestal is het best gezellig onderweg.
Met één jongen, Joris, is het zelfs extreem gezellig. Erna en Joris fietsen steeds vaker aan het eind van de stoet. Joris fietst zelfs regelmatig helemaal mee tot Erna's woonplaats, terwijl hij drie kilometer eerder linksaf moet slaan. Erna vindt dat een beetje gênant, maar ook vleiend. Na een maand fietsen Joris en Erna hand in hand. De overige fietsers zijn in de verte nog te zien, maar Joris en Erna treuzelen en zijn druk in gesprek.
Deze romantische fietstochtjes duren drie maanden, tot de zomervakantie. Joris zoent op de camping in Zuid-Frankrijk met een meisje uit Friesland, iets wat Erna hem niet kan vergeven. Vanaf eind augustus fietst Erna weer vooraan in de stoet. En Joris neemt weer de kortste route naar huis.

Vriendje/vriendinnetje En dan: het eerste vriendje of vriendinnetje met wie een jongere een romantische of intieme relatie aangaat. Hierover bestaan veel mythes en aannames, maar hoe zit het tegenwoordig nu echt? Met 12 jaar is 59 procent van de jongeren nog groen als gras, maar met 18 heeft 85 procent wel iets gedaan: drie kwart heeft getongzoend en 60 procent heeft seks gehad. Gemiddeld beginnen Nederlandse jongeren vandaag de dag op hun 15e voor het eerst met kussen en tongzoenen en op hun 16e verliezen ze – ook weer gemiddeld – hun maagdelijkheid. Meisjes zijn er iets eerder bij dan jongens.
Meer dan de helft van de jongeren vindt dat je iemand die je ontmoet bij het uitgaan kunt zoenen. Een kleine 10 procent vindt dat ook seks dan al moet kunnen, maar de meesten vinden een 'vaste' relatie wel een voorwaarde om seks met iemand te hebben. De basis voor wat jongeren een vaste relatie noemen kan overigens in twee weken al gelegd zijn, maar er zijn ook jongeren die hiermee heel bewust maanden wachten.
Als het 'aan' is, dan is het ook echt aan en vinden de meeste jongeren het niet acceptabel als er ook met andere partners wordt gezoend of gesekst. Slechts 16,5 procent van de jongeren vindt dat kunnen.[5]

Het verliefde puberbrein

Ze eten niet meer, staren dromerig voor zich uit, zijn om het minste of geringste blij of boos en houden angstvallig hun mobieltje in de gaten. De diagnose kan een leek natuurlijk stellen: een geval van verliefdheid.

Verliefdheid is eigenlijk een chemische reactie in de hersenen. Verliefdheid activeert dezelfde hersengebieden als het winnen van een prijs of het krijgen van een compliment. Daarom voelen verliefde mensen zich zo goed. De hersenen scheiden het hormoon dopamine af. Dat veroorzaakt slapeloosheid, hongerverlies, intense energie en sterk gefocuste aandacht. Ook komt er, net als bij angst, adrenaline vrij die spieren voorbereidt op actie. De bloedvaten vernauwen, de hartslag en bloeddruk gaan omhoog, de spijsvertering gaat op een laag pitje en de zintuigen zijn extra alert. Iemand die verliefd is, staat dus de hele tijd op scherp en dat kan wel eens vermoeiend zijn.

De prefrontale cortex, die nu belangrijk is voor het maken van rationele afwegingen, is tijdens een verliefdheid minder actief. Bij jongeren wordt dit proces versterkt door de staat van hun puberbrein: hun prefrontale cortex is sowieso nog in opkomst, zoals we eerder zagen, maar de beloningsgebieden zijn hypergevoelig. Hierdoor kunnen verliefdheden juist in de puberteit zo'n indruk maken en jongeren extreem uit hun evenwicht halen.[6]

Vraag aan een arts op netdokter.nl

'Ik ben heeeeeel erg verliefd op een jongen, maar ik ken hem pas een paar weken, anderhalve maand. Maar nu ben ik smoooorverliefd op hem, en hij weet dat. Hij zegt dat hij niet kan oordelen omdat hij me niet zo goed kent nog. Heeft u een tip voor me? Hoe kan ik zorgen dat hij me snel goed genoeg kent, & dat ik hem verliefd kan krijgen? Of bestaat dat niet? Ik zit in een CRISIS helppp! Groetjes, een heeel hopeloos meisje van 15.'[7]

Kennissen Zeven of acht goede vrienden en wellicht een 'vaste' relatie, dat vormt voor veel jongeren de basis van hun sociale leven. Maar in hun netwerk kennen jongeren natuurlijk nog veel meer leeftijdgenoten – van school, de sportclub, het bijbaantje of de straat en natuurlijk ook vrienden van vrienden. Dit is het bredere netwerk met honderden kennissen, waar jongeren op allerlei manieren ook mee verbonden zijn.

Bij hun goede vrienden, de *strong ties*, kunnen jongeren hun kwetsbare kanten laten zien en meer zichzelf zijn. Bij al die kennissen in hun sociale netwerk, de *weak ties* – zowel in de klas als op een profielensite op internet – moeten ze zich juist sterk en zelfverzekerd voordoen. Ze vragen zich daarbij af hoe ze in de groep liggen en wat anderen van hen vinden. Tegenover die grote groep zijn jongeren veel meer bezig zichzelf te profileren. Het gaat er minder om wie je bent, en meer om hoe je wilt overkomen op anderen. Zoals bedrijven schaven aan hun identiteit en hun imago, zo gaan veel tieners tegenwoordig ook te werk. Op profielensites zie je dat element ook sterk terug. Daar staan foto's van tieners die je op straat niet zou herkennen. Hun portretten hebben meer weg van de gestylde portretten in de glossy's die ze lezen. Jongeren denken er bewust over na welk beeld ze van zichzelf willen geven en doen hun best om grappig, origineel en aantrekkelijk voor het voetlicht te komen.

Subculturen

Nozems, skaters, gothics, punkers, kakkers: subculturen vormen sinds de jaren vijftig van de vorige eeuw een kleurrijk en gezichtsbepalend element in de jongerencultuur. Jongeren binnen een subcultuur onderscheiden zich door een gedeelde voorkeur voor bijvoorbeeld muziekstijl, kleding, merken, haarstijl, lichaamsversiering, taal en rituelen. Vroeger kwamen vrienden vaak uit dezelfde subcultuur, nu is dit niet meer zo. Een subcultuur is sowieso veel minder hecht dan een vriendengroep; beschouw het als een categorie. Jongeren zijn ook geen lid van een subcultuur, maar zijn er – in de ogen van anderen – 'zo één'. Binnen een subcultuur hebben jongeren ook niet per se intensief contact met elkaar; het gaat er meer om dat ze zichzelf kunnen plaatsen, ontwikkelen en profileren binnen een sociale structuur, een herkenbare groep met een bepaalde reputatie qua gedrag, smaak en opvattingen. Opvallend is dat jongeren meestal niet van zichzelf zeggen dat ze tot een subcultuur behoren: slechts 20 procent van de jongeren geeft aan dat zij deel uitmaken van een subcultuur. Ze gaan uit van hun eigen keuzes en autonomie.[8] Vaak kunnen ze vooral goed aanduiden waar ze in elk geval níét bij willen horen. In een onderzoek van MTV vonden jongeren het moeilijk hun favoriete kledingmerken te noemen, terwijl er volop antwoorden kwamen toen werd gevraagd in welke merken en stijlen ze nog niet dood gevonden wilden worden. Bij het vormen van je identiteit is afstrepen wat je níét wilt zijn makkelijker dan bepalen wie je wél bent.

Sinds de jaren tachtig vormen subculturen een dankbaar houvast voor marketeers. Ze worden gebruikt om toegang te krijgen tot de jongerenwereld via pogingen merken onderdeel te maken van bepaalde stijlen: van een sneaker die de hiphopwereld binnenstapt tot een chocoladesnack om skaters energie te geven.
Al jaren zie je de trend dat subculturen aan betekenis verliezen. We noemen het ook wel de 'ontzuiling' van de jongerencultuur. Natuurlijk, er blijven stromingen en stijlen te definiëren en veel jongeren houden ook, al is het maar voor een tijdje, een sterke behoefte om hun identiteit te uiten via elementen als kleding, muziek- en haarstijl. Maar er is meer ruimte voor een eigen unieke invulling, ofwel een interpretatie met een knipoog: 'De ene dag kleed ik me heel netjes en de andere dag meer punky. Het is maar net hoe ik me voel.'
Netwerken op basis van gedeelde interesses hebben de plaats van deze subculturen ingenomen. Met de een deel je hiphop, met de ander kraak je online gamecodes.

Yo Oma!

De jongerenwereld is een cultuur op zich, met eigen codes en een eigen taal. Volwassenen detoneren in die wereld en senioren al helemaal. Douwe Egberts kwam in 2004 met de commercial *Yo Oma*. Hierin zie je twee oma's achter de geraniums zitten met een kopje koffie, terwijl ze elkaar in onvervalste jongerentaal toespreken: 'Komt die scotoe met zijn vette pattas.' Een grappig contrast en goed uitgevoerd; jongeren vonden het fantastisch. In één week bekeken 640.000 kijkers de commercial op de site van DE. Het dataverkeer werd zo enorm dat DE de commercial van haar site moest halen. YouTube moest nog geboren worden.

4.2 Puberbreinen onder elkaar

Hoewel ze naar ouders en docenten toe steeds zwijgzamer lijken, communiceren jongeren continu, de hele dag door met elkaar. Ze delen de meest minuscule details. De psychologische behoefte om goed te liggen 'in de groep' is groter dan ooit. Internet en mobieltjes faciliteren deze behoefte 24 uur per dag, zeven dagen per week.

In het kwadraat Ouders klagen wel eens dat hun puber nog maar zo weinig vertelt, maar ze zouden er waarschijnlijk ook niet aan moeten denken deelgenoot te blijven van al die hartsgeheimen, twijfels en problemen. Jongeren zoeken hun heil liever bij vrienden en vriendinnen, met wie ze de meest gedetailleerde informatie uit hun dagelijkse belevenissen delen. Logisch, want die leeftijdgenoten staan op een vergelijkbare manier in het leven. Ze kampen immers met dezelfde eigenschappen van het nog niet volgroeide puberbrein. Daarom zijn ze zo graag samen. En dat is positief, want onderling kunnen ze zich meer uitleven en sociale vaardigheden opdoen en uittesten. Jongeren hebben ongeveer tot hun 24e een overgevoelig limbisch systeem, waardoor emoties sneller en explosiever ontvlammen. Ze kiezen – bewust en onbewust – situaties uit waarin ze hun emoties en passies vrijelijk kunnen uitleven.
Ze zoeken actief naar ervaringen die intense gevoelens opleveren.[9] Die behoefte vinden ze bij elkaar: gierend in een kermisattractie, hangend in hun slaapkamer, of kletsend onder een lantaarnpaal in een Vinex-wijk. Jongeren leren belangrijke sociale vaardigheden van elkaar, die ze ook nodig hebben om bij anderen in de smaak te vallen: luisteren, helpen, initiatief nemen, geheimen delen, eerlijk zijn en vertrouwen geven. Als ze op het gebied van deze sociale vaardigheden achterblijven, lopen ze het grote risico eruit te liggen.
Hoe begrijpelijk al dat samenzijn ook is, we kunnen tegelijkertijd ook stellen dat jongeren elkaar minder corrigeren. De remmende werking van de prefrontale cortex is nog niet zo sterk aanwezig, waardoor ze zichzelf – maar ook de ander – minder afremmen of ontmoedigen bij risicovol gedrag. Van stoppen met alcohol drinken tot het imiteren van *Jackass* (*'don't try this at home'*): wie zegt er ho?

Evolutie De rol van de drie soorten relaties (goede vrienden, vriendjes/vriendinnetjes en kennissen) kunnen we in een hiërarchische lijn plaatsen. De evolutionaire blik biedt hierbij verheldering. Hoewel het vinden van een levenspartner buiten het eigen nest voor een 13-jarige natuurlijk nog niet expliciet het doel is, wordt het voor hem of haar wel steeds belangrijker om in de smaak te vallen bij leeftijdgenoten. In de puberteit maakt het lichaam zich klaar voor reproductie. Oestrogeen en testosteron, de hormonen die verantwoordelijk zijn voor lustopwekking, beginnen bij zowel jongens als meisjes door het lichaam te gieren, zij het in andere hoeveelheden. Het voortplantingssysteem krijgt aansporing om zich te ontwikkelen.

De hersenen beginnen zich tegelijkertijd zo te vormen dat jongeren gedrag kunnen gaan vertonen waarmee ze in de smaak vallen bij hun *peergroup*. Ze ontwikkelen namelijk sociale vaardigheden en inlevingsvermogen. En daarmee gaan ze volop leren en uitproberen wat wel en niet geaccepteerd wordt binnen de groep. Want de goedkeuring van vrienden is belangrijker dan ooit tevoren.[10]
Feitelijk kunnen we het zien als een piramide: onder aan de brede basis bevinden zich de tientallen, nee, honderden jongeren die iedereen kent. Uit die veelheid aan jongeren selecteren zij enkelen met wie ze vriendschapsrelaties aangaan, de middenlaag van de piramide. En deze vriendschappen helpen hen op praktische en emotionele manieren uiteindelijk om een levenspartner te vinden. Vanuit deze invalshoek kunnen we ook verklaren waarom jongeren zo sterk de behoefte voelen om nieuwe mensen te leren kennen. Zij vergroten de basis van hun piramide en de kans op nieuwe vrienden én romances.

'Mensen zeggen dat ik moeilijk in elkaar zit en dat ze me heel lang moeten kennen voordat ze me begrijpen. Hm, ik ben gewoon mezelf, ik snap het niet... ik kan daar toch ook niks aan doen. Ik heb ook geen vriendje. Vriendinnen van mij wel. Die zijn wel anders dan ik, veel makkelijker... zou het daaraan kunnen liggen dat ik geen vriend heb, omdat ik te moeilijk te begrijpen ben?' Angel, 15 jaar

Nature versus nurture Deze evolutionaire gedachtegang haakt wel in op het boek *The Nurture Assumption* waarmee de Amerikaanse psychologe Judith Rich Harris eind jaren negentig behoorlijk wat stof deed opwaaien.[11] Harris: 'Mensen zijn primaten en primaten leven in groepen. Evolutionair gezien zitten kinderen niet zo in elkaar dat ze hun ouders proberen te imiteren, in plaats daarvan kijken ze naar de leden van de groep waar ze zich in bevinden. Ze willen geaccepteerd worden door de andere kinderen om hen heen.'
Harris wees op de enorme impact die uitgaat van *peers* en durfde zelfs concrete percentages aan de invloedsferen rond tieners te hangen. Circa 60 procent van iemands persoonlijkheid is volgens Harris natuurlijk bepaald, maar liefst 30 procent wordt door de *peergroup* vormgegeven en slechts 10 procent schrijft Harris op het conto van 'overige omgevingsfactoren', waar ze een lange rij zaken onder schaart als sociale klasse, school, voeding, milieuvervuiling, kinderziekten, maatschappelijke omstandigheden en ten slotte de ouders.

In de wetenschappelijke wereld was dit een behoorlijke verschuiving in de manier waarop er altijd naar opvoeding was gekeken. Harris kreeg zowel enorme bijval als veel kritiek: 'stompzinnig, absurd, simplistisch en gevaarlijk'. Feit is wel dat zij terecht meer aandacht heeft geclaimd voor de impact van leeftijdgenoten.

Virtueel schoolplein Vrienden, kennissen, verliefdheden: het hield en houdt pubers enorm bezig. *What's new*? Nieuw zijn de communicatiemogelijkheden die het mogelijk maken constant contact te houden. Tot 1990 zeiden pubers na schooltijd 'tot morgen', om hooguit nog wat af te spreken met wat vrienden of lange telefoongesprekken te voeren via de vaste telefoon van pa en ma. Nu hoor je op het schoolplein 'ik zie je op msn' of 'we bellen'. Eenmaal thuis krijgen de gesprekken van het schoolplein een online vervolg op Live Messenger, op fora als scholieren.com of maroc.nl en via berichtjes of krabbels op profielensites als Hyves en PartyPeeps2000. Dag en nacht in connectie staan met je *peers*: het sluit naadloos aan op een primaire levensbehoefte van jongeren. Vóór schooltijd, na schooltijd, voor en na het avondeten: vele uren kunnen ze doorbrengen achter het beeldscherm, vaak in de beslotenheid van hun eigen kamer. Veel jongeren zetten tegenwoordig als ze opstaan eerst Live Messenger aan om te kijken of er al 'iets gebeurt'. Ze delen álles met elkaar: wat ze hebben gegeten, dat die lievelingsbroek in de was is en welk cijfer ze hebben voor dat mondeling Frans – alles komt langs. Zo ontstaat er in feite een *extended family*: je msn-familie weet meer over je dan je broertje in de kamer naast je.
Met internet en mobiel hebben jongeren tools in handen gekregen om voortdurend contact te onderhouden met leeftijdgenoten. Telefoonnummers in je mobiel, PartyPeeps2000, Hyves, msn, sportverenigingen, klas, vrienden van vrienden: het zijn geweldige *managerial tools* om je netwerk op orde te houden en voortdurend uit te bouwen.
De psychologische behoefte aan contact is zo groot dat jongeren amper een rem ervaren en moeilijk kunnen stoppen of minderen in het communiceren met elkaar. Constant kunnen communiceren, met hun *strong ties* én hun *weak ties*; dat gegeven heeft een revolutie veroorzaakt in de hedendaagse jongerencultuur. Ze kunnen elkaar over elk detail, elk wissewasje, elke onzekerheid even raadplegen. En dat doen ze dan ook. Daar kan een verslavende werking van uitgaan; een enkeling heeft meer dan tien uur per

dag msn open staan.[12] De jongerenwereld is steeds meer een 'zelfwereld' geworden, een plek waar jongeren uren in kunnen doorbrengen en waar oudere mensen amper komen en nauwelijks weet van hebben. Netwerken is zo basaal geworden als ademhalen en even afhaken lijkt geen optie.

'Als ik een week offline zou gaan, dan moet ik als ik online ga echt twee weken spenderen om alles weer goed op orde te krijgen. Dan denken mijn vrienden dat ik dood ben, of zo.' Justin, 19 jaar, uit Rotterdam

Boy en girl next door Sommigen beweren dat jongeren volop netwerken op basis van interesses en zo wereldwijd connecties aangaan. Zeker, door technologische innovaties is de wereld steeds kleiner geworden. Maar hoewel jongeren in theorie met mensen uit de hele wereld kunnen communiceren, zijn hun online contacten en de gesprekken die ze voeren in de praktijk toch vooral met vrienden die ze ook in *real life* kennen. Het wereldwijde web wordt heel lokaal gebruikt: je chat met je klasgenoten en de *girl next door*. Offline en online zijn een verlengde van elkaar, waarbij offline contact het online contact versterkt. De online netwerken zijn dan ook primair georganiseerd rond mensen en niet rond interesses, hoewel die laatste er natuurlijk ook zijn. Als we kijken naar opleidingsniveau, dan blijken hoger opgeleiden er meer verticale netwerken (op basis van gedeelde interesses) dan horizontale op na te houden.[13] Een mangafan heeft gelijkgestemden in Japan immers zo gevonden en liefhebbers van Scandinavische metal zijn met internet niet langer gedoemd tot hobby'en in isolement.

Word of mouth

'We hebben tieners meer geld gegeven, zodat ze makkelijker hun eigen sociale en materiële werelden kunnen construeren. We hebben ze meer tijd gegeven om met elkaar door te brengen – en minder tijd in het gezelschap van ouders. We hebben ze e-mail en "beepers" gegeven en, het allerbelangrijkste, mobieltjes, zodat ze alle dode momenten in een dag kunnen opvullen met de stemmen van hun leeftijdgenoten – dode momenten die ooit wellicht gevuld werden met de stemmen van volwassenen. Dat is de wereld die wordt geregeerd door de logica van *word of mouth*, van de besmettelijke boodschappen die tieners aan elkaar doorspelen.'[14]

Malcolm Gladwell, Canadese wetenschapsjournalist voor o.a. *The New Yorker*

Jongeren online

97 procent van de jongeren tussen 11 en 15 jaar heeft thuis internettoegang.

29,9 procent heeft internet op de eigen slaapkamer.

Gemiddeld zitten ze 10,4 uur per week achter de computer.

86,4 procent maakt gebruik van msn.

Chatten in anonieme chatgroepen is niet meer zo populair: dat wordt nog gedaan door 16,2 procent.

3 procent gebruikt internet op een dwangmatige manier.[15]

356 vrienden Een groot deel van de online communicatie tussen jongeren vindt plaats via sociale netwerksites zoals Hyves, PartyPeeps2000 en Sugababes. Sociale netwerksites zijn virtuele gemeenschappen die je de gelegenheid bieden om sociale banden en contacten te zoeken en te onderhouden. Dat deze hot zijn, blijkt wel uit het feit dat ze pornosites in populariteit officieel voorbijgestreefd zijn.[16] Circa twee derde van de Nederlandse jongeren heeft een profiel op een of meer van deze netwerksites. Binnen deze netwerken hebben jongeren vaak honderden vrienden: mensen met wie ze verbonden zijn op de netwerksite. Het woord 'vriend' lijkt hiermee wel een behoorlijke inflatie te hebben ondergaan, want een vriend op PartyPeeps2000 kan zowel je maatje zijn die je dagelijks ziet als een vriend van een kennis die je nooit hebt gezien. Jongeren gaan hier ook verschillend mee om: sommigen laten iedereen toe, goede of vage bekenden, anderen houden er een wat nauwere definitie op na en laten slechts selectief mensen binnen.[17]
In online netwerken zijn vriendschappen in elk geval wel wederzijds; beide gebruikers hebben ermee ingestemd om zich aan elkaar te verbinden. En meestal zijn de vriendschappen ook publiek en zichtbaar voor iedereen. Dit laatste legt ook wel weer een druk op jongeren: wat als je maar vijftig vrienden hebt?
Volwassenen kijken kritisch naar die vele vriendschappen: 'Ja, maar dat zijn toch niet allemaal goede vrienden?' Dat klopt. Toch is het ook goed te benadrukken dat online met je identiteit kunnen experimenteren jongeren ook helpt in de ontwikkeling van hun zelfvertrouwen en zelfbewustzijn. Ze creëren een beeld van zichzelf, een imago, met nicknames, avatars en bepaalde foto's, en krijgen hier van hun vele vrienden constant feedback op.

Met spannende namen als Worstnightmare en Motorbabe91 compenseren ze tekorten aan zelfvertrouwen in de fysieke wereld. Dit helpt bij het aangaan van vriendschappen en het verdiepen daarvan door ook informatie over zichzelf te onthullen.[18]

Netwerksites

Sociale netwerksites die nu populair zijn onder Nederlandse jongeren:

- hyves.nl: met bijna 9 miljoen Nederlandse Hyvers de meest gebruikte Nederlandse netwerksite, allang niet meer alleen door jongeren;
- partypeeps2000.com: netwerksite met meer dan 600.000 profielen, vooral onder urban jongeren;
- sugababes.nl en superdudes.nl: twee sites die fungeren als een grote populariteitscontest waar jongeren elkaar punten geven, met zelfs een top 50 populairste profielen; meer dan 600.000 unieke bezoekers per maand;
- habbohotel.nl: meer dan 1 miljoen Nederlandse gebruikers, vooral populair bij basisschoolleerlingen tot en met brugklassers; wereldwijd succesvol, maar in Nederland echt een hit; heeft hier procentueel het hoogste bereik onder kinderen;
- facebook.com is sterk in opkomst, vooral bij oudere jongeren, en kent nu ruim 2,5 miljoen Nederlandse gebruikers

Narcisme

Jan Derksen, hoogleraar Klinische Psychologie aan de Radboud Universiteit Nijmegen, schreef het boek *Zijn we wel narcistisch genoeg?*:
'Idealiter krijg je een gezond zelfbeeld aangereikt tijdens de hechtingsfase, tot je vierde jaar, een zelfbeeld waarin een balans bestaat tussen oriëntatie op het zelf en op de ander. Maar vooral de kinderen die na 1980 zijn geboren, zijn opgevoed door overtrotse ouders, vaak nauwelijks gecorrigeerd en altijd uit de wind gehouden; door ouders bovendien die vaak aan het werk waren, waardoor hechting niet volledig heeft kunnen plaatsvinden. De huidige generatie is daardoor veel sterker gericht op de eigen persoonlijkheid.
Aan de ene kant hebben ze daar voordeel van. In een maatschappij waar prestatiemotivatie, grote doelen en zelfstandig ondernemerschap goed scoren, kun je niet zonder. Aan de andere kant komen er tijdens de puberteit nogal wat kinderen in de problemen. In die fase proberen ze hun afhankelijk-

heid van hun ouders – dat is: hun innerlijke afhankelijkheid – op te geven en hun eigen identiteit te herdefiniëren, omdat hun uiterlijk verandert. Ze komen erachter dat het beeld dat ze van zichzelf hadden niet strookt met de realiteit; ze zijn vaak helemaal niet zo goed als ze zelf dachten. De maatschappelijke context blijkt heel veeleisend en jongeren moeten tegenwoordig meer op eigen kracht doen dan vroeger, en dat kunnen ze lang niet allemaal.
Om hun psychologische patronen te kunnen vormen, gaan veel pubers daarom al jong relaties aan. Als die op hun 18e knappen, weten die kinderen vaak niet wie ze zelf zijn. Ook herstructureren ze hun identiteit naar voorbeeld van vrienden. Het is daarom in deze fase heel belangrijk dat ouders de emotionele verbinding in stand houden, hoe moeilijk dat soms ook is. Als kinderen omgaan met verkeerde vrienden, moeten ze ingrijpen, helpen die contacten te verbreken, maar zonder hun autonomie te ondermijnen. Als het erop aankomt, willen kinderen zich op hun ouders oriënteren. En die moeten in staat zijn een belangrijke mening te hebben, hun kinderen laten voelen dat ze welkom zijn, hun liefde tonen, laten merken dat ze er zijn en hun kinderen monitoren.
De rol van moderne technologie in dit proces? In onze maatschappij bestaat een grote psychologische behoefte aan contact. Mobiel en internet vormen een broeikas van verbondenheid. En dat is het mooie ervan. Ze compenseren het gebrek aan hechting in de binnenwereld van jongeren. Zo'n mobieltje is eigenlijk net het tutje van een baby, waar ze de hele dag doorheen lopen te brabbelen. Want die gesprekken gaan helemaal nergens over. Hetzelfde geldt voor persoonlijke profielenpagina's. Het is een manier om met jezelf en de ander bezig te zijn, een manier om de eigen identiteit te structureren. We moeten alleen oppassen dat jongeren niet in de narcistische val trappen en gaan geloven in het beperkte beeld dat ze op die pagina's van zichzelf laten zien.'

Status Jan Derksen betoogt dat jongeren narcistisch zijn: volop bezig met zichzelf en met het construeren van hun identiteit. Gevaar is dat ze zelf in de narcistische val trappen (zie kader). Maar deze narcistische val wordt allereerst voor anderen opgesteld. Jongeren ontwikkelen hun identiteit en willen in dit proces liefst zo veel mogelijk status verkrijgen in de groep. Dit kan via verschillende strategieën. Een belangrijke factor is uiterlijk: mooie jongens, knappe meiden – met hun acceptatie in de groep komt het meestal wel goed. Andere factoren zijn kennis, talenten en vaardigheden. Kennis is een breed begrip: kun je gamecodes kraken, helpen bij wiskunde of ken je steeds de vetste roddels? Het verhoogt je status. Talenten helpen ook: als je goed kunt dansen of voetballen, scoor je in elk geval bij je vrienden. En qua vaardigheden gaat het bijvoorbeeld om sociale intelligentie: aardig zijn, mondig, verbaal vaardig, behulpzaam – het helpt je vooruit in je vriendengroep.

De vriendschappen die ze met elkaar aangaan zijn in dat opzicht ook – bewust of onbewust – strategisch gekozen. Jongeren zijn graag bevriend met de *hot shots*, de populaire jongeren met veel status, omdat zij zo ook hun eigen status en populariteit weer verhogen.

Door de grote impact van *word of mouth* zien we dat jongeren ook hun best doen om te scoren op relevante nieuwtjes. Als jij uit de wirwar aan informatie die op je afkomt steevast de grappigste filmpjes pikt of maakt en die op je Hyves zet, draagt dat bij aan je status in de groep. Nog een reden waarom het bijblijven en netwerken zo belangrijk is geworden.

Antisociaal

Socioloog Jan Kornelis Dijkstra, verbonden aan de Universiteit Groningen, doet onder meer onderzoek naar populariteit bij adolescenten.[19] Hij ontdekte dat pubers een beetje antisociaal gedrag bij hun leeftijdgenoten wel cool vinden:

'In de puberteit gaan jongeren vaker antisociaal gedrag vertonen. Een model dat gebruikt wordt om dat te verklaren is de *maturity gap*: in de puberteit ontstaat er spanning tussen de biologische en sociale volwassenheid. Jongeren zoeken in deze periode naar manieren om hun volwassenheid te uiten. Ze beginnen risicogedrag te vertonen, gaan roken of maken zich schuldig aan vandalisme. Ze worden stoer en onafhankelijk. Hun gedrag wordt duidelijk anders dan in de kindertijd.

Eigenlijk spelen er bij dat antisociale gedrag twee processen een rol: beïnvloedingsprocessen waarbij ze elkaar imiteren, en selectieprocessen waarbij jongeren die toch al op een bepaalde manier op elkaar lijken elkaar opzoeken. De jongens die spanning najagen trekken bijvoorbeeld naar elkaar toe.

Uit ons onderzoek blijkt dat antisociaal gedrag in belangrijke mate bijdraagt aan populariteit. Maar wie zich alleen maar antisociaal opstelt, scoort niet hoog op de populariteitsladder. Daarnaast moet je ook over positieve eigen-

schappen beschikken: er goed uitzien en goed zijn in sport. Populair zijn is overigens iets anders dan aardig gevonden worden. Ze kunnen elkaar overlappen, maar dat hoeft niet per se. Populariteit gaat over status, en status is in deze periode een belangrijk doel. Wij hebben populariteit gedefinieerd als: "Bij wie willen anderen graag horen?"
De angst om afgewezen te worden binnen de eigen groep is op deze leeftijd een sterke drijvende kracht achter conformistisch gedrag. Als je zelf niet zo populair bent, dan probeer je een beetje tegen die hogestatusjongeren aan te schurken. Daarmee straalt een deel van hun status op jou af. Of je imiteert hun gedrag. Maar dat blijkt ook een valkuil, want juist negatief gedrag – pesten, roddelen, agressiviteit – is gemakkelijk te kopiëren. De crux zit hem er nu juist in dat populaire jongeren antisociaal gedrag en positieve eigenschappen combineren. En die laatste zijn veel moeilijker na te doen. Je ziet er immers leuk uit of niet.
Populariteit en groepsdruk hangen samen. Populaire kinderen zijn in groepen het meest dominant. Ze zijn duidelijker aanwezig en kunnen daardoor ook meer druk uitoefenen. Als populaire jongeren meedoen met pesten, wordt dat minder sterk afgekeurd dan wanneer minder populaire jongeren dat doen. Maar bij groepsdruk is nog iets anders belangrijk: de gespreide verantwoordelijkheid. Hoe meer mensen aan iets meedoen – vandalisme bijvoorbeeld – hoe minder verantwoordelijk je persoonlijk bent. Tel daarbij op dat het empathisch vermogen van pubers nog niet sterk ontwikkeld is en dat ze de gevolgen van hun acties niet altijd goed kunnen inschatten, en het wordt duidelijker waarom pubers vaker over de schreef gaan.'

Als iemand anders in de sloot springt... spring jij er dan achteraan? Die vraag heeft menig ouder op een rustig moment al eens aan een puber gesteld. Maar hoe retorisch de vraag ook gesteld is, het meest eerlijke antwoord zou zijn: 'Dat hangt er vanaf wie er gesprongen is.'
Vrienden zijn zo belangrijk voor jongeren dat 44,6 procent van de jongeren aangeeft dat ze alles voor hen zouden doen. Dat is niet altijd goed en één op de vijf jongeren geeft aan dat ze met hun vrienden wel eens dingen doen waar ze later spijt van krijgen (19,8 procent). Dat geldt sterker voor jongens dan voor meisjes (25 tegen 14,6 procent). En daarmee is vriendschap ook mede een verklarende factor voor bepaald risicogedrag. Niet verwonderlijk dat ouders niet

altijd blij zijn met de vrienden van hun kinderen: 14,3 procent van de jongeren geeft aan dat ze vrienden hebben waarmee hun ouders niet blij zijn (dat geldt voor jongens net zo sterk als voor meisjes).[20]

De definitie van groepsdruk is volgens Van Dale: 'Sociale dwang binnen een groep waardoor iemand tot bepaald gedrag kan vervallen.' Tieners nemen in aanwezigheid van hun vrienden meer risico dan alleen. Of het nu gaat om kleine vergrijpen (met een opgevoerde brommer zonder helm naar een kroeg in een ander dorp) of om grotere risicovolle gedragingen, onder emotioneel spannende omstandigheden nemen jongeren binnen de groep andere beslissingen dan alleen.

In dit groepsproces zijn wetmatigheden te ontdekken. Zo blijkt bijvoorbeeld dat jongeren tussen hun 13e en 15e levensjaar heel gevoelig zijn voor groepsdruk. De meeste jeugdcriminaliteit wordt dan ook gepleegd door tieners in groepen.[21] Van de 23.089 jongeren tussen de 12 en 18 die in 2007 werden doorverwezen naar HALT voor een taakstraf, was bijna de helft (46 procent) 14 of 15 jaar oud. Meisjes maken zich vooral schuldig aan winkeldiefstal, jongens worden in de kraag gevat voor vuurwerkvergrijpen, vernieling en baldadigheid.[22]

Deze percentages zijn dus vooral te verklaren uit de *maturity gap*, die fase rond het 14e, 15e jaar waarin jongeren biologisch gezien al behoorlijk volwassen zijn, maar door anderen nog niet zo behandeld worden. Bovendien is hun brein dan ook nog niet uitontwikkeld.

Een andere wetmatigheid is antisociaal ofwel onaangepast gedrag. Jongeren gaan risicogedrag vertonen om zich een meer volwassen houding aan te meten, maar ook om daarmee status te krijgen in de groep. Denk aan roken, drinken of kleine delinquentie: het zogenaamde stoer doen. En zoals Dijkstra ook betoogt, werken die strategieën onder bepaalde voorwaarden: antisociale jongeren zijn onder leeftijdgenoten vaak dominant en worden volop geïmiteerd.

Wilma Vollebergh, hoogleraar Algemene Sociale Wetenschappen in Utrecht, pleit voor meer aandacht voor dit soort groepsdynamica. Er is volgens haar nog maar weinig over bekend, ook omdat het moeilijk meetbaar is. Je kunt een jongen die een taakstraf krijgt voor het vernielen van een bushokje op allerlei manieren ondervragen, maar krijg je dan het precieze verhaal boven water over het groepsproces dat eraan voorafging?[23]

Hoe dan ook, waar *thrillseeking* in de middeleeuwen nog een uitstekende manier was om exploratie aan te wakkeren en het ouderlijk nest te verlaten op zoek naar een levenspartner, kan die evolutionaire erfenis in de moderne maatschappij tot gevaarlijke uitwassen leiden. In een wereld met snelle auto's, drugs en instant toegang tot seks via internet lopen pubers beduidend meer risico. Eerder vertelden we over de gevaren van alcohol en drugs op jonge leeftijd. Hier belichten we er twee voorbeelden van online risicogedrag: digitaal pesten en cyberseks.

Online pesten De laatste tijd besteden de media veel aandacht aan online pesten. Het beeld is dat online pesten een groot probleem is en een serieus gevaar vormt voor de geestelijke gezondheid van jongeren. Digitaal pesten staat echter niet op zichzelf. Het is eerder een andere uitingsvorm van een eeuwenoud probleem. Een onderzoek van het IVO, *Monitor Internet en Jongeren*, toont aan dat één op de vijf jongeren van 11 tot 15 jaar minstens één keer per maand online gepest wordt, maar pesten komt in het echte leven vaker voor en heeft daar ook meer impact.

De combinatie van echt en online pesten kwetst jongeren het meest. Het een versterkt de gevolgen van het ander. Jongeren die van beide last hebben, zijn somberder, eenzamer en hebben een negatiever zelfbeeld dan jongeren die alleen online of alleen in het echt gepest worden. Het feit dat pesten een meer continu karakter heeft gekregen met de komst van internet, brengt wel extra risico's mee. Terwijl kinderen vroeger thuis 'veilig' waren, kunnen ze nu dag en nacht tot in hun eigen slaapkamer door pesterijen achtervolgd worden.

Het grote belang van groepsprocessen voor jongeren zien we ook online terug. Als vrijwel je hele klas op Live Messenger zit en jij wordt niet binnengelaten in een groep, of als je verzoeken om vriend te worden op netwerksites worden afgewezen, kan dat voor jongeren heel pijnlijk zijn, ook omdat het heel zichtbaar is voor de hele groep.

Virtuele emoties

Jongeren hebben moeite met het lezen van gezichtsuitdrukkingen en online wordt het interpreteren van emoties er niet makkelijker op. Gelukkig zijn er emoticons om een zin een emotionele lading mee te geven:

;-) = knipoog
:-D = hardop lachen
:-{) = smiley met een melksnor
:-S = vertwijfeld
:-O = verbaasd
:'-(= huilend

Online risicogedrag Ingewikkeld is ook dat jongeren online vaak veel verder gaan dan waar ze offline aan toe zijn. Ze laten zich eerder meeslepen door hun emoties of door de druk van anderen. Chatten dat je iemand gaat pijpen is anders dan het in werkelijkheid ook doen. Het blijkt dat jongeren tussen de 12 en 15, die om allerlei redenen toch al kwetsbaarder zijn, moeite kunnen hebben de grens te leggen tussen een spelletje en een serieuze aangelegenheid.

Neem Kelly, een meisje dat zich heeft laten 'verleiden' om zich voor een chatvriendje uit te kleden voor de webcam. Ze laat zich filmen in uitdagende houdingen, waarop die jongen een filmpje op internet zet. Kelly heeft er geen moment bij stilgestaan dat de hele school en het hele dorp daar dan uiteindelijk van kunnen meegenieten[24]: 'Je zegt: het gebeurt mij nooit. Maar als het je wel overkomt, sta je zo perplex dat je niet weet wat je moet doen.'

Internet heeft sowieso een uitdagende combinatie van kortetermijnacties met langetermijngevolgen. Jongeren wanen zich online relatief 'veilig' en 'anoniem', waardoor ze verbijsterend veel persoonlijke informatie publiceren. Ze beseffen vaak niet hoeveel mensen hun schrijfsels, foto's en filmpjes kunnen bekijken en wie dat zijn (behalve vrienden ook de buurman, familie en zomaar iemand aan de andere kant van de wereld). En dat hun privéleven tot in lengte van dagen te zien zal zijn, is evenmin doorsnee kennis. Zelfs al maken ze al jaren geen gebruik meer van hun profiel of weblog, over tien jaar is hun informatie nog altijd terug te vinden. Hetzelfde geldt voor die foto waarop ze in bezopen toestand de skileraar staan te zoenen. Leuk, als je eerste werkgever die opeens tevoorschijn tovert![25]

Privacy

Remco Pijpers, directeur Mijn Kind Online:

'Als sommige trendwatchers zeggen dat privacy voor jongeren niet bestaat, zeg ik bullshit. Als ik lesgeef op middelbare scholen, zijn jongeren wel degelijk bezig met privacy. Ze zijn alleen niet zo op de hoogte van wat allemaal zichtbaar is voor wie. Ze denken niet door. Maar als ik op een beamer een Hyves-pagina van een van de leerlingen open, zegt zo'n meisje: "Hé, dat kun je niet zomaar openen, dat is van mij." "Nee," zeg ik, "dat kan de hele wereld zien." Ze willen vooral dat hun moeder het niet ziet. Dan geef ik ze een deadline om alles eraf te halen wat ik hun moeder op de ouderavond niet mag laten zien. Vaak blijkt gewoon dat ze niet goed weten hoe je persoonlijke informatie af kunt schermen. Wanneer je ze op de juiste manier laat zoeken wat er allemaal over hen op internet staat, schrikken ze zich rot. Pubers zijn helemaal op zichzelf gericht, ze zijn hun eigen centrum. Dus maken ze zich nog niet druk over later.'

Internet-soa

In opdracht van de Stichting Mijn Kind Online ontwikkelde YoungWorks in 2007 de campagne 'Internetseks, daar kun je goed ziek van zijn'. Met de campagne wilde Mijn Kind Online, een initiatief van KPN, jongeren tussen de 12 en 20 jaar bewuster maken van de risico's die ze lopen bij seksuele contacten op internet. Deze campagne introduceerde het begrip internet-soa: door 'onveilige seks' op internet kun je een internet-soa oplopen, zoals een gluiper, digitale wratten, schaammuis of geilzucht. De campagne bevatte een commercial waarin een broer en zus zonder te weten wie ze voor zich hebben elkaar ophitsen via de webcam totdat hun moeder ze roept voor het eten. Aan tafel, boven een bord spaghetti, volgt de ontknoping.
Dit filmpje werd een van Nederlands grootste YouTube-hits met meer dan 7 miljoen bezoekers en is inmiddels in diverse landen uitgebracht. Jongeren vonden het filmpje enorm grappig, terwijl hun ouders de humor er vaak niet zo van inzagen. Er werd geen mening gegeven over seks via internet, het thema werd alleen op een humoristische, niet-belerende manier geïntroduceerd. Jongeren werden gewezen op de mogelijke gevaren. Als je 'internet-soa' nu intikt op Google vind je tienduizenden hits. Zie www.internetsoa.nl.

4.3 Grenzeloos

Dit hoofdstuk liet zien hoe belangrijk peers voor jongeren zijn en op wat voor manier die invloed zich zoal uit. Goed in de groep liggen en voldoende vrienden hebben is voor jongeren essentieel; continu contact onderhouden is een tweede natuur geworden. Jongeren hebben amper een rem op de onderlinge communicatie, maar al dat contact levert ook veel positieve zaken op: jongeren maken vrienden en bouwen zelfbewustzijn op. Ze willen continu weten wat er speelt en informatie uitwisselen. Dit heeft soms compulsieve trekken: vanuit het gevoel niets te willen missen zitten ze uren aan hun scherm gekluisterd en is de mobiel steeds binnen handbereik.
Communicatietools innoveren steeds en met de smartphones is weer een nieuw

tijdperk aangebroken in bereikbaarheid en snelheid. Het is niet zo relevant wat we daarvan vinden. Goed? Slecht? Het ís. Interessanter is de vraag hoe we ons gedrag hieraan aanpassen.[26] Zie het als een leerproces: wat kan ik ermee en hoe voeg ik die middelen op een prettige manier in mijn leven in?
Omdat ouders in mediagebruik achterblijven bij hun kinderen, geven ze minder ondersteuning dan op andere terreinen. Maar het puberbrein kan wel wat bewapening gebruiken tegen het continu bereikbaar zijn. Het is belangrijk om te volgen hoe jongeren alle media inzetten en tegen welke morele dilemma's ze soms oplopen. 'Ja, maar als ik op de Hyves van mijn kind kijk, is het net of ik stiekem in een dagboek zit te lezen,' zeggen ouders vaak. De wedervraag die we daarop stellen is: 'Realiseer je je wel wie er de rest van de tijd in dat dagboek meeleest?'
Terwijl de oudere generatie heeft moeten leren online te gaan, ligt er voor jongeren van nu een heel andere uitdaging: af en toe even offline gaan.

Tips voor volwassenen >

> **Onderken het belang van vrienden voor jongeren.** Docenten en ouders pakken wel eens het mobieltje af als strafmaatregel; erger kun je jongeren niet treffen.

> **Ken de belangrijkste vrienden van je kind.** Nodig ze bij je thuis uit en praat met tieners over hun (online) vrienden. Hoe staan de jongeren in het leven die invloed hebben op je kinderen? Als het met de vrienden wel goed zit, gaat het meestal met je kind ook wel goed.

> **Help jongeren grenzen te stellen.** Voor hen kan het heel moeilijk zijn zich te onttrekken aan online gesprekken die constant doorgaan. Merk je dat bijvoorbeeld huiswerk eronder lijdt? Ga het gesprek aan.

> **Onderschat nooit de corrigerende factor van peers.** Zij corrigeren boodschappen altijd naar de comfortzone van de groep. Individuele jongeren kun je aanspreken op alcoholgebruik of normen en waarden, maar de groep probeert individuen over te halen om te kiezen voor de makkelijkste weg. Voor individuele jongeren kan een rationele boodschap werken, voor de groep is meer emotie nodig.

PIPER
Roken is dodelijk
KENT

SCREAM
TRILOGY

Overige opvoeders: het puberbrein buiten de deur

5.

Jongeren krijgen niet alleen thuis en op school, maar ook elders belangrijke elementen voor hun opvoeding aangereikt. Of zoals een Afrikaanse spreuk zegt: *it takes a village to raise a child*. Van voetbaltraining tot scoutingavond, van buurthuis tot de straat: jongeren doen op heel veel plekken ervaringen op die hen mede vormen en beïnvloeden. Overige opvoeders zien we in georganiseerd verband (zoals een instructeur van een boksschool of een straatcoach), maar ook in ongeorganiseerd verband (medebewoners). We besteden in dit hoofdstuk aan beide vormen aandacht. Interessant is dat deze overige opvoeders hun rol soms bewust en soms juist heel onbewust opvatten. Sommigen zijn rolmodel zonder zich dit te realiseren, anderen nemen initiatieven juist vanuit de wens jongeren iets mee te geven. In elk geval laat dit hoofdstuk zien dat opvoeden niet stopt vóór de voordeur, juist niet bij jongeren.

'Sinds mijn 5e ga ik elke zaterdagochtend naar de scouting. We gaan dan altijd de natuur in. Je leert er heel veel van de natuur: Welke bessen je wel en niet kunt eten, of ze rijp zijn of niet, welke bladeren van welke boom komen. Eerst zorgde ik niet voor de natuur. Als ik een slak zag lopen dan trapte ik er op en was ie dood. Nu laat ik hem lopen. Een vuurtje stoken of met een zakmes omgaan kan ik nog niet, dat leer je pas bij een oudere groep.
Je doet bij de welpen heel veel spellen met z'n tweeën, zoals knoopwedstrijden, en dan moet je echt heel goed samenwerken. Eerst kon ik dat niet goed en deed ik alles alleen. Ik kan nu beter opschieten met andere kinderen. Ik weet echt niet hoe ik dat geleerd heb. Op school merk ik het ook, daar heb ik veel meer vrienden. Ik heb ook geleerd rustig te blijven. We hebben een autistische jongen in de groep en die kan heel boos worden en ik blijf dan heel rustig. Dat werkt heel goed, ook voor hem.' Daphne, 11 jaar

5.1 Sociale samenhang

Onze samenleving is de afgelopen dertig jaar sterk veranderd. Hoeveel Balkenende ook hamerde op het belang van de gemeenschap en van gedeelde normen en waarden, de sociale cohesie is afgenomen, woongebieden zijn verstedelijkt en de diversiteit is enorm gestegen. Dit heeft allemaal invloed op de gemeenschapszin: in hoeverre kennen mensen elkaar en hoe gaan mensen met elkaar om in de openbare ruimte? Het scherpst komt dit naar voren als zich incidenten voordoen in de openbare ruimte. Denk aan relletjes in een wijk, een gevecht op het sportveld of uit de hand lopende agressie tegen buschauffeurs of ambulancepersoneel. De media staan bol van dit soort voorvallen. En hierdoor verandert wederom de beleving van sociale veiligheid en leefbaarheid in bepaalde wijken. De drempel om je als passant of getuige te mengen in een incident is verhoogd. Mensen hebben de neiging zich minder te bemoeien met anderen en zich meer terug te trekken. Veel grensoverschrijdend gedrag van jongeren vindt juist plaats in de openbare ruimte: op straat, in het winkelcentrum, op het sportveld. Buiten het zicht van ouders en docenten is de openbare ruimte voor jongeren ook meer een vrijzone, een plek waar zij minder respons en correctie ervaren van anderen. Betekent dat dat ze ongestoord hun gang kunnen gaan? Het puberbrein kan met deze verworven vrijheid minder goed overweg.

5.2 Het puberbrein en overige opvoeders

Wat kunnen we zeggen over de rol van andere partijen in de opvoeding van jongeren? Het puberbrein geeft inzichten. We willen hier laten zien hoe mensen zich, formeel of informeel, naar jongeren toe als opvoeders kunnen gedragen, niet vanuit hun rol als ouder of docent, maar vanuit een ander kader. Zeker jongeren die thuis en op school te weinig kader ervaren, kunnen baat hebben bij de rol van andere volwassenen als rolmodel. Sterker nog: er zijn groepen opvoeders die voor individuele jongeren een cruciaal verschil maken.

Sport en verenigingen Clubs en verenigingen zijn gemeenschappen in het klein, een microsetting in een macrocontext, met een eigen cultuur, met bijbehorende regels, codes en omgangsvormen. Jongeren leren er met elkaar om te gaan. Ze ondernemen er samen activiteiten. Ze gaan in competitieverband met elkaar de strijd aan. En ze committeren zich aan de regels: wie zich hier niet aan houdt, ligt er vroeger of later uit. Daarmee is het een formeler en duidelijker netwerk dan bijvoorbeeld een vriendenclub.
De samenleving wordt individualistischer. Hierdoor zien we het aantal lidmaatschappen van verenigingen, zeker bij jongeren, afnemen. Daarbij is de verenigingsstructuur door jarenlange bezuinigingen verder uitgehold. Jammer, want juist in verenigingsverband kunnen jongeren veel positieve zaken leren en uitproberen, in een duidelijke structuur.

Scouting

Willemien Meershoek, directeur Scouting Nederland:
'Scouting Nederland heeft ruim 112.000 leden, met als grootste groep kinderen tussen de 7 en 11. Maar veel jongeren blijven natuurlijk langer bij de Scouting. Wij hebben zeker een opvoedende rol. Naast ouders en school vullen wij een deel van de vrije tijd in. Wij vinden dat elke vorm van vrijetijdsbesteding onder deskundige begeleiding heel belangrijk is voor een kind. Naast school en ouders zou het een erkende derde pijler in de opvoeding moeten zijn. Omdat wij ons bewust zijn van die rol, hebben we ook een opbouw in het Scoutingprogramma. Op een actieve manier leren jongeren samenwerken, omgaan met verantwoordelijkheid en zelfstandigheid. Dat gebeurt op een avontuurlijke en uitdagende manier, vaak in de natuur. Elke groep heeft activiteiten die aansluiten bij hun leeftijd, waarbij ze altijd die vaardigheden meekrijgen. Bij een ouder iemand vertaalt zich dit bijvoorbeeld

in iets doen voor de maatschappij, zelfs internationaal, en bij kinderen vertaalt zich dit bijvoorbeeld in het verzorgen van dieren of het repareren van een hek op een kinderboerderij. Wij zorgen voor progressie in activiteiten, wij willen graag dat kinderen spelend leren. Iedere jongere kan zijn of haar eigen identiteit kwijt bij de Scouting. Ook onze campagne '100% Scout' steunt op die gedachte. We willen dat leden zelf bezig zijn met Scouting, daar hun eigen vorm aan geven en vervolgens trots zijn op zichzelf en de organisatie. Elk Scoutinglid is 100 procent Scout. Scouting is voor kinderen en jongeren een fantastische vrijetijdsbesteding, terwijl er ook veel opvoedkundige gedachten achter zitten. Maar dat merk je echt niet als je met een groep vuurtje aan het stoken bent!'

Uitleven Sport is een extreem positief kader voor jongeren om zich in uit te leven. Sport is ook een domein waar jongeren enorm in kunnen excelleren. En jongeren die goed zijn in sport, zijn vaak populairder onder leeftijdgenoten. Dat jongeren zo goed zijn in sport, is niet alleen vanuit spierkracht of conditie te verklaren. Hun brein is extreem goed uitgerust om nieuwe dingen uit te proberen. Ze zijn goed in het nadoen van handelingen die ze zien bij anderen en ze durven meer risico's te nemen waardoor ze bepaalde bewegingen ook sneller onder de knie krijgen.[1]
Sport kan ook een goede, gezonde uitlaatklep zijn voor agressie, om de hoge testosteronspiegel aan zijn trekken te laten komen. Tegelijk leren jongeren zo hun agressie te controleren en te beheersen, met de vele disciplinaire regels die er heersen. Neem de kickboksscholen die in sommige grote steden floreren en die vooral geliefd zijn onder allochtone jongeren. Ze leren het belang van regels en discipline. Ze leren om te gaan met winnen en verliezen. Het beheersen en controleren van daaraan gekoppelde heftige emoties is weer een belangrijke sociale vaardigheid die je ook in het echte leven goed kunt gebruiken.

Verlengde huiskamer Slechts zo'n 10 tot 20 procent maakt wel eens gebruik van voorzieningen van het jongerenwerk. Vaak gaat het om een buurtcentrum met inlooptijden of open huiskamers waar je met vrienden kunt tafeltennissen, een filmpje kijken, gamen, theedrinken en een beetje praten. Maar voor sommige jongeren biedt het jongerenwerk een cruciaal vangnet. Jongerenwerkers zijn geschoold om jongeren te begeleiden en te coachen en als dat nodig is door te verwijzen naar hulpverlening. Vaak hebben jongerenwerkers ook meer impact op jongeren die neigen naar afwijkend gedrag, of ze krijgen die opdracht mee vanuit de gemeente als opdrachtgever. Hiermee zitten jongerenwerkers wel regelmatig in een lastige spagaat. Natuurlijk, als jongeren in een jongerencentrum zitten, zijn ze niet op straat en kan dat leiden tot minder overlast in de wijk. Maar sommige jongeren wíllen gewoon hangen, ook als er een jongerencentrum op de hoek zit. Jongerenwerkers worden ook vaker ingeschakeld om te bemiddelen als er spanningen zijn tussen jongeren en andere bewoners. Hierin kunnen ze een goede rol vervullen door onderling begrip te vergroten en door bij volwassenen de belevingswereld van jongeren inzichtelijk te maken. Maar ze kunnen zo ook in een lastige positie komen, omdat hun vertrouwensband met jongeren zo essentieel is voor hun werk, dat dit algauw haaks staat op een bemiddelende rol.

In veel gemeenten voel je al dat het jongerenwerk een sluitpost op de begroting is, waardoor aanbieders ook nog in de verdrukking komen met weinig manuren versus grote uitdagingen. Hoe goed werkt je open huiskamer als die alleen op dinsdag, donderdag en vrijdag een paar uurtjes open is?

'Vroeger was hier een jongerenwerker die thee voor je zette als je binnenkwam. Die nam dan even de tijd voor je en vroeg hoe het met je ging. Dat vond ik heel prettig. Nu is er een jongerenwerker die niet eens opkijkt als je binnenkomt. Hij zegt alleen maar wat als we te veel herrie maken. Ik kom daarom nu ook minder vaak.' Anoushka, 13 jaar

Ik geloof Ook de kerken en moskees vormen een kader waar jongeren in georganiseerde vorm samenkomen. Dit gebeurt vaak op initiatief van ouders, maar we zien in veel geloofsrichtingen dat jongeren heel actief binnen religieuze verbanden participeren. Deze helpen hen ook om informatie en ervaringen uit te wisselen over normen en waarden en omgangsvormen die binnen hun geloofsrichting passen. Neem de EO-Jongerendag waar jaarlijks duizenden christelijke jongeren bijeenkomen. Geloof brengt voor veel jongeren verbroedering.

Hoe krachtig deze banden kunnen zijn, zien we soms in uitingen van radicalisering van islamitische jongeren, die zich tot in detail in heilige geschriften verdiepen en hier vergaande gedragsregels en voorschriften uit

destilleren. Maar zij zijn wel de uitschieters.
Veel jongeren ontwikkelen tegenwoordig persoonlijke uitingen van geloof en halen hun rituelen en iconen uit verschillende religies, van wicca tot Maria, en putten hier zingeving en betekenis uit.

Van high trust naar low trust Ga je uit van vertrouwen of van wantrouwen in contact met anderen? Jongeren worden in de openbare ruimte en bij publieke voorzieningen – om het voorzichtig te stellen – niet overal enthousiast en positief benaderd. Vaak gaat het om subtiele communicatie, maar de tekenen zijn soms ook weinig cryptisch. Neem de briefjes in winkeletalages: 'Niet meer dan 2 scholieren tegelijk naar binnen.' Jongeren merken dat *low trust* in de openbare ruimte de norm is in het sociale verkeer. Communicatie is een subtiel spel. Juist bij *high trust* en *low trust* draait veel om de non-verbale communicatie: dat wat je niet zegt, maar wel denkt en dus ook uitstraalt. Mensen in het algemeen en jongeren in het bijzonder zijn heel gevoelig voor non-verbale communicatie. Vaak is hoe je iets zegt belangrijker dan wát je zegt. Zoals we eerder zagen, 'lezen' jongeren gezichtsuitdrukkingen minder goed dan volwassenen. Zij denken dus eerder dat een blik negatief of agressief bedoeld is dan dat volwassenen dat doen. Deze subtiele non-verbale communicatie bepaalt voor een groot deel het sociale verkeer in de openbare ruimte. We geven twee voorbeelden die heel gewone jongeren ons vertelden.
Een provincie vroeg ons jongeren mee te laten denken over de vraag hoe de musea in de regio beter jongeren kunnen aantrekken. Zij zouden het toejuichen als jongeren vaker een museum bezochten in hun vrije tijd. Het leek ons informatief als jongeren zelf als *mystery shoppers* een museum in hun buurt gingen bezoeken. De jongeren werkten enthousiast mee en hadden na afloop veel tips over de exposities en de communicatiematerialen. Maar ook zeiden zij dat ze zich vaak negatief benaderd voelden door het personeel. Ze werden door het beveiligingspersoneel extra in de gaten gehouden, kregen minder uitleg en voelden zich soms ronduit als niet-welkome gasten behandeld.[2] Waarin dat gevoel precies zat, konden ze moeilijker omschrijven, maar het was wel als dominant beeld blijven hangen. Dit voorbeeld laat zien dat een organisatie zich wel ten doel kan stellen om meer jongeren te bereiken, maar dat dit vaak een cultuurverandering vergt binnen de gehele organisatie.
Ook een bibliotheek in de Randstad vroeg ons onlangs om advies hoe ze meer jongeren kan trekken. Deze bibliotheek merkte, zoals veel andere bibliotheken

in het land, dat het ledenbestand in de tienerleeftijd sterk daalt en wilde graag met jongeren in dialoog over manieren om dat tij te keren. Het onderzoek leverde veel aanknopingspunten op voor onder meer de collectie en inrichting. Zo bleek dat de jongerendoelgroep crossmediaal denkt. Ze zien de boeken liever niet gescheiden van de dvd's en cd's, maar denken in thema's en in activiteiten. Aanvullend zeiden de jongeren weer dat ze niet positief waren over de manier waarop er met ze wordt gecommuniceerd: 'Ze zijn altijd zo streng. Ik voel me niet echt welkom.' 'Als ik binnenkom, kijken ze al geïrriteerd.' 'En toen ik vroeg hoe het kopieerapparaat werkte, dacht ze dat ik hem stuk had gemaakt!'[3]

Jongeren zijn vaak onzeker en hierdoor extra gevoelig voor wat anderen van hen vinden. Zij merken het onmiddellijk wanneer ze in een bibliotheek, museum of winkel extra in de gaten worden gehouden. En die strenge blik zonder dat ze iets fout doen, heeft bij sommigen zelfs een averechts effect. Jongeren willen naarmate ze volwassener worden en meer bewegingsvrijheid krijgen vanuit *high trust* benaderd worden. Maar ze stuiten op veel plekken op een *low trust*-benadering, waarin ze hooguit nog kunnen aantonen dat 'zij niet zo zijn'. Dat is een onaangename uitgangspositie. Sommige jongeren voelen zich hierdoor zelfs uitgedaagd hiertegen in te gaan en antisociaal gedrag te vertonen. Wat maken we jongeren duidelijk als we laten zien dat vertrouwen of respect eerst verdiend moet worden?

Respect!

Respect is een interessant woord als we het hebben over de omgang tussen jongere en oudere generaties. Volwassenen zien respect als iets wat je verdient op basis van verworven competenties en ervaring. Jongeren vinden respect veeleer een basishouding die iedereen – dus ook zij – automatisch toekomt. Respect hoef je je in hun ogen niet eigen te maken of te verwerven. Iedereen verdient respect. Je kunt het hooguit door fout gedrag verliezen.

'Ik was laatst in mijn eentje aan het hooghouden en toen werd ik weggestuurd door de politie, die door bewoners was gebeld. Dan kunnen ze toch wel even gewoon naar me toe komen? Als daar een grotere groep voetbalt, durft niemand de politie te bellen.' Liliana, 18 jaar

Hangen Een goede case voor de manier waarop de samenleving haar opvoedende rol ziet, zijn hangjongeren, ofwel jongeren die samenkomen in de openbare ruimte. Ze mogen dan het schrikbeeld zijn van winkeliers en oudere buurtbewoners, én voor andere jongeren, voor jongeren zelf is hangen een sociale noodzaak. In hun vrije tijd is de straat hun toevluchtsoord: 'Het is leuk om buiten te chillen, omdat er op straat veel vrijheid is. Thuis lijkt het zo opgesloten.'

Veel gezinnen in de stad wonen klein, waardoor er thuis weinig ruimte en privacy is. Jongeren spreken daarom liever buiten de deur met vrienden af. Terwijl volwassenen graag socializen op terrasjes of in de kroeg, zoeken jongeren (met minder budget en leeftijdsbegrenzingen in de horeca) een plek in hun buurt. Hangen op straat is gratis, het is gezellig en er is altijd wat te beleven.

Van alle buurtbewoners maken jongeren daarom het meest gebruik van de openbare ruimte. Maar vaak is die ruimte niet echt op hen berekend. Als ze de wipkip en de speelveldjes zijn ontgroeid, is er veel minder eigen plek voor jongeren. Tel daarbij op dat ze vaak het gevoel krijgen dat ze niet gewenst zijn in hun eigen buurt – volwassenen ergeren zich eraan dat ze pleintjes of straathoeken claimen en gaan al snel klagen of de politie bellen – en er ontstaat een voedingsbodem voor spanningen. Uit onderzoek van Vereniging Eigen Huis in 2007 blijkt dat 17 procent van de Nederlanders boven de 18 jaar zich ergert aan overlast door hangjongeren. Deze overlast staat zelfs op de vierde plaats qua ergernissen!

Actie/reactie De Raad voor Maatschappelijke Ontwikkeling signaleert een aantal patronen tussen jongeren en omwonenden waardoor kleine incidenten kunnen uitlopen op grote conflicten. De eerste actie/reactie is de interactie tussen jongeren en omwonenden. Mensen die overlast ervaren, reageren niet altijd adequaat. Jongeren reageren hier op een bepaalde manier op. Als de communicatie mislukt, verstijven beide groepen in hun positie en gedrag.

Buurtbewoners voelen vaak ook al snel het gelijk aan hun zijde en zoeken ondersteuning van de politie of wijkagenten, wat een conflict verder op de spits kan drijven.
Dan is er het sfeerelement. Er hangt een negatieve lading rond hangjongeren, onder meer door berichtgeving in de media. Hierdoor benaderen jongeren en omwonenden elkaar argwanend. Argwaan voedt negatief gedrag en versterkt zo weer de sfeer: 'Hoe kan het dat ik word weggestuurd voor mijn eigen huis? Ik woon daar toch!'
En dan is er het element van maatschappelijke participatie van de jongeren. Sommige groepen jongeren participeren veel minder in onderwijs, arbeidsmarkt en verenigingsleven. Hiervoor kunnen allerlei redenen zijn, van minder geld tot minder stimulans van de ouders om zich te ontplooien. Hier kan een versterkend effect ontstaan: deze jongeren zoeken in hun vrije tijd hun toevlucht tot de verleidingen van de straat. Op straat komen ze, te midden van hun vrienden, makkelijker in de situatie om afwijkend gedrag te vertonen. Ze maken zich codes eigen die behoren tot de straatcultuur en leren zich in die setting te handhaven. Daardoor wordt hun terugkeer naar meer geaccepteerde vormen van participatie steeds meer belemmerd.[4] En zo krijgt de negatieve spiraal een zwier.
In de publieke ruimte kan feitelijk iedereen opvoeder zijn. Bij spanningen en mogelijke escalaties kunnen juist bewoners het verschil maken door in te grijpen en het gesprek aan te gaan, met andere buurtbewoners én met de jongeren. Als je overlast ervaart door jongeren, ga daarover dan met ze in gesprek. Probeer afspraken te maken waar beide partijen mee kunnen leven. Bijvoorbeeld: voetballen mag, maar in verband met kleinere kinderen niet na acht uur 's avonds, en ruim na afloop even je rommel op. De jongeren zijn zich mogelijk niet eens bewust van het feit dat hun gelach of gesport door anderen als overlast wordt ervaren, want je verplaatsen in hoe anderen iets ervaren, kunnen jongeren minder goed.
De politie Amsterdam-Amstelland ontwierp vanuit die insteek een cursus speciaal voor jongeren. Hierin schotelt de politie op een luchtige manier situaties voor waar agenten mee te maken krijgen. Door de jongeren dezelfde beslissingen te laten nemen, krijgen ze hier meer begrip voor. Jongeren hebben moeite om beslissingen in een breed kader te plaatsen, daarom is de vertaalslag naar hun eigen belevingswereld heel belangrijk.

Geen probleem Het helpt ook om voortdurend in dialoog te blijven met jongeren, en niet alleen in probleemsituaties. In verschillende onderzoeken geven jongeren aan het belangrijk te vinden dat mensen zoals leraren, jongerenwerkers en agenten de moeite nemen de jongeren echt te leren kennen. In een periode van identiteitsontwikkeling waarin ze zich onzeker voelen en bang zijn voor afwijzing, zoeken ze bevestiging. Bovendien zijn ze zich bewust van de vooroordelen tegen jongeren en hebben ze daar ook regelmatig mee te maken. Jongeren willen het horen als ze iets goed doen, ze willen geen nummer zijn, maar ze willen persoonlijke aandacht. Ze willen een uniek persoon zijn en zo ook behandeld worden.
Interessant in dit licht is ook de opkomst van straatcoaches. Deze opereren in diverse wijken en richten zich specifiek op jongeren; ze hebben een bredere opvoedende taak dan politieagenten. Jongeren worden zo nauwlettender gevolgd. In een onderzoek dat wij voor een Amsterdams stadsdeel uitvoerden, reageerden jongeren heel enthousiast op dit initiatief. Straatcoaches zijn, in de ogen van jongeren, echt van de straat, luisteren naar het verhaal van de jongeren, nemen hen serieus en zijn streng doch rechtvaardig. En belangrijk: 'Ze komen gewoon met je chillen als je aan het voetballen bent. Dat vind ik echt tof.'[5]

'Mij lijkt het wel wat om een schoolagent in te voeren. Iemand die er gewoon altijd is, net als een wijkagent. Iemand met wie je net zo goed een potje voetbal kunt spelen. Als je elkaar beter leert kennen, durf je ook beter op iemand af te stappen als er problemen zijn. En je luistert ook beter want je weet dat hij het dan goed bedoelt.' Youssef, 17 jaar

Mosquito

Het problematiseren van rondhangende jongeren op straat wordt helemaal op de spits gedreven door de Mosquito. Dit is een kastje dat gemeenten kunnen ophangen op plekken waar jongeren overlast veroorzaken. De Mosquito geeft permanent een zeer hoge pieptoon af, tussen de 16 en 18 kilohertz, die vrijwel alleen door jongeren tot een jaar 25 gehoord kan worden. Dit ultrasone geluid ervaren jongeren als zo irritant dat zij hun heil snel elders zoeken.[6]

5.3 Vele opvoeders Iedereen die zich actief met een jongere in zijn of haar omgeving bemoeit, is een opvoeder – als geïnteresseerde buurman of -vrouw die vraagt hoe het gaat op school, als vrijwilliger bij een vereniging of als passant op straat. Om te zorgen dat jongeren evenwichtiger opgroeien en meer kaders meekrijgen, is dit een belangrijke notie. Ouders en docenten kunnen het niet alleen af. Andere partijen kunnen een ontzettend belangrijke aanvullende rol vervullen. Dat is de belangrijkste les uit dit hoofdstuk. Piet Boekhoud, directeur van het Albeda College, benadrukt aan buitenstaanders graag dat de leerlingen die overdag bij hem naar school komen dezelfde zijn als de jongens en meisjes die 's avonds flaneren over de Koopgoot: 'Iedereen hoort jongeren leuk te vinden. Dat is onze maatschappelijke opgave. Er is een toenemende kloof tussen generaties en dat is niet wenselijk.'

In dit hoofdstuk is ook de non-verbale communicatie belicht. In communicatietrainingen komt het vaker aan bod: alles wat we denken over een ander communiceren we ook in de interactie met die persoon. En dit gebeurt bewust of onbewust. Kortom: ook als je niet wilt dat die ander iets merkt van jouw angst of negatieve associaties, is iets daarvan merkbaar in je communicatie. Daarom is het nog belangrijker je bewust te worden van je eigen beelden en associaties bij jongeren. Wellicht is er hier en daar sprake van onterechte angsten, die vervagen als je meer met jongeren te maken krijgt. We kunnen jongeren aanwijzen als daders van onrust in de openbare ruimte, maar ook hier is sprake van een wisselwerking; het is belangrijk dat mensen zich hier meer bewust van worden. Vooral medewerkers van openbare voorzieningen zoals bibliotheken, winkels, buurtcentra en verenigingen kunnen een flinke slag maken in het professionaliseren van hun communicatiestijl met deze doelgroep.

Tips voor volwassenen >

- **Onderken je invloed.** Een compliment, een reactie op een gedraging… ook in kleine dingen kun je jongeren in je omgeving mede opvoeden.
- **Bedenk hoe je vroeger zelf was.** Veel volwassenen zijn vergeten hoe ze waren toen ze jong waren. Zonder problemen te willen bagatelliseren is het goed je af te vragen of en waarom je overlast ervaart. Waarom zou je je ergeren als een groepje jongeren ergens staat te kletsen?
- **Denk aan je uitstraling.** Als je steevast negatief denkt over jongeren, straal je dat onbewust ook uit. Wees je bewust van vooroordelen en negatieve gevoelens en ga juist in gesprek met jongeren om na te gaan waar deze gevoelens vandaan komen.

Marjolijn, 20 jaar, uitwonende hbo-student uit Utrecht.

Verleiders en voorlichters: doordringen tot het puberbrein

6.

De vorige hoofdstukken maakten inzichtelijk hoe zich rondom iedere jongere vier betekenisgevende kaders bevinden. Daaromheen zit nog een tweede schil: die van de zogenaamde verleiders en voorlichters. Hiermee bedoelen we partijen die verder van jongeren afstaan, maar wel een boodschap op hen willen overbrengen, bijvoorbeeld als voorlichter bij een ministerie of als marketeer bij een charitatieve organisatie of bedrijf. Zij proberen op allerlei manieren tot jongeren door te dringen. Jongerenmarketing en -communicatie zijn groeiende disciplines. Voor bedrijven loont het zich in de jongerenmarkt te verdiepen, er producten voor te maken en te verkopen. En ook voorlichters willen van alles overbrengen in het kader van bewustwording en gedragsverandering. De kernvraag is voor iedereen: hoe dring je effectief door tot het puberbrein?

'Ik koop vaak naar aanleiding van reclames. Maar ook door bekende mensen, zoals Valerio van TMF, wil ik dingen hebben. Hij loopt vaak in kleding die niet veel mensen hebben, zoals sneakers of truien, en die wil ik dan ook.
Er zit natuurlijk vaak een addertje onder het gras. Zoals met telefoonabonnementen. Ik had laatst een telefoon in een commercial gezien die ik graag wilde. Daar stond dat ie gratis was, maar met mijn abonnement moest ik nog bijbetalen. Toen heb ik hem toch maar gekocht omdat ik hem zo graag wilde. Uiteindelijk moest ik 110 euro bijbetalen. Ja, weet je, ik kon wel nog een halfjaar wachten tot ie gratis is, maar waarom? Beter nu dan later.
Ik heb het ook met deodorants. De Axe Chocolat spreekt mij aan dankzij die reclame. Je ziet zo'n chocolademannetje en die vrouwen die dan op je afkomen en dan denk ik: toch maar eens proberen. Als ie dan ook nog lekker ruikt, ga ik hem gebruiken.' Beau, 16 jaar

6.1 Jongeren als doelgroep

Jongeren willen zich onderscheiden en uniek zijn. Ze zijn opgegroeid in een periode van grote welvaart en geven hun identiteit en lifestyle vorm met consumptieartikelen, van schoen tot mobieltje, van parfum tot schoolagenda. Kijk maar naar de merken op profielensite Hyves, waarmee ze zichzelf 'omschrijven'. Als een jongen Gsus een goed merk vindt, wil hij zich graag afficheren met de waarden en associaties van dat merk. Hij wordt er zelf ook eigenzinniger, modebewuster en grappiger van. Een enkeling zet zich af door zich juist alternatief te kleden en geen merkartikelen te kopen, maar óók dat is een profileringskwestie.
Er is continu een subtiele uitwisseling gaande tussen jongeren en de merken die ze dragen en gebruiken, waarbij authenticiteit, humor en relevantie de sleutelwoorden zijn. Praat met jongeren over merken die ze goed vinden en je zult ontdekken dat achter al die artikelen een wereld aan verhalen schuilgaat. Producten zijn als het ware iconen die laten zien waar iemand voor staat en jongeren kunnen deze dieper liggende waarden en verhalen in één oogopslag bij elkaar 'lezen'.
Hoewel jongeren zich wel bewust zijn van het commerciële doel van marketing, zijn ze er uiteindelijk ook heel gevoelig voor. Dat is niet zo gek, want commercie speelt natuurlijk sterk in op snelle behoeftebevrediging. Impulsaankopen, kortetermijnprikkels: het zijn precies de gebieden waarop jongeren zich moeilijker kunnen beheersen dan volwassenen.

'Ik bepaal zelf wat ik mooi vind,' zal iedere jongere je vertellen. Ze willen ook niet overkomen alsof ze willoos accepteren wat marketeers allemaal bedacht hebben. 'Als je een complete outfit van één merk draagt, is dat pas echt fout,' zei een jongen laatst in een gesprek over mode. Spelen met merken en producten en er je eigen twist aan toevoegen, binnen afgebakende grenzen, dát is wat de meeste jongeren nastreven. Een C&A-broek gecombineerd met een T-shirt van het dure merk Paul Frank kan best, het getuigt mogelijk zelfs van lef. Of zoals de slogan van *ElleGirl* het verwoordt: 'Dare to be different.'
Jongeren bestuderen constant de grens tussen 'goed en fout', 'in en uit' en begeven zich keurig binnen die grenzen. Dat is een subtiel interactief spel waar volwassenen vaak weinig van begrijpen. In feite was de opkomst van de popcultuur in de jaren vijftig en zestig net zoiets: een samenspel tussen film, televisie, muziek, reclame en mode, dat mogelijk werd omdat de jeugd ineens geld te besteden kreeg. De schaalgrootte is veranderd, maar de onderliggende behoeften zijn van alle tijden.
Bovendien draagt menig veertiger en vijftiger sneakers en jeans die op het schoolplein van een middelbare school ook niet misstaan. Voor veel volwassenen is jong zijn een belangrijke aspiratie, waardoor jongerenmarketing ook allerlei afzet creëert naar oudere doelgroepen. Want jeugd is dan wel niet te koop, maar je jong voelen, die behoefte kun je prima in aankopen omzetten.

'Ik heb één slipje van Dolce & Gabbana. Dat laat je dan met een randje boven je jeans uitkomen. Iedereen op school denkt dat ik alleen maar dat merk draag. Maar dat kan ik helemaal niet betalen. Meestal was ik hem 's avonds zodat ik 'm de volgende dag alweer aan kan. Waarom zo'n dure? Gewoon, omdat ik het mooi vind.' Chanella, 16 jaar

Big spenders

Voor wie het nog niet wist: jongeren zijn kapitaalkrachtig. Ze hebben veel te besteden en nog amper vaste lasten. Bij scholieren en studenten van 15 tot 25 jaar praat je over een maandelijks gemiddelde van rond de vierhonderd euro, bij werkende en werkloze jongeren over ruim duizend euro per maand.[1] Gemiddeld verlaten jongeren rond hun 22e het ouderlijk huis en totdat het zo ver is, kunnen de meeste meer geld uitgeven aan fun dan hun ouders, zoals games, kleding, uitgaan, tijdschriften en schoolartikelen. De jongerenmarkt is dan ook groot. Onderzoeksbureau Qrius berekende dat alle Nederlandse 26- tot en met 29-jarigen samen jaarlijks 29 miljard euro besteden.[2] Indirecte effecten zoals in het gezin meebeslissen over vakantiebestemmingen, tv-abonnementen of de nieuwste auto zijn in dit bedrag niet eens meegenomen.

Makkelijk te verleiden? Even samenvattend: jongeren geven veel geld uit aan zichzelf, ze staan continu in verbinding met allerlei media en hun brein kan impulsen en kortetermijnprikkels nog niet zo goed beheersen. Het puberbrein, zou je denken, moet een interessant uitgangspunt zijn voor de marketeers, de verleiders. Bij veel verleidingen gaat het om de keus tussen kortetermijnprikkels en langetermijnoverwegingen. Koop je die dure, maar o zo mooie sneakers of de goedkopere versie? Neem je nog een biertje of ga je naar huis? Koop je die deo omdat de meiden ervan uit hun dak gaan of is dat maar een fabeltje? Emotie tegenover ratio. Daarin, weten we inmiddels, is het brein van jongeren tot een jaar of 25 uit balans. Jongeren zijn extra gevoelig voor marketeers die hun producten aan de man willen brengen.

Aardverschuiving Het mediagebruik van jongeren is zo veranderd dat het steeds lastiger wordt ze te bereiken. Media zijn de middelen waarmee je boodschappen kunt overbrengen, zoals radio, tv en dagbladen. Een massamediale reclamecampagne, die in de basis bestaat uit een tv- en een radiocommercial met een paar advertenties in de jongerenbladen, en dat zo vaak mogelijk herhaald, is steeds minder effectief. Het afgelopen decennium heeft het medialandschap namelijk een aardverschuiving ondergaan. Er kwamen steeds meer massamedia bij: meer tv- en radiozenders, nieuwe tijdschriften, gratis dagbladen. Internet ontketende een revolutie: via het scherm van je computer of smartphone staan niet tien of honderd, maar miljoenen sites ter beschikking. En er komen steeds nieuwe mediavormen bij, zoals tv-schermen op waterkoelers in schoolgebouwen. Jongeren hebben tegelijk veel tijd en aandacht verlegd naar online media en zijn steeds minder goed te bereiken met massamedia.

Voor marketeers is het dan ook steeds moeilijker geworden om met hun boodschap écht door te dringen tot het puberbrein. Allereerst moet je een medium vinden dat de jongere bereikt. Vervolgens moet je de aandacht zien te krijgen, zodat je communicatie-uiting überhaupt opvalt. Een banner op een veelbezochte site is geen garantie voor een hoge respons, jongeren klikken hier nauwelijks op. En als je dan de aandacht hébt, is het nog maar de vraag of die jongere je onderliggende boodschap wel oppikt zoals je het had bedoeld.

Mediakompas

Interessant is dat jongeren in hun mediagebruik vaak in de voorhoede zitten. Ze zijn *early adopters* die als een soort mediakompas vooruitlopen op andere bevolkingsgroepen die later volgen. Enkele trends: minder tv en meer internet, minder publieke en meer commerciële zenders, minder betaalde tegenover meer gratis dagbladen. Wie volgt?

Tegenhanger Naast de marketeers zijn er partijen die jongeren proberen te bereiken met allerlei voorlichtingsboodschappen. Deze partijen zijn, meestal in opdracht van de overheid, gericht op gedragsverandering en bewustwording. Grofweg zie je hierin twee richtingen: voorlichting over gezondheidsrisico's (veilig vrijen, niet roken, niet drinken, wel sporten) en voorlichting die werkt aan moreel besef en maatschappelijke bewustwording (tegen zinloos geweld, voor milieuvriendelijk leven).
Deze partijen belichamen interessant genoeg vooral de ratio, ze doen een appel op het gezonde verstand, op langetermijnbelangen, liefst onderbouwd met feiten: roken is slecht voor je longen, alcohol op jonge leeftijd schaadt je hersenen, als je een conflict hebt met iemand is fysiek geweld nooit de oplossing, rijden zonder helm is levensgevaarlijk, doorleren is belangrijk voor je toekomst. De vraag is of het helpt om deze boodschappen op zo'n rationele manier over te brengen. Jongeren laten zich minder leiden door de vraag wat verstandig is. Kortetermijnoverwegingen, meestal ingegeven door emotionele argumenten, krijgen gemakkelijk de overhand.

Wie de jeugd heeft... Tussen de commerciële marketeers en de voorlichters bevindt zich nog een groep: de goededoelenorganisaties. Spreekbeurtacties voor Unicef, kinderpostzegels, jeugdlidmaatschappen, jongerensites, Dance4Lifeconcerten: er is een enorme markt van charitatieve organisaties in Nederland en ook zij richten hun pijlen regelmatig op de jongeren. Aan de ene kant willen ze jongeren bewust maken van misstanden in de wereld, maar daarnaast hopen ze zo ook toekomstige donateurs te kweken,

of via jongeren hun ouders te bereiken.
De meeste charitatieve organisaties drijven momenteel op de steun van vijftigers en op nalatenschappen. Die geldstroom is eindig en jongere generaties nemen de rol van hun opa's en oma's niet zomaar over.
Kinderen in de basisschoolleeftijd krijg je wel in actie. Zij gaan als Ranger langs de deur om geld in te zamelen voor beschermde diersoorten en hangen posters van de Afrikaanse olifant in hun slaapkamer. Maar als ze de puberteit ingaan, daalt de interesse voor de wereld die ver van hun bed ligt. Veel goededoelenorganisaties met een speciaal kinderlidmaatschap ervaren hoe jongeren in de puberteit massaal afhaken. Jongeren zien zichzelf, ondanks hun riante financiële situatie, niet als donateur.
Vooral grote mondiale onderwerpen vinden jongeren moeilijk: honger in Afrika, vluchtelingenstromen, kinderprostitutie. Wat kun je ertegen doen? En heeft dat dan ook nut? Ze zijn wel betrokken bij maatschappelijke misstanden, maar zonder duidelijk handelingsperspectief haken ze snel af. Geld doneren aan een organisatie die je verder niet kent, vinden jongeren abstract en absoluut niet aantrekkelijk. Ze willen iets dóén in een aantrekkelijke omgeving. Sponsorlopen, kerstacties, themaconcerten: dergelijke acties sluiten veel meer aan bij de belevingswereld van jongeren. Bewustwording moet wel leuk blijven.
Organisaties lopen het risico dat ze dingen gaan doen die wel veel jongeren mobiliseren, maar niet inhoudelijk blijven hangen. Bungeejumpen voor een goed doel vinden jongeren vast heel leuk, maar niemand weet straks meer waar het ook alweer voor was.

'Wij worden nergens door geraakt. We hebben alles wel eens gezien: hongersnood, terrorisme, moorden en oorlogen. Eigenlijk is dat best wel erg. Ook een zwerver op straat doet je eigenlijk niets.' Jasper, 15 jaar, 3 havo

6.2 Hoe bereik je jongeren?

Wat kunnen we, met onze kennis van het puberbrein, zeggen over jongerenmarketing en -voorlichting? Er doen veel mythes de ronde: ze kunnen zo goed multitasken (meerdere media tegelijkertijd volgen), ze doorzien media en ze vinden moeiteloos hun weg op internet. Kennis over het puberbrein kan helpen deze mythes te relativeren. Wie jongeren écht wil bereiken, moet de boodschap zo relevant maken dat ze er onderling over gaan praten.

Van multitasken naar multiframen In hun mediagebruik lijken jongeren volop te multitasken: tijdens het huiswerk maken staan de radio en msn aan, kletsen met vriendinnen gaat samen met een sms'je tikken en TMF kijken. Volwassenen volgen het vaak met verwondering: hoe combineren ze dat toch allemaal?

Multitasken staat voor het gelijktijdig uitvoeren van verschillende taken en dat is lastig. Wie bijvoorbeeld het woord 'rood' geschreven ziet staan in blauwe letters, heeft moeite om snel te zeggen welke kleur de letters hebben. De hersenen moeten dan tegenstrijdige informatie verwerken en vaak treedt daarbij verwarring (interferentie) op.[3] Als je multitaskt, parkeer je steeds informatie omdat je brein sommige taken niet tegelijkertijd kan uitvoeren. Dat parkeren vergt in je brein werkgeheugen, goede verbindingen tussen hersendelen en de vaardigheid om irrelevante informatie tijdelijk te onderdrukken.

Wetenschappelijke experimenten tonen aan dat jongeren hier tot hun 22e meer moeite mee hebben. Ze kunnen het niet beter dan volwassenen, sterker nog: ze kunnen het zelfs minder goed. Jongeren hebben sneller last van interferentie. Zeker, ze dóén het wel massaal, maar als je de conclusies uit onderzoek vertaalt, mag je ervan uitgaan dat multitasken een negatief effect heeft op de manier waarop ze die taken tot stand brengen.[4]

Jongeren hebben veel mediakanalen tegelijk openstaan. Een uurtje op de puberkamer telt wel voor drie uur media-activiteiten: een uur radio luisteren, tv-kijken en internetten. Maar terwijl die drie kanalen openstaan, dringt die informatie niet allemaal door. Wij praten daarom liever over multiframing. Jongeren houden meerdere 'frames' open waartussen ze hun aandacht verdelen. In die duizelingwekkende stroom van informatie blijf je alleen overeind met korte en krachtige boodschappen. Meer informatie, nuancering en verdieping volgen later.

Jongeren selecteren heel snel wat relevant voor hen is en besluiten eventueel die informatie door te sturen aan hun netwerk ('dit is een goede deal' of 'ik ga naar dit concert, komen jullie ook?'). Ook in dat *forward*-proces gaat allerlei subtiliteit van de boodschap verloren. Marketeers moeten hun verhalen dus vooral beknopt houden. Genuanceerde en complexe informatie die jongeren moeten combineren uit verschillende mediatypen (door bijvoorbeeld van een advertentie naar een website te gaan) heeft weinig effect. Een sterk beeld met de juiste korte tekst wint in de meeste gevallen.

Ze weten alles al Hoewel volwassenen vaak denken dat jongeren veel weten en het anders makkelijk kunnen opzoeken, resulteert de kennis die jongeren online opdoen vaak in een oppervlakkige pseudowijsheid. Over seks en drugs is op internet eindeloos veel informatie voorhanden. De platte, plastische informatie kennen jongeren dan ook wel en ze weten dat onveilig vrijen nare gevolgen kan hebben, zoals soa's of zwangerschap. Maar al lijken jongeren van nu misschien wereldwijzer, veel basale zaken zijn hetzelfde als vroeger. Ze hebben vaak weinig benul van wat er werkelijk met hun lichaam gebeurt en zijn nog steeds onzeker over hun eerste verliefdheid. Hoewel ze online informatie kunnen vinden over de extreemste vormen van seks en met hun eerste vriendje of vriendinnetje stoer kunnen chatten over wat ze allemaal met elkaar gaan doen na het uitgaan, zijn ze emotioneel eigenlijk nog maar toe aan een beetje zoenen. Jongeren gaan dan ook steeds vaker ongewild over hun eigen grenzen heen, omdat ze experimenteren op internet, maar in de fysieke wereld eigenlijk te jong zijn voor sommige activiteiten, van heftige seks tot onbekende drugs.

Het bredere kader om informatie kritisch te beoordelen is bij jongeren nog in ontwikkeling. Ze weten niet meer dan volwassenen, ze weten het hooguit sneller door de manier waarop ze georganiseerd zijn. Kennis zit in hun netwerk verweven, doordat ze continu met elkaar in contact staan en verhalen uitwisselen. Jongeren krijgen status bij hun leeftijdgenoten door in hun netwerken zo veel mogelijk de eerste te zijn met interessante nieuwtjes, leuke filmpjes en relevante informatie over koopjes of artiesten.

Tunnelvisie Eerder zagen we dat jongeren steeds op zoek zijn naar bevestiging in wie ze zijn. Ze zijn geneigd die te zoeken op plaatsen waar ze die ook kritiekloos kunnen krijgen, zoals op internet.

Jongeren ploeteren niet zelf door honderden filmpjes op YouTube, ze struinen niet zelf alle nieuwssites af. Ze bezoeken weblogs en fora die hen aanspreken door een bepaalde stijl of instelling en halen daar hun nieuwtjes vandaan. Zo fungeren deze websites als een filter op het wereldwijde web. Er ontstaat een tunnelvisie waarbinnen meningsvorming versmalt tot: 'Ik volg de media die ik wil en bij kritiek zoek ik wel een ander netwerk op dat mij begrijpt in plaats van mijn mening bij te stellen.'

Jongeren creëren hun eigen comfortzones, van geenstijl.nl tot maroc.nl. Ze zoeken plekken waar iedereen er net zo over denkt als zij, waar ze autoriteit vinden bij anderen. Een tiener die bijvoorbeeld extreemrechtse ideeën heeft, gaat chatten op fora waar gelijkgestemden te vinden zijn. Zijn ideeën worden bevestigd, kritiek en tegengeluiden vanuit andere perspectieven zijn er niet. Meiden met anorexia vinden op internet fora waar leeftijdgenoten elkaar bevestigen en aanmoedigen om zichzelf uit te hongeren. Deze groep mijdt de sites waarop psychologen jongeren informatie geven over eetproblemen 'omdat ze daar niet begrepen worden'.

Het meisje dat zich afvraagt of ze echt een condoom moet gebruiken als ze voor de eerste keer met haar vriendje naar bed wil, zal dit antwoord in eerste instantie niet zoeken bij een autoriteit op dat gebied. Ze stelt haar vraag niet op een site over veilig vrijen van de GGD, maar aan haar vrienden op het forum van Sugababes. Vervolgens krijgt ze antwoorden van meiden die het zelf nog niet eens hebben meegemaakt of 'zelf geen condoom gebruikt hebben en toch niet zwanger raakten'. Deze 'tips' neemt ze voor waar aan en zo ontstaan pseudowijsheden uit de achtste hand.

Met nieuwsgaring zien we hetzelfde: steeds meer jongeren laten de traditionele media (journaal, kranten) links liggen met als argument dat ze het wel via anderen uit hun netwerk horen als er echt iets relevants gebeurt. Ze kunnen het altijd nog opzoeken. Maar wie bepaalt dan wat relevant is?

Mediawijsheid Als die vele media en boodschappen niet meer weg te denken zijn uit onze samenleving, kunnen we mensen er maar beter tegen wapenen, zo is tegenwoordig het idee. Dit leidde tot het starten van een Centrum voor Mediawijsheid en de ontwikkeling van complete lesprogramma's voor basisschoolkinderen over de werking van reclame. Kinderen kunnen zelfs een Mediawijs Diploma halen.[5]

Maar wat is mediawijsheid precies? De Raad voor Cultuur omschrijft mediawijsheid als alle kennis en vaardigheden en de mentaliteit die mensen nodig hebben om bewust, kritisch en actief mee te doen in de wereld van vandaag en morgen. Hierbij gaat het om basiskennis (welke media zijn er, hoe zijn ze aanwezig, hoe werken ze, welke doelstellingen hanteren mediapartijen en bedrijven, welke invloed hebben ze in het leven van mensen?) en houding (kunnen reflecteren op je eigen mediagebruik en de invloed daarvan op je eigen gedrag).[6]

Dit zijn echter heel complexe vaardigheden. Als je duizenden boodschappen op je afgevuurd krijgt, hoe kun je je dan bewust zijn van de invloed van al die uitingen op jouw gedrag? De vaardigheden om de betrouwbaarheid van informatie te beoordelen neemt toe naarmate jongeren ouder worden; kinderen en jonge tieners hebben deze vaardigheden nog niet onder de knie. Bovendien worden marketeers steeds inventiever in manieren om hun boodschappen te brengen. Als je favoriete soap wordt onderbroken door een reclameblok, weet je waar je aan toe bent. Maar hoe zit het met die Pumaschoen die je favoriete soapie draagt? En die Uggs waarmee je op www.whyrobbierocks.com je poppetje (avatar) kunt aankleden – is dat een fijne service of reclame?

'Wij hebben geen reclame nodig op producten te kopen. Als wij mascara willen van Maybelline, kunnen we dat zelf ook wel bedenken.' Dakduiveltje op Anti-reclame-Hyve

Justine Pardoen, hoofdredacteur van *Ouders Online*:
'Je moet jongeren verplicht onderwijzen in internetgebruik. Nu denken leraren: YouTube, Hyves, Google, dat sla ik allemaal over, dat weten ze toch wel. Nee, dat weten ze dus niet. Als ik vraag mijn adres op internet te zoeken, googlen de meeste kinderen letterlijk: "Waar woont Justine Pardoen?" Dat je een zoekterm tussen haakjes kunt plaatsen is ze compleet vreemd. Je moet leerlingen onderwijzen in internetgebruik. Ze moeten bepaalde vaardigheden leren, zoals websites bouwen en filmpjes maken voor YouTube. Ik kreeg na de les een keer drie jongens naar me toe die graag wilden dat ik naar hun filmpje keek. Bleek dat ze gefilmd hadden hoe de ene jongen een meisje tegen een hek duwde en de ander haar zo'n beetje aflikte. Ze wilden weten wat ik daarvan vond. In feite kwamen ze bij mij om de grens op te zoeken, om te horen wat een volwassene ervan vond. Ze wilden dat ze gezien werden en dat iemand ze zou vertellen dat zoiets niet mag.
Pubers doen eerst, en denken daarna. Je kunt ze verder helpen door hun vaardigheden aan te leren en vervolgens te laten reflecteren. Ze steken ontzettend veel op van hun leeftijdgenoten, maar ze hebben wel leiding nodig van volwassenen. Die blijft vaak achterwege. Zeker als het internet betreft.'

De onderstroom van de media: de buzz De mediawereld bestaat niet meer alleen uit zenders en ontvangers. Interactiviteit is het codewoord: ontvangers kunnen zenders zijn en zenders ontvangers. Via blogs, YouTube

en Hyves zijn consumenten van nieuws ook producenten. De mediawereld is multidimensionaal.
En zo ontstaan in feite een boven- en een onderstroom in de communicatie. In de bovenstroom zenden partijen hun boodschappen de wereld in, in de onderstroom creëren de ontvangers, de jongeren, met die boodschappen hun eigen verhalen en zenden die aan elkaar door. Vergelijk het met de welbekende fluisteroefening, waarbij mensen in een kring fluisterend een zin moeten doorgeven aan elkaar en er aan het eind een heel andere boodschap resteert dan aanvankelijk ingefluisterd.
Voor afzenders is het goed zich te realiseren dat hun boodschap ook echt uit hun handen is als die eenmaal in de onderstroom is opgepikt door jongeren. Je hebt er geen invloed op. Je kunt als communicatieprofessional hooguit monitoren hoe ze over je praten. Mag je bij die bank rood staan? Is die telecomprovider nou écht zo veel goedkoper als ze beweren? En is de 1040-urennorm echt zo rampzalig als het LAKS beweert? Klopt het dat je je studieschuld na 5,5 jaar niet meer hoeft terug te betalen? Jongeren creëren in hun online communities hun eigen verhalen en nemen niet altijd de moeite om die te verifiëren.

Nieuws verspreidt zich als een lopend vuurtje door de maatschappij. Dit is de *buzz* die zich via msn, sms, chatsites en mobieltjes razendsnel verspreidt door de netwerken van jongeren. Tijdens de scholierenprotesten eind 2007 werden duizenden scholieren dagelijks geïnspireerd door filmpjes van hun stakende collega's. Als scholieren in Groningen vandaag alle scholen plat gooien en op de Grote Markt een vuurtje stoken, kunnen scholieren in Heerlen dat morgen nog beter en spectaculairder. Hier en daar werd de ME uitgelokt tot een paar uitvallen naar onschuldige scholieren, gefilmd door tientallen mobieltjes. Na afloop blijven vooral de opmerkelijkste boodschappen en beelden hangen.

Nice to know

Journalisten hanteren een onderscheid tussen *need to know*- en *nice to know*-informatie. Oftewel: wat moet je echt weten versus wat is gewoon leuk om te weten? Jongeren definiëren dit echter anders dan volwassenen. Voor jongeren speelt de vraag: hoe kan ik meepraten met mijn vrienden? Weet ik de laatste nieuwtjes waar mijn vrienden over praten? Zo scannen jongeren het nieuws. Hoe beter je op de hoogte bent, hoe meer status je vergaart. De laatste escapade van Paris Hilton of afkickpoging van Amy Winehouse kan volgens die definitie belangrijker zijn dan de val van een Nederlandse minister of de laatste verkiezingpolls.

Geef ze verhalen Partijen die willen doordringen tot de jongerencultuur, zowel de voorlichters als de verleiders, doen steeds vaker pogingen een buzz te creëren rond hun product of boodschap, zodat mensen erover gaan praten en de media het oppakken. Als het werkt, verspreidt de boodschap zich als een virus onder duizenden jongeren zonder dat je veel budget kwijt bent aan de inkoop van advertentieruimte of zendtijd. Je zult begrijpen dat dit de droom is van menig marketeer en voorlichter. Met deze vormen van buzz-marketing, guerrillamarketing of virale marketing proberen zij feitelijk door te dringen in het hart van de peergroup.

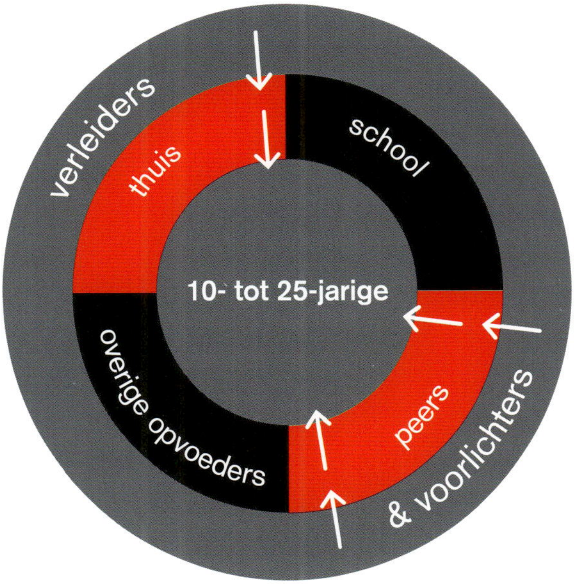

De grap van virale marketing is dat je als volwassene probeert binnen te dringen in de jongerenwereld, terwijl jongeren zich daar vooral ophouden omdat er geen volwassenen zijn. Als een virale campagne aanslaat, heb je een groot succes tegen relatief lage kosten. Het is echter veel moeilijker te sturen. Voorwaarden voor succesvolle virale campagnes zijn humor, relevantie en authenticiteit. En de vraag of je campagne aan die voorwaarden voldoet, bepalen jongeren zélf. Lang niet elke virale campagne wordt een succes.

In virale campagnes staan vaak opvallende filmpjes centraal, die partijen op YouTube plaatsen om vervolgens in spanning af te wachten of 'het aanslaat'. Maar vaak is er meer voor nodig. Diverse bureaus hebben zich toegelegd op het verspreiden van virale campagnes. Zij doen aan *seeding*: zaaien op de juiste plekken, om te stimuleren dat een boodschap gaat rondzingen. Ook de pers kan een schakel zijn in virale campagnes. Omdat journalisten hun jongere lezers nice to know-informatie willen bieden, plaatsen zij graag 'ludieke acties en fotomomenten'. Als het lukt, bereik je met *free publicity* gratis je doelgroep.

Boeing in zee

In 2007 bedacht YoungWorks voor reisorganisatie X-travel de virale campagne '*Boeing 737 lands on mediterranean sea*'. Deze bestond onder meer uit een filmpje waarin een Boeingvliegtuig in de Spaanse zee stortte, waarna een groepje Nederlandse jonge toeristen joelend van de reddingsbaan het water in gleed om aan hun vakantie te beginnen (zie www.videoultimas.es). Jongeren vonden het filmpje zo grappig en ook mysterieus (hoe is die crash in zee in godsnaam gefilmd?), dat ze het massaal rondstuurden. Binnen een maand waren er meer dan 1.500.000 views op YouTube.

Randvoorwaarden voor succes Bij het doordringen tot de jongerenwereld kun je je beter laten vertegenwoordigen door andere jongeren met jouw boodschap. Wat is daarvoor nodig? Authenticiteit: boodschappen moeten 'echt' zijn en niet gekunsteld met een hip sausje erover, want daar reageren jongeren allergisch op. Maar wanneer is iets 'echt'? Als het past bij de afzender, als vorm en boodschap in balans zijn, of zoals ze op de jongerensite spunk.nl zeggen: een campagne voor jongeren mag niet voelen als een vader die 'vet cool' zegt.

Heel belangrijk is verder relevantie, maar dan zoals de ontvanger die definieert. Als de afzender een boodschap inplugt als 'zeer relevant voor jongeren', ervaren jongeren het algauw als een belerend vingertje. Eigenlijk moet iedere verleider of voorlichter zich continu verdiepen in de belevingswereld van jongeren. Steeds weer moet de leidende vraag zijn: waarom zou deze boodschap voor jongeren relevant kunnen zijn? Waarom zouden zij hierover gaan praten met hun vrienden? Waarom zouden ze deze boodschap doorsturen aan anderen of erdoor in actie komen? Merken hebben het hierin makkelijker dan voorlichters.

Bij merken hebben jongeren een beeld en ze begrijpen de achterliggende bedoeling. Overheden die een stichtende boodschap uitzenden, moeten toch altijd een antwoord bieden op de vraag: wie ben jij eigenlijk dat je me dit komt vertellen? Waarom kan mijn gedrag jou iets schelen?

Met de komst van meer media en het bestaan van afzonderlijke netwerken van gelijkgestemden wordt het ook steeds belangrijker te differentiëren: je moet je boodschap aanpassen aan de omgeving waarin je die vertelt. Overal hetzelfde verhaal uitventen is steeds minder effectief. Een filmpje om jongeren te werven voor de Landmacht vergt op geenstijl.nl een andere insteek dan op partypeeps2000.com.

Reggae of reggaeton

Ron Papôt, directeur en oprichter van profielensite PartyPeeps (PP2G.com) waar ongeveer 700.000 jongeren een eigen profiel hebben:

'Wil je jongeren bereiken met je product via internet, dan zijn twee dingen heel belangrijk: je *tone of voice* en de betrokkenheid die je creëert. Je moet jongeren niet in de maling nemen, eerlijk blijven in je communicatie en je moet het simpel houden. Niet te veel doorklikken, maar korte, heldere stappen.

Als PartyPeeps hebben we een enorme database aan jongeren uit het hele land. Maar wanneer een merk zich via ons wil promoten, betekent een mailtje of een banner op de site niet zomaar succes. Je kunt jongeren zeker interesseren, maar je moet van tevoren goed bedenken wat je van ze wilt. Wil je ze iets aansmeren? Dan wordt het al moeilijker. Je kunt jongeren moeilijk dwingen tot aankoop. Maar wil je ze laten meedenken over iets? Dan wordt het een ander verhaal. Als je jongeren betrekt bij je product (meedenken, testen, mening geven), dan kun je zomaar succes hebben.

Maar ook de segmentatie is heel belangrijk. We weten heel veel over onze jongeren, wat hun voorkeuren zijn. Je moet als commerciële partij goed onderscheid maken om zonder veel ruis bij je doelgroep te komen. Iemand die naar reggae luistert, is in andere muziek en andere dingen geïnteresseerd dan iemand die naar reggaeton luistert.

Jongeren moeten zich betrokken voelen. Zowel bij een product als bij een maatschappelijk onderwerp. Als wij jongeren vragen naar hun mening over de krachtwijk waar ze in wonen, willen ze die graag geven. Jongeren zitten één op één achter de computer. Ze zijn daar eerlijker, want ze hebben niet hun vriendengroep om zich heen waarbinnen ze een rol aannemen. Ik heb een keer een vragenlijst voor Soa Aids Nederland rondgestuurd met 25 open vragen. Daar kregen we zo veel respons op! Hele A4'tjes schreven jongeren. Ik dacht toen: ik sluit mijn site, het was zo veel persoonlijke informatie en zo veel ellende. Waarom is er niet een kindersite, of een chatroom waar jongeren persoonlijke informatie kwijt kunnen en vragen kunnen stellen? De overheid loopt enorm achter. Ze smijten bakken met geld over de balk aan onzin, terwijl je via internet makkelijk in gesprek kunt blijven met jongeren.'

Vuurwerk

Jaarlijks waarschuwt Stichting Consument en Veiligheid jongeren in een campagne om voorzichtig om te gaan met vuurwerk. In 2007 ging deze campagne voor het eerst viraal. Leden van het Liberation Army Against Freedom gaven op www.laaf.info tips over vuurwerk afsteken, met een knipoog naar terroristische bolwerken. De campagne viel in de prijzen en won onder meer een Spin Award, een prijs voor interactieve communicatie: 'Een simpel idee, met een zeer goede uitwerking. De *tone of voice* van de video's was precies goed.' In 2008 kreeg de campagne een vervolg: www.flaaf.be.

Andere kaders Campagnemakers bedenken dus van alles om in de jongerenwereld, de peergroups, over de tong te gaan. Daarnaast zien we dat ze ook de andere beïnvloedende kaders gebruiken om hun boodschappen over te brengen. Het besef dat jongeren zich in een betekenisgevende context begeven, werkt ook door in campagnes.

Vooral voorlichters betrekken ouders, school en overige opvoeders vaker actief als 'secundaire doelgroep' om uiteindelijk gedragsverandering bij de jongeren tot stand te brengen. Stivoro ontwikkelt lesprogramma's en ondersteunt scholen met adviezen om een rookvrije school te worden. Trimbos brengt bij het blad *J/M* een special uit om ouders te vertellen hoe schadelijk alcohol drinken op jonge leeftijd is. Het ministerie van Binnenlandse Zaken spoort docenten, wijkagenten en jongerenwerkers aan om alert te zijn of jongeren in hun omgeving radicaliseren. Sportclubs worden gewezen op hun voorbeeldrol qua drankgebruik door jongeren.[7]

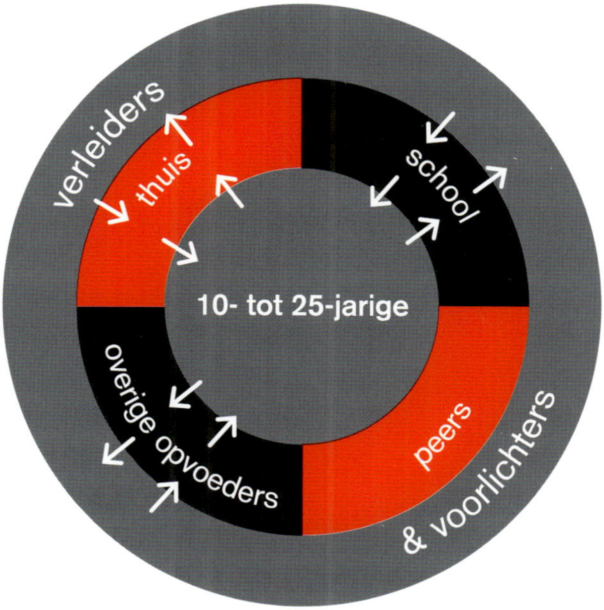

Ook al zagen we eerder dat de invloed van deze *influentials* per thema varieert, het kan een slimme manier zijn om jongeren te bereiken. Een geïntegreerde aanpak waarin je jongeren én de belangrijkste kaders aanspreekt, is vaak de beste strategie.
Commerciële partijen komen die beïnvloedende kaders met hun boodschappen veel moeilijker binnen. Reclame en promotie zijn binnen de schoolomgeving bijvoorbeeld gebonden aan regels en ouders en professionals zoals docenten staan vaak kritischer tegenover reclame.

6.3 In contact blijven met jongeren

We hebben gezien dat het voor verleiders en voorlichters nog niet zo makkelijk is om effectief door te dringen tot het puberbrein. Jongeren krijgen meer boodschappen te verwerken dan ooit. Media zijn geïntegreerd in de netwerken van jongeren. Ze bezoeken dagelijks actief online mediapartijen en zijn niet alleen ontvangers, maar ook zenders van boodschappen.
Met jongeren communiceren is niet meer een kwestie van een massamediale campagne opzetten en uitzenden. Jongerenmarketing en -communicatie zijn steeds minder stuurbaar en controleerbaar. Je agendeert een thema en hoopt dat jongeren het verhaal oppikken en gaan versterken door het op de juiste manier rond te *buzzen*.

Om effectief door te dringen tot de jongerendoelgroep moet je als organisatie of bedrijf bereid zijn een dialoog met jongeren aan te gaan. Dat begint al in het voorstadium: je moet nieuwsgierig zijn naar hun mening en vooral naar het antwoord op de vraag waarom iets voor hen wel of niet relevant zou kunnen zijn. Als je campagne gestart is en de boodschap gelanceerd, moet je steeds monitoren wat jongeren met je verhalen doen. Met de fluisteroefening in gedachten moet je blijven volgen of ze het juiste verhaal doorvertellen. Communiceren met jongeren vergt dus een heel andere inzet. Vanuit een groter gedachtegoed moet je continu in contact willen staan met die jongerendoelgroep en bereid zijn te leren uit die interactie. Wat vinden ze van een boodschap? Hoe reageren ze erop? Afzenders die bereid zijn écht te communiceren met hun doelgroep en op basis hiervan hun boodschappen en producten te finetunen, zijn de verleiders en voorlichters van de toekomst.

Het reminiscentie-effect – terug naar je jeugd

Nog een reden voor marketeers om zich op jongeren te focussen is het reminiscentie-effect. Vanaf het zestigste levensjaar keren jeugdherinneringen scherper dan ooit terug. Soms zijn het minuscule details: ineens herinner je je weer levendig met wie je vroeger altijd op straat speelde, een drankje dat je als tiener op een feestje leerde kennen, de geur van de crème die je moeder gebruikte. Psycholoog Douwe Draaisma gaat er in zijn boek *De heimwee-fabriek* verder op in.

Interessant is dat mensen zich vooral situaties herinneren uit de tijd dat ze een jaar of 20 waren. Draaisma noemt hiervoor een aantal mogelijke verklaringen. Een biologische verklaring is dat de hersenen dan in optimale conditie zijn, waardoor alles wat je in die periode beleeft veel meer kans heeft om te worden opgeslagen dan dingen die je op latere leeftijd meemaakt. Een andere verklaring is het feit dat je rond je 20e veel memorabele gebeurtenissen meemaakt, die je intenser beleeft: ontluikende of instortende liefdesrelaties, keerpunten rond studie en werk, cruciale gesprekken met personen die richting geven aan je leven.

Ook uit andere onderzoeken blijkt dat mensen graag terugdenken aan hun jeugd. Nostalgie is een belangrijke waarde, waar marketing vaak bewust op inspeelt. Denk maar aan oude muziek in commercials. De intense beleving van emoties op jonge leeftijd zou voor marketeers een extra motief moeten zijn om te willen doordringen tot de hersenen van jongeren.[8]

Tips voor verleiders en voorlichters >

- **Blijf authentiek.** Pas geen trucjes of kunstjes toe om je zogenaamd de jongerencultuur eigen te maken. Jongeren haten het als je je anders voordoet dan je bent en je een imago aanmeet dat niet past bij je identiteit.
- **Bied jongeren verhalen die ze door kunnen vertellen aan vrienden.** Binnen de jongerencultuur gaat *word of mouth* nog veel sneller!
- **Pas op met humor.** Een goede grap kan wonderen verrichten. Maar wie bepaalt wat grappig is? Verlaat je niet alleen op je onderbuikgevoel en test ideeën altijd bij jongeren zelf.
- **Bewaak de balans tussen boodschap en vorm.** Bij een serieuze boodschap, bijvoorbeeld over een nieuwe opleiding, hoort een serieuze toonzetting. Humor zoeken ze wel ergens anders. Bovendien willen jongeren serieus genomen worden.
- **Wees transparant.** In het transparante digitale tijdperk blijft weinig geheim. Je kunt niet meer A zeggen en B doen. Organisaties moeten goed nadenken of ze hun imago naar de buitenwereld ook intern kunnen waarmaken, want inside = outside. Bovendien: *bad news travels fast*, zeker in de jongerenwereld.
- **Keep it simple.** In de ratrace om aandacht van de jongere zijn onderscheidend vermogen en een simpele boodschap belangrijk. Het moet direct duidelijk zijn wat je toegevoegde waarde is voor de jongeren, anders ben je ze kwijt.
- **Bied handelingsperspectief.** Vooral bij voorlichting geldt: belicht niet alleen het probleem, maar ook de oplossingen. Wat kunnen jongeren eraan doen? Ze komen best in beweging als je een goede actie neerzet. Een dagje in hongerstaking (www.zipyourlip.nl) of dansen voor een goed doel (www.dance4life.nl)? Zo wordt maatschappelijk bewust leven wel heel aantrekkelijk!
- **Bouw aan merkenvoorkeur.** Zie als charitatieve organisatie jongeren nog niet als donateur, maar werk aan het kweken van merkenvoorkeur op de langere termijn. Het betaalt zich terug.
- **Privé is privé.** Benader jongeren niet via hun mobiel of op hun profielensite. Dit zijn privédomeinen waar je als onbekende niet thuishoort.

NY I
I NY
EURO
EURO

Hitkrant

Het puberbrein in het doolhof van opleidingen en banen

7.

De overstap naar de middelbare school is nog maar net achter de rug of de volgende keuze dient zich aan: welke sector, welk profiel? En daarna: welke vervolgopleiding? Welke baan?! Met duizenden opleidingen en een groeiend tekort op de arbeidsmarkt lijkt de wereld voor jongeren open te liggen. Maar torenhoge uitvalcijfers bewijzen dat kiezen lastig is voor het puberbrein. Wat beweegt jongeren en hoe kunnen opleidingen en werkgevers hier beter op inspelen?

'Vroeger wilde ik dierenarts worden. Dat leek me zo leuk. Ik opereerde ook wormen. Maar het werd havo in plaats van vwo en natuur- en scheikunde liggen mij gewoon niet. Dus dat werd moeilijk. Nu denk ik wel eens: had ik maar gewoon doorgezet. Ik had best naar de universiteit gekund en met hulp had ik ook schei- en natuurkunde aangekund.
Op mijn 17e kwam ik van de havo in Enschede. Ik wist echt niet wat ik precies wilde doen. Toen ben ik Small Business gaan doen. Maar daar zat ik tussen alleen maar jongens van 26 die eerst mbo hadden gedaan. Ik ben gestopt en begon een deeltijdstudie Communicatie in Amsterdam. Maar na één zaterdag tussen de verveelde huisvrouwen ben ik niet eens meer teruggegaan. Ik verhuisde naar Haarlem om Media- en Entertainmentmanagement te gaan doen, maar er ging iets niet helemaal goed met de inschrijving. Nu zou ik eigenlijk in september beginnen, maar ik vind het helemaal niet leuk in Haarlem. Ik heb hier niets. Dus ga ik terug naar Enschede en dan zie ik wel. Laatst sprak ik een meisje dat sportpsychologie doet. Zij vertelde heel enthousiast over die studie. Dan denk ik: ja, dat lijkt mij ook echt heel leuk. Ook omdat ik makkelijk uit mijn woorden kom en een goed inlevingsvermogen heb. Maar ik weet dat ik dan naar de universiteit moet. Dan ga ik toch denken: kan ik dat wel?
Ik wil nog wel heel graag een opleiding doen. Op school werk je ergens naartoe. Het is alleen nog niet goed gegaan tot nu toe. Ik weet nu wel dat er regelmatig een leraar aanwezig moet zijn die me goed begeleidt. Zelfstudie is niets voor mij. Ook bij het kiezen van de studie zelf zou het het mooist zijn wanneer iemand mij precies kan vertellen wat ik moet doen en me bij elke stap begeleidt. Maar ja... Die bestaat niet.'
Emmy, 19 jaar

Vroeger werd je bakker omdat je vader bakker was. Je ging van school om je ouders in de winkel te helpen. Je werd leerling in de fietsenmakerij van je oom. Of als je geluk had, stuurden je ouders je naar de hbs en de universiteit om dokter of notaris te worden. Maar sinds de Tweede Wereldoorlog konden gaandeweg steeds meer jongeren hun eigen pad naar de toekomst kiezen. Pubers van nu groeien op met de wetenschap dat 'jeugd' in een vergrijzende samenleving een felbegeerd goed is. Zij leven en kiezen vanuit het idee dat er voor hen altijd werk zal zijn. Nog even eindexamen doen en de poorten van het land van de onbegrensde mogelijkheden openen zich. Maar in werkelijkheid blijkt de weg naar een passende baan door een verwarrend doolhof te voeren.

Volg je hart In het labyrint van opleidingsrichtingen, vervolgopleidingen en banen ontbreken wegwijzers. Als samenleving laten we jongeren van nu vooral hun eigen weg zoeken. Vanuit ouders gezien is dat geen desinteresse: ze willen hun kroost in hun individuele ontplooiing geen strobreed in de weg leggen. Zelf werden ze vroeger misschien nog gedwarsboomd door een vader die de kunstacademie maar niks vond of een moeder die geen heil zag in culturele antropologie. Hun kinderen zal dit niet overkomen. Het huidige studieadvies van ouders luidt: 'Volg je hart (en wij betalen wel).'
Ouders zijn niet de enigen die zich naar jongeren en hun wensen richten. Ook in onderwijsinstellingen is de leerling koning. Trendy opleidingen zien het daglicht: van de hiphopacademie in Rotterdam tot mbo Gamedesign in Eindhoven en de Herman Brood Academie in Utrecht. 'Ben jij een muzikant, DJ, rapper, of iemand die van licht en geluid zijn beroep wil maken?' vragen gelikte folders. Die vraag beantwoorden veel jongeren met ja, maar hoeveel muzikanten, gamedesigners en rappers kunnen er hun brood mee verdienen? Het opleidingsaanbod mikt minder op de behoeften van de arbeidsmarkt dan op die van jongeren. En de overheid trapt lang niet altijd op de rem. Van de 11.000 scholieren die nu op een kappersschool zitten, vooral meiden, kan slechts de helft als kapper aan het werk.[1]

Kom maar binnen Doordat roc's, hogescholen en universiteiten met marktwerking te maken hebben, zijn zij bij het toelaten van studenten niet al te kritisch. Natuurlijk kijken ze wel of een leerling een redelijke slaagkans heeft: enerzijds omdat ze nu eenmaal een onderwijskundige en opvoedkundige verantwoordelijkheid hebben en anderzijds omdat een deel van hun financiering afhangt van het aantal studenten dat met succes op tijd de eindstreep haalt. Maar al te streng willen ze niet zijn. Van vmbo-groen naar een kappersopleiding in het mbo? Kom maar. Van vmbo-zorg & welzijn naar mbo-administratie? Kan. Met het profiel economie & maatschappij toch naar engineering, design & innovation? Op bepaalde voorwaarden of met een tussenjaar kan ook dat. Maar de enige vraag die niemand zich stelt, is of deze jongeren met een duidelijk beeld en een realistische verwachting aan hun vervolgopleiding beginnen. De *reality check* is overgeslagen.

Te vroeg kiezen De hoge uitval in het vervolgonderwijs bewijst echter dat je hart volgen een slechte raadgever kan zijn. Er zijn mbo-opleidingen met bijna de helft uitvallers in het eerste leerjaar. Aan de TU Delft haakt 40 procent van de nieuwkomers af en op alle hogescholen samen valt meer dan 17 procent van alle eerstejaars uit.[2]

Jongeren hebben geen idee waarvoor ze kiezen, zeggen deskundigen. Zij wijzen naar de te vroege en daardoor weinig effectieve studie- en beroepskeuze. Bijna nergens moeten jongeren al tussen hun 12e en 14e een richting kiezen. Landen om ons heen bieden de mogelijkheid dit uit te stellen tot na de comprehensive school (Verenigd Koninkrijk) of de Gesamtschule (Duitsland). In Nederland staan kinderen al direct na een basisschool op een zevensprong. Wordt het vmbo? Met of zonder leerwegondersteuning? Zou havo lukken, of vwo? Tweetalig of gewoon? Naar het gymnasium of naar de nieuwe bètavariant, het technasium? Brede scholengemeenschappen maken de keuze iets gemakkelijker omdat ze veel onderwijstypen in huis hebben, maar ook hier zitten leerlingen zelden in volledig gemengde groepen. Meestal begint het voorsorteren al in de brugklas, waar leerlingen in zogeheten dakpanklassen bij elkaar zitten: de vmbo-t/havo-brugklas, de havo/vwo-brugklas. En voordat de leerling zijn draai heeft gevonden, dient de volgende keuze zich alweer aan: voor een sector (na leerjaar 2 op het vmbo) of een profiel (na leerjaar 3 op havo/vwo). Maar wie weet op z'n 14e al wat hij wil worden? Voor veel pubers is het keuzeproces in deze fase een soort negatief afstreeplijstje: in elk geval niet dát.[3]

Van uitstel naar afstel De vroege studie- en beroepskeuze is een van de minder geslaagde kenmerken van het Nederlandse onderwijsbestel, daar is bijna iedereen het over eens. Maar plannen om deze weeffout te herstellen halen het niet. De middenschool, die uitgaat van een verlengde onderbouw, kwam halverwege de jaren tachtig niet verder dan de status van experiment en de basisvorming bleek in de jaren negentig onwerkbaar. Alsnog hopen op een stelselwijziging is onrealistisch, zeker nu alle onderwijsverandering sinds het rapport van de commissie-Dijsselbloem (2008) in een nogal kwaad daglicht is komen te staan. Ook van bovenaf geregisseerde aanpassingen zijn om die reden niet te verwachten.

Als er toch uitstel van keuze moet komen, zal dat eerder op schoolniveau moeten gebeuren. Op het vmbo is die trend al zichtbaar. Scholen verbreden hun programma's, zodat je bijvoorbeeld niet alleen leert over metaaltechniek, maar ook over techniek in bredere zin. De ingrediënten zijn veel praktijk, geïntegreerde theorie, aandacht voor beroepshouding en algemene beroepsvaardigheden. Op havo/vwo maken steeds meer scholen het mogelijk om twee profielen naast elkaar te volgen. Zo kunnen leerlingen alle opties nog even openhouden.

Blind date Zonder goede voorbereiding komt echter ook die uitgestelde keuze nog te vroeg. Volgens ontwikkelingspsycholoog Michiel Westenberg stelt het huidige onderwijssysteem de student niet in staat om de relevante ervaring voor zo'n persoonlijke zoektocht op te doen. 'Nu is studiekeuze net zoiets als een blind date en kiezen jongeren op de Jaarbeurs in Utrecht een partner.'[4] Rondom de studiekeuze zetten we jongeren voor het blok en moeten ze al op jonge leeftijd op basis van oppervlakkige informatie en met een puberbrein keuzes voor het leven maken.
Praktische sector- en loopbaanoriëntatie en keuzebegeleiding staan tegenwoordig op de meeste lesroosters op het vmbo en havo/vwo. Tijdens projecten trekken derdeklassers het plaatselijke bedrijfsleven in en in maatschappelijke stages gaan ze kennismaken met voor hen onbekende sectoren van de samenleving. Maar kunnen ze die opgedane inzichten wel vertalen naar hun eigen keuzevraag? Leggen ze de link met hun eigen toekomst? Dit vergt abstracter denken en inzicht in je eigen identiteit, twee dingen die jongeren eigenlijk nog niet kunnen.

Bijbanen Ook de ervaring die jongeren opdoen tijdens hun bijbaantjes, lijkt weinig bij te dragen aan een betere beroepskeuze. Dat is opmerkelijk omdat werken voor jongeren echt (weer) bij hun leven hoort. Bijna allemaal doen ze tijdens hun middelbareschooltijd hun eerste werkervaring op. Ze beginnen op 13- of 14-jarige leeftijd met een baantje als babysitter of krantenbezorger. Daarna gaan ze in een winkel of in de horeca werken. Gemiddeld werken scholieren en studenten ruim elf uur per week, en wat hen betreft zouden dat er ook wel bijna twintig mogen zijn.[5] Mobieltje, kleren, uitgaan: het is immers allemaal even duur.
Al dat werken levert meer op dan alleen maar geld. In een bijbaan leren jongeren op tijd komen, resultaten behalen, klantvriendelijk zijn, noem maar op. Het zijn de algemene beroepsvaardigheden waar werkgevers van nu zo veel belang aan hechten. Maar een link tussen hun bijbaan en hun richting op

school is er vaak niet; niet eens één op de twintig jongeren vindt dat belangrijk. Het gaat meer om het salaris. En door de kloof die er gaapt tussen school en de rest van hun leven, leggen leerlingen ook weinig verband tussen hun bijbaan en hun toekomst.

Lastige werknemers En dan komt de dag dat de schooldeur voor het laatst dichtvalt. De slungelige puber van destijds is een volwassene in de dop geworden. Met – meestal – een diploma op zak betreedt de werknemer van de toekomst de arbeidsmarkt. Maar zoals ouders wel eens bevreemd naar hun dochter of zoon kijken, zo kijken ook werkgevers met verbazing naar hun nieuwe sollicitanten. Want veel schoolverlaters van nu zitten wezenlijk anders in elkaar dan de dertigers en veertigers die hun bazen worden. Begrippen als uitdaging, afwisseling, ambitie, werkplezier en waardering lijken voor hen een andere betekenis te hebben.

Ook al moeten ze hun eerste project nog afleveren, ze blaken van zelfvertrouwen. Ze zijn dol op uitdaging, maar hebben geen lange adem. Afwisseling is voor hen een doel op zich: zowel in het werk als daarbuiten. Een goede balans tussen werk en privé vinden ze vanzelfsprekend – zo vanzelfsprekend dat werkgevers gaan twijfelen aan hun *commitment*.

Al even onbegrijpelijk vinden de managers het dat jongeren hun werkplezier meer lijken te halen uit het samenwerken met hun collega's dan uit het behalen van topprestaties. Slechts 8 procent wil in zijn werkveld de top bereiken, blijkt uit onderzoek van Manpower.[6] Ook aan status en positie hechten jonge werknemers niet veel waarde. Daarentegen verwachten ze wel veel erkenning en vanzelfsprekend een goed salaris.

Het maakt de nieuwe werknemer in de ogen van de werkgever tot een vreemde mengelmoes: zelfverzekerd maar niet erg ambitieus, veeleisend maar niet erg statusgevoelig. Het is een compleet nieuwe manier van kijken naar werk. Een baan is geen status meer, maar onderdeel van een hele lifestyle.

7.2 Puberbrein en studiekeuzevragen

Daar zit-ie dan met zijn 15 jaren te stuntelen tegenover de decaan. Iets uitdagends moet het worden. Maar wat? Naar de popacademie (cool) of werktuigbouwkunde (veilig)? Culturele antropologie of de lerarenopleiding wiskunde? Inzicht in het puberbrein levert in elk geval bouwstenen voor antwoorden.

'Ze hadden liever gezien dat ik economie ging studeren. Maar dat vind ik zoooo saai. Journalistiek lijkt me wel wat. Hbo-opleidinkje, niet te zwaar, dan een beetje reizen, mooie programma's maken... Mijn ouders waren eerst kwaad, maar nu vinden ze het wel oké. Ze zijn al op zoek naar een kamer voor me.' Mick, 18 jaar

Met je hart of met je hoofd? Slechts weinig mensen komen terecht in het beroep waarvoor ze ooit een opleiding zijn gaan volgen. Tussen plan en uitvoering staat namelijk het leven in de weg, dat zal iedere volwassene beamen. Niet voor niets raden veel ouders hun kinderen aan bij het maken van keuzes toch maar eerder hun hart dan hun verstand te volgen. Kiezen is ten diepste een irrationeel proces. Maar opleidingen concentreren zich op een rationele studieoriëntatie. Ze stellen uitgebreide brochures samen. Van vakinhoud tot toelatingseisen, het staat er allemaal in. Jongeren schuiven de informatie achteloos terzijde. Het salarisniveau in hun toekomstige beroep speelt nog wel een rol[7], maar verder kiezen zij veel meer op onderbuikgevoel en toevalligheden: omdat een vriendin ook die opleiding kiest, omdat die aardige oom dat beroep uitoefent of omdat de opleiding in zo'n gaaf nieuwbouwcomplex zit.
Frans Meijers, lector Pedagogiek van de Beroepsvorming aan de Haagse Hogeschool: 'Een beroepskeuze verloopt ongeveer volgens dezelfde patronen als een relatiekeuze. Je weet van tevoren niet precies wat je wilt, maar je leert van goede ervaringen. Vraag een puber niet met welke vrouw hij zal trouwen, want hij zal zeggen: ze heeft grote borsten en blond haar. Maar hij wordt uiteindelijk zeer gelukkig met een meisje dat niet voldoet aan dat beeld. Zo gaat het ook met een loopbaan. Vroeg beginnen? Onzin, je groeit naar bepaalde keuzes toe.' Volgens Frans Meijers laten mensen zich het minst leiden door objectieve informatie. Beroepskeuze wordt bepaald door ervaringen, eigen ervaringen of die van relevante anderen.[8]

'Eigenlijk wilde ik arts worden. Maar dan heb je een profiel N&G nodig. Wiskunde en scheikunde vind ik moeilijk, maar ik had het best willen proberen. Maar de decaan zei: niet doen. En nu kan het dus niet meer. Als ik vriendinnen zie die wel geneeskunde studeren, denk ik: ik had het best gekund. Daar baal ik wel van.' Lesley, student, 21 jaar

Loslaten of begeleiden? Natuurlijk is de samenleving niet blind voor het probleem van de enorme uitval bij de overstap van de middelbare school naar het vervolgonderwijs. We constateerden het al eerder: omdat een stelselwijziging niet haalbaar is, zal de oplossing in het systeem moeten worden gezocht. Er zijn de afgelopen jaren tal van projecten voor een betere aansluiting en een betere studeerbaarheid van het hoger onderwijs op poten gezet. Maar veel geholpen hebben ze (nog) niet. We kunnen onze kaarten beter zetten op een vroege start: een betere begeleiding thuis en op de middelbare school.

'Eigenlijk heeft ze geen idee. De ene dag wordt het diergeneeskunde, de andere dag toch maar Engels. We houden ons hart vast volgend jaar.'
Wouter (51), vader van eindexamenkandidate Kim (18)

Papa als decaan Qua hersenontwikkeling zijn jongeren rond hun 15e nog lang niet toe aan een keuze voor later. Kiezen op de korte termijn gaat hen steeds beter af, maar 'later' staat niet hoog op hun prioriteitenlijst. Er zijn altijd urgentere dingen te doen, met leukere of snellere resultaten en met kleinere stappen en veel tussentijdse mijlpalen en/of beloningen. De enige manier om ze toch door een keuzeproces te leiden, is ze aan de hand mee te nemen. Ook al zeggen ze van niet, ze hebben grote behoefte aan iemand die doet waar hun eigen prefrontale cortex nog niet toe in staat is: vooruitdenken.

'Een profiel kiezen vonden we al heel lastig, laat staan een vervolgopleiding. Jesse wil iets met sport, dat past ook echt bij hem. Er zijn tegenwoordig aardig wat opleidingen op dat gebied, maar is er daarna ook werk voor hem?' Monique (46) moeder van Jesse (18)

In de opvoeding thuis is dat proces al ingezet. Onderzoek van Platform Bèta Techniek laat zien dat jongeren het meest met hun ouders over hun profielkeuze praten, niet met hun docenten of decanen. Steeds meer jongeren verschijnen tegenwoordig geflankeerd door pa en ma op de open dagen van roc's, hbo's en universiteiten. Sterker nog: opleidingen organiseren geregeld bijeenkomsten voor alleen de ouders. 'Een speciaal voorlichtingsprogramma voor ouders draagt bij aan de stimulerende, ondersteunende en spiegelende rol in het keuzeproces,' aldus de Erasmus Universiteit. Saxion Hogeschool biedt ouders een proefles 'mijn kind gaat studeren'.

'Ik merk wel verschil tussen de intakegesprekken met leerlingen van scholen die actief met een portfolio werken en leerlingen van scholen die dat niet doen. Alleen al het feit dat leerlingen beter kunnen verwoorden waarom ze een bepaalde opleiding kiezen... Ze zijn veel zekerder.' Intakebegeleider op een roc

Begeleiding op school Ouders hoeven het niet helemaal alleen te doen. Op de middelbare school heeft ook voor decanen de tijd niet stilgestaan. Praktische sectororiëntatie en loopbaanoriëntatielessen zijn gebruikelijk geworden. Vooral op het vmbo gaat het soms om langlopende programma's, vanaf dag één in de brugklas tot de dag van het examen. 'Wat voor beroepen zie je? Wat lijkt je leuk? Wat moet je voor een beroep kennen en kunnen? Welk van deze competenties denk jij te hebben of te kunnen verwerven?'
Het hele denkproces wordt vastgelegd in werkstukken en documenten. Met een persoonlijk portfolio op zak kan de leerling dan goed voorbereid de stap naar het roc zetten. De eerlijkheid gebiedt wel te zeggen dat ook dit systeem maar beperkt bij leerlingen 'landt'. Er zijn er veel die het programma afwerken omdat het nu eenmaal moet of omdat ze er een cijfer voor krijgen. Extrinsieke motieven dus in plaats van de wil om zelf een goede keuze voor later te maken. Het is het puberbrein ten voeten uit.

Wisselende kwaliteit Daar komt bij dat lang niet alle scholen hun zaakjes goed op orde hebben. Omdat er weinig voorschriften zijn, wisselt de kwaliteit van de studie- en beroepskeuzebegeleiding van school tot school. Er zijn nog heel wat scholen waar de decaan in het derde jaar komt opdraven in de klas, vooraan een stapel folders deponeert en het tijdstip van zijn spreekuur op het bord schrijft met de mededeling: 'Mijn deur staat altijd open.' Waar vervolgens geen leerling op komt dagen.
Een extra handicap is dat de studie- en beroepskeuzebegeleiding sterk van een persoon afhangt. Anders gezegd: de begeleiding is dikwijls zo goed of slecht als de decaan. Daardoor spelen ook persoonlijke indrukken en voorkeuren soms een grotere rol dan zou moeten.
Uit datzelfde onderzoek van Platform Bèta Techniek blijkt bijvoorbeeld dat scholen een kwart van de leerlingen bepaalde profielen afraden, meestal natuur & techniek en dan vaker bij meisjes dan bij jongens. Op die scholen kiezen

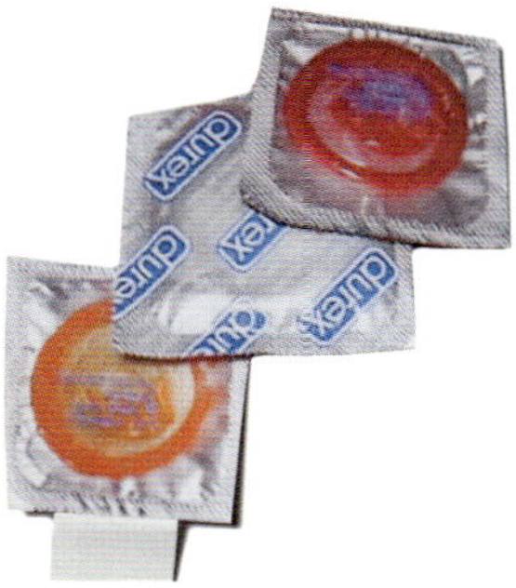

meisjes nauwelijks en jongens weinig natuur & techniek, terwijl het juist zou helpen om meisjes die een natuurprofiel aankunnen expliciet te bevestigen, omdat zij minder zelfvertrouwen hebben.[9] Maar denk ook aan de decaan met een wiskundeachtergrond die zich onwillekeurig beter verdiept in het aanbod aan mathematisch getinte opleidingen. Of de decaan, tevens docente Engels, die niet snel een leerling zal stimuleren te kiezen voor fundamentele natuurkunde omdat dit buiten haar eigen blikveld ligt. Nogal wat decanen zijn gymleraar; hun vak biedt meer speling omdat de lessen minder voorbereiding en nakijkwerk meebrengen; gymleraren zijn van nature vaak goede coaches, maar geen psychologen of keuzebegeleiders.
Een kwart tot bijna een derde van de eindexamenleerlingen is ontevreden over de begeleiding op school[10], dus de professionaliteit van de keuzebegeleiding op school kan nog wel beter.

Tests Een goed beroepskeuzeprogramma (inclusief praktijkopdrachten, ministages en bedrijfsbezoeken) in combinatie met een reeks persoonlijke gesprekken biedt de beste kans op een reëel beeld van studies en beroepen. Vroeg voorlichten over vervolgopleidingen en banen helpt, zegt ook Platform Bèta Techniek.[11] Is het toch nog onvoldoende, dan rest de studie- en beroepskeuzetest. Nu zetten scholen dit middel vanwege de hoge kosten vooral in noodgevallen in; slechts een enkele school maakt voor zijn leerlingen standaard van dit soort tests gebruik. Waar het wel gebeurt, leidt een test volgens zowel de betrokken decanen als de ouders en leerlingen tot een beter onderbouwde keuze. Maar dan nog wil dat niet zeggen dat leerlingen echt verband leggen tussen al deze kennis en de betekenis ervan voor hun eigen leven. Daar is het puberbrein nog niet aan toe. Het is gewoon nog te vroeg.

'Ik heb twee keer een test gedaan, omdat ik echt niet wist wat ik wilde worden. Daar kwam toen beide keren uit dat ik groenteteler kon worden. Ja, daaag!' Chantal, 18 jaar

Knoop doorhakken of uitstellen? Eigenlijk zijn jongeren pas tussen hun 17e en 21e jaar toe aan een serieuze, persoonlijke oriëntatie op later, stelt hoogleraar ontwikkelingspsychologie Michiel Westenberg.[12] Voor een goede studiekeuze moeten adolescenten eerst zichzelf en anderen beter gaan begrijpen; pas daarna kunnen ze de identiteitsvraag 'wie ben ik?'

beantwoorden. En dat antwoord is nodig voor een goede studiekeuze. Alle open dagen en glossy folders ten spijt, het gaat vooral om 'een persoonlijke zoektocht op basis van de nodige ervaring'.

'Soms denk ik: biologie. Maar dan weer: oceanografie. En hoe lang ik er ook over denk, ik kom geen stap verder. Als dat over een maand nog zo is, ga ik na het examen eerst maar een paar maanden werken en reizen.' Johnny, 19 jaar

Westenbergs eigen oplossing is een herinrichting van het eerste leerjaar van hbo of universiteit. Dat zou de ontkoppeling van studiekeuze en persoonlijke ontwikkeling ongedaan kunnen maken. Door uitstel van de studiekeuze tot het eind van dat jaar zou de student het eerste jaar kunnen gebruiken om naar wens van een of meer studies te proeven: een leertraject op maat, samengesteld in overleg met de studieadviseur. Westenberg zegt hoopvol: 'Als studenten beseffen dat studiekeuze een belangrijk aspect van het eerste studiejaar is, zullen ze er ook bewuster mee omgaan. (...) Wellicht zien we dan ook een omslag van de student als veeleisende consument naar de intrinsiek gemotiveerde en zelfsturende student.'[13]
Of het ooit zo ver komt, is de vraag. En antwoorden voor jongeren op mbo-niveau geeft Westenberg ook niet. Wie zichzelf de ruimte wil geven, kan maar het best zijn eigen keuze-uitstel regelen, zowel op de middelbare school als daarna. Bijvoorbeeld door te kiezen voor de breedst mogelijke, intersectorale vmbo-opleiding, of door in het vrije deel van het havo/vwo-profiel alle verplichte vakken van een tweede profiel te kiezen. Door na het eindexamen eerst een jaar naar het buitenland te gaan of een oriëntatiejaar te volgen. De Evangelische Hogeschool, een van de instellingen voor hoger onderwijs die zo'n jaar aanbieden, zag het aantal aanmeldingen in zeven jaar tijd met 50 procent stijgen.[14] Geen wonder: sommige knopen kun je beter zo laat mogelijk doorhakken.

'Bij vmbo moet je op je 16e al kiezen wat je wilt. Dan kun je eigenlijk gewoon nog niet kiezen. Maar weinig mensen weten dan wat je kunt worden. De mensen die havo en vwo doen zijn allemaal 17, 18 of 19 jaar. Dat is beter.' Achmed, 18 jaar

7.3 Puberbrein en arbeidsmarktvragen

Jongeren hebben op het moment dat ze kiezen nauwelijks een beroepsbeeld. Dat geldt voor alle sectoren, maar in het bijzonder voor sectoren als techniek, zorg en onderwijs. En dus vragen werkgevers zich af: hoe maak ik mijn sector in vredesnaam interessant voor jongeren die denken aan zwaar, saai en vies werk? En als ik ze dan eenmaal binnen heb, hoe zorg ik dan dat ze mijn bedrijf voldoende opleveren? Inzicht in het puberbrein levert bouwstenen voor antwoorden.

'Het is dat ik ze nodig heb voor later, maar anders nam ik weinig jongeren aan. Ze willen geld verdienen, maar niet werken. En ze komen binnen met een air alsof de hele wereld op ze zit te wachten. Zing maar eens een toontje lager, denk ik dan.' Danny, 58 jaar, werkgever

Ongemotiveerd of anders gemotiveerd? Ze lijken volwassen, ze spreken als volwassenen, maar emotioneel zijn jongeren nog lang niet volgroeid. Ze kunnen moeilijk tegen kritiek en tegenslag. Dat is ook niet vreemd als je bedenkt dat hun frontaalkwab pas rond hun 25e is uitontwikkeld en dat de emotiegebieden in hun hersenen overgestimuleerd zijn. Vaardigheden als reflecteren en analyseren heb je nodig om te kunnen relativeren. De kloof met oudere collega's wordt groter doordat deze generatie jongeren ook nog eens afwijkt in sociaal-cultureel opzicht. Hun arbeidshouding matcht niet met de arbeidscultuur op de gemiddelde werkvloer. Jonge werknemers willen geen grote offers brengen om hogerop te komen en zijn er niet op uit indruk te maken op hun baas. Ze zijn allergisch voor hiërarchie, maar willen zelf wel respect. Ze zien er vaak niet uit alsof ze hard werken, eerder of ze vermoeid zijn. Ze willen op tijd naar huis, want er is ook nog een privéleven. 'Ze zitten de hele dag te msn'en en te Hyven,' zeggen oudere collega's.
En door al dat onbegrip wordt wat ze wél kunnen niet gezien. De sleutel ligt in het leren van hun taal. Werkgevers die zich verdiepen in jongeren en hun leefwereld, gaan zien dat ze zich wel degelijk willen inzetten en bovendien unieke kwaliteiten hebben die van grote waarde zijn voor een bedrijf. De werkgever zal zich moeten afvragen: ben ik bereid mijn communicatieaanpak en mijn verwachtingspatroon aan te passen?
In de communicatie met jongeren is helderheid van groot belang; ze zijn allergisch voor vage doelen en taken. Ze calculeren in welke prestaties

precies voldoende zijn en gaan slecht om met regels die halverwege het spel veranderen. Geef jongeren ook niet de simpelste klusjes omdat ze 'pas net komen kijken'. Ze willen waardevol werk doen en hun tijd niet verkwisten aan taken waar ze het nut niet van inzien. Ze houden van lastige puzzels, niet van problemen die ze in een handomdraai kunnen oplossen. Buit hun sterke kanten uit, dan zijn ze waardevol voor je bedrijf; ze weten vaak veel van techniek en media, zijn experts op de meest uiteenlopende gebieden en zijn vaak sociaal en creatief.

Blackberry's

Op de vacature bij het installatiebedrijf kwamen zes sollicitaties. Vier waren volslagen ongeschikt, nummer vijf was een man tegen de zestig en nummer zes was eigenlijk nog maar een jongen, net van school. Vers bloed, dacht de eigenaar verheugd, en hij nam de jonge sollicitant in dienst. Lekker liep het niet. De oude rotten hadden kritiek op zijn vakmanschap en inzet. Maar de baas wilde zijn jonge medewerker niet kwijt. Op een dag spraken ze elkaar bij de koffieautomaat. 'Weet je wat we moeten hebben?' vroeg de jongen. 'Blackberry's! Dan kunnen we ter plekke bij de klant onze administratie doen. Scheelt zeeën van tijd.' De baas zag er weinig in, maar wilde dit prille initiatief ook niet in de kiem smoren. De jonge medewerker zocht alles tot in de puntjes uit, regelde de aanschaf en legde zijn oudere collega's precies uit hoe het werkte. Bij vragen mochten ze hem bellen, ook 's avonds en in het weekend. Twee maanden later waren de collega's 'om' en was hun jonge collega mijlenver in hun achting gestegen. Hij werd de ongekroonde ICT-expert van het bedrijf en dacht niet meer aan weggaan. Binnen een jaar kwamen er drie twintigers bij, die voor dit bedrijf kozen omdat het moderner is dan andere installatiebedrijven.

'We gaan ook buiten werk veel met elkaar om. Bijvoorbeeld met elkaar uit. En de bedrijfsfeesten zijn altijd supergezellig.' Emiel, 20 jaar

Vrienden of werk? Het sociale aspect is voor jongeren ontzettend belangrijk. Het bedrijf is niet een plek waar ze van negen tot vijf werken, maar een plaats waar ze met gelijkgestemden en vrienden rondhangen tot het tijd is de gesprekken buiten de werkplek voort te zetten. De misvatting is dat er in zo'n sfeer niet gewerkt kan worden. Jongeren kunnen dat juist prima – sterker zelfs: ze presteren meer dan op een 'ouderwetse' werkvloer. Tijd betekent voor hen niet: van negen tot vijf. Tijd heb je 24 uur per dag, zeven dagen per week. Op een moment buiten werktijd met je werk bezig zijn is dus op zich geen probleem. Alleen wil je het dan overdag een keer kunnen inhalen als dat jou goed uitkomt. Want er is nog meer in het leven dan werken. *Get a life*!

'Het leuke aan deze baan vind ik dat ik mijn creativiteit erin kwijt kan. Maar ik heb niet echt het gevoel dat ik verder kom. Ja, je kunt afdelingshoofd worden, maar daarvan zijn er maar een paar. Dus waar doe ik het allemaal voor? Misschien moet ik eens verder kijken.'
John, 23 jaar

Loslaten of begeleiden? De horizon van jonge werknemers ligt minder ver weg dan werkgevers veronderstellen. De gemiddelde trainee is niet te motiveren door de wetenschap dat al die overuren van de komende vijf jaar uiteindelijk zullen resulteren in die ene (flinke) stap omhoog. Ook voor afgestudeerde hbo'ers en universitaire studenten van tegen de 25 jaar is zo'n termijn dikwijls nog te lang. En voor jongere werknemers is zelfs een eindejaarsbonus vaak nog te ver weg.
Begeleiding is het sleutelwoord: niet alleen in de opvoeding en bij studie- en beroepskeuze op school, maar ook bij de eerste stappen op de arbeidsmarkt. Bedrijven die een structuur hebben waarin jongeren met kleine stapjes op de carrièreladder stijgen, doen het bij jongeren veel beter dan bedrijven die dat niet hebben.
Op werkgevers komt het misschien nogal kinderachtig over, een loopbaan opdelen in een groot aantal kleine treetjes omhoog, maar het werkt wel. Van juniorassistent naar assistent, naar assistent-teamleider, naar teamleider, naar... Je weet waarvoor je het doet en je weet wat je moet doen voor de volgende stap.

Stappenplan

Marjolein Reijs, Director Human Resource bij McDonald's:

'De meeste jongeren komen bij ons door toeval, maar als ze hier eenmaal werken, waarderen ze de fun en de sfeer. De hormonen gieren af en toe door de keuken, maar omdat we gestructureerd werken, staat de kwaliteit altijd overeind. Werken bij McDonald's kan een bijbaan blijven, maar we bieden werknemers ook interne opleidingstrajecten op mbo- en hbo-niveau. Dan werk je vier dagen bij een McDonald's-restaurant en ga je één dag naar school. Dit zogenaamde BBL-traject heeft, mede dankzij oud-medewerkers die nu de lessen geven, een uitvalpercentage van 8 procent. Dat is heel weinig ten opzichte van andere opleidingen.

Jongeren blijven bij ons werken en leren dankzij de duidelijkheid die wij hun bieden. Er is een heel concreet stappenplan naar hogere functies. Iedereen begint op hetzelfde niveau en iedereen kan met hetzelfde stappenplan uiteindelijk doorgroeien tot leidinggevende. Dat werkt stimulerend. De stappen zijn klein, je begint bij het begin en bent al vrij snel in een positie dat je beginnende medewerkers mag begeleiden. En dat is overzichtelijk. Elke stap gaat gepaard met een eisenlijst waar je aan moet voldoen en bepaalde leerdoelen. Dit zijn allemaal haalbare doelen. Wij merken dat jongeren het erg prettig vinden dat zo duidelijk wordt uitgelegd wat ze moeten kunnen voor een bepaalde functie.

Op de werkvloer is veel begeleiding en structuur. Dat is nodig, want je merkt dat wanneer het druk is op de werkvloer en jonge werknemers niet worden opgevangen, ze ook sneller weer vertrekken. Door begeleiders op de werkvloer te hebben kunnen we jongeren ook goede feedback geven. Als ze uiteindelijk voor de functie van floormanager willen gaan, komen ze hier op het hoofdkantoor in het opleidingscentrum terecht. Overigens moeten ze wel voldoen aan bepaalde eisen, we zijn wel streng. Maar je merkt dat ze goed met kritiek om kunnen gaan, mits je ze duidelijk uitlegt waarom je iets vindt. Als je je kritiek goed kunt beargumenteren, accepteren jongeren dit.

Onze grondfilosofie is dat we heel veel waarde hechten aan onze werknemers. Onze opleidingen zijn een *railroad* tot succes. Zo vergroten we met alles wat wij doen uiteindelijk de betrokkenheid bij het bedrijf.'

'Scheikunde vind ik echt hartstikke leuk. Maar in de chemie wil ik niet werken. Alles is kaal, glimmend en steriel. Geen plantje te bekennen. Daar heb je het toch niet gezellig met je collega's?!' Sascha, 17 jaar

Hoe moet ik mijn sector positioneren? De tekorten aan leraren, verpleegkundigen en technici lopen op. De komende jaren stromen er bijna 35.000 leraren meer uit dan erbij komen. In 2010 zal het tekort aan technici zijn opgelopen tot 77.000, schat het Researchcentrum voor Onderwijs en Arbeidsmarkt.[15]
Sectoren zoals techniek, zorg en onderwijs hebben een stempel van zwaar getob, dat niet gemakkelijk af te wassen is. Dat onderwijsinstellingen hun opleidingsaanbod meer afstemmen op de jongeren dan op de maatschappelijke eisen, maakt de mismatch tussen vraag en aanbod de komende jaren alleen maar groter. Maar hoe maken we als samenleving de sectoren waarin tekorten zijn dan wel interessant voor jongeren? Of liever gezegd: hoe kunnen sectoren die impopulair zijn, hun imagoprobleem doorbreken?

Beelden Het grootste obstakel is dat jongeren irrationeel kiezen. Er kunnen tal van leuke en interessante banen in een sector verscholen liggen (van de jonge technici die afstuderen, vindt 98 procent meteen een baan), maar die informatie bereikt jongeren niet.[16] Ze kiezen op basis van indrukken, gevoelens en geruchten. Dat blijkt ook uit onderzoek. De beelden die jongeren hebben, kloppen vaak helemaal niet met de werkelijkheid. Gemeenten die lieten onderzoeken waarom het zo lastig was goede nieuwe gemeenteambtenaren te vinden (dikwijls een baan op mbo-niveau), ontdekten tot hun schrik dat jongeren dachten dat alle ambtenaren minimaal op hbo- of academisch niveau functioneren.
Dit verklaart ook waarom zo weinig jongeren uiteindelijk echt de techniek in gaan. Meer dan de helft van de jongeren kiest al een natuurprofiel op havo/vwo, mede dankzij initiatieven als technasium en universumscholen. Maar als puntje bij paaltje komt, gaan ook uit deze groep nog veel jongeren rechten of economie studeren.

Up-to-date

Een groot roc gebruikt voor zijn praktijkuren niet langer eigen praktijkruimtes met de al snel gedateerde inventaris, maar de altijd *state of the art* praktijkruimtes van een landelijk netwerk van autodealers. Ze slaan twee vliegen in één klap: het roc staat niet langer voor de onmogelijke opdracht de inventaris up-to-date te houden (in een technologisch snel veranderende sector voor een school een volstrekt onhaalbare kaart) en de leerlingen krijgen een realistischer beroepsbeeld.

Vroeg beginnen Een sector die zijn imago wil veranderen, moet al bij jonge kinderen beginnen.[17] Voor basisschoolleerlingen gaat het om algemene beeldvorming: laten zien welke beroepen er zijn en wat je dan zoal doet. Voor vmbo'ers is daarnaast een directere link met hun eigen leven van belang. Door hun eigen praktische vaardigheden en persoonlijke eigenschappen te koppelen aan een beroep, brengen ze de toekomst dichterbij, waardoor de keuze minder gecompliceerd wordt. Voor mbo'ers en hbo'ers is het daarnaast ook belangrijk om aan anderen te kunnen laten zien wat je doet of waar je aan bijdraagt: zichtbaar resultaat en behaalde successen.

Jas uit

JINC zorgt ervoor dat jongeren in Amsterdam kennismaken met het bedrijfsleven. Centraal staan beroepsoriëntatie en het leren van vaardigheden die nodig zijn voor het vinden van een goede baan. Daniël Roos, initiatiefnemer en directeur van JINC:

'Wij brengen middelbare scholieren kennis en sociale vaardigheden bij via projecten die hen voorbereiden op de arbeidsmarkt, zoals lessen solliciteren of assertiviteitstraining. Ook regelen we bliksemstages bij bedrijven voor groepjes jongeren. We merken vooral hier in Amsterdam-West dat daar behoefte aan is, omdat jongeren anders niet in aanraking komen met werkgevers en rolmodellen.

Als wij een les solliciteren geven, merken we dat veel jongeren niet begrijpen dat wanneer je binnenkomt voor een gesprek, je eerst je jas uitdoet en netjes een hand geeft. In onze lessen leren ze dit soort basale vaardigheden.

Wanneer we een groepje leerlingen onvoorbereid naar een bedrijf sturen voor een snuffelstage, zijn ze niet leuk en soms zelfs lastig gezelschap. Maar

wanneer ze van tevoren duidelijk weten wat ze gaan doen en wat er van hen verwacht wordt, zijn ze vaak juist heel positief en geïnteresseerd. Ze voelen zich zekerder door die voorbereidingen.
Een compliment geven doet wonderen, of ze ergens individueel op aanspreken. Dan voelen ze zich bijzonder. We hebben een keer UvA-studenten huiswerkles laten geven aan kleine groepjes. Die jongeren voelden zich echt speciaal, omdat een leerling van de universiteit met hen wilde werken. Jongeren blijken daar steeds weer erg gevoelig voor.'

Meer blauw op straat?
Een politiekorps dat werkt aan een beter imago organiseert kleinschalige activiteiten waarbij jonge werknemers allemaal een aantal leeftijdgenoten (vrienden, broers, zussen) uit hun netwerk uitnodigen. De werknemers treden op als gastheer of -vrouw en laten op een leuke, liefst wat glamourachtige manier zien wat werken bij de politie inhoudt. Op een open dag kunnen alle bezoekers kennismaken met spannende politietaken en samen een case oplossen. De gastheer staat op die manier in het spotlight en krijgt status bij familie en vrienden, het imago van de politie verbetert en de genodigden worden enthousiast gemaakt voor een baan bij de politie. Over dit soort bijeenkomsten gaan jonge mensen snel praten en het zal ook juist zijn uitwerking hebben op mensen die erover horen, maar er niet bij waren.

Rechtstreeks contact leggen Lang geleden wierven bedrijven hun personeel door te vragen of iemand nog een geschikte broer, zus of buurman kende; tegenwoordig kan het personeel een veel krachtiger digitaal netwerk inschakelen. Bedrijven kunnen bij het werven van nieuwe mensen veel meer gebruikmaken van (digitale) netwerken van hun eigen jonge werknemers. Voorwaarde is dat ze trots zijn op hun werk en dat hun functie hun ook bij leeftijdgenoten status verleent.
Door rechtstreeks in contact te treden met de doelgroep vergaar je veel meer informatie dan via massamediale campagnes. Welke vooroordelen hebben jongeren over het bedrijf? Waar zijn ze met name nieuwsgierig naar? Wat schrikt hen af en wat spreekt hen aan in een baan bij dit bedrijf?
Vooral bij het werven van specifieke groepen, zoals jongeren met een Turkse,

Marokkaanse, Surinaamse of Antilliaanse achtergrond, biedt netwerkdenken een grote kans.

Vasthouden of laten gaan? Goede jonge werknemers zijn lastig te vinden en nog lastiger te binden. Omdat nieuwe mensen inwerken tijd en geld kost, kan vasthouden slimmer zijn dan laten gaan en weer opnieuw moeten zoeken. Werkgevers focussen echter meestal op de instroom, terwijl voor het behoud en het tegengaan van de uitstroom vaak minder aandacht en budget is. Als een werknemer na circa anderhalf jaar rendabel is, dan scheelt het nogal of mensen in dat bedrijf gemiddeld tweeënhalf of drieënhalf jaar blijven.
Hoe verhoog je de loyaliteit van jonge werknemers? We zien hierin verschillen tussen lager en hoger opgeleiden. Mbo'ers zijn gevoelig voor arbeidsvoorwaarden. Ze zoeken vaak veel prikkels en afwisseling, maar tegelijkertijd ook zekerheden om de comfortabele situatie waarin ze zijn opgegroeid te handhaven. Door de outsourcing naar lagelonenlanden is hun positie minder zeker, maar in menige sector heerst nog altijd schaarste. Een mbo'er vergelijkt en kan zomaar voor honderd euro overstappen naar de concurrent. Benchmarken, kijken wat concurrenten bieden, is aan te raden. Daarnaast zijn mbo'ers gewend aan het 'al doende leert men'-systeem en vinden ze interne opleidingen aantrekkelijk.
Hun hoger opgeleide leeftijdgenoten jobhoppen doorgaans vanuit andere beweegredenen. Zelfontplooiing, hiërarchie, balans tussen werk en privé, erkenning en betekenisgeving zijn waarden die hoger opgeleiden in beweging zetten. En de *high potentials* onder hen, de *hipo's*, blijven ook in economisch mindere tijden volop aan het shoppen.

Andere tijden De managementposities worden vooral bekleed door de naoorlogse babyboomers en de daaropvolgende generatie X. Voor hen waren loyaliteit en jezelf opwerken belangrijke waarden om hogerop te komen. Zij hebben immers ook 'andere tijden gekend'. De generatie na hen kijkt er anders tegenaan.
Voor managers is het interessant te begrijpen hoe ze de uitstroom van jonge mensen kunnen verlagen, of positief gesteld: de loyaliteit kunnen verhogen. Dit vraagt bereidheid om te veranderen en veel meer focus op zachte kanten zoals de interne communicatie en de werksfeer.
Een bedrijf kan de jongste generatie werknemers voor langere tijd aan zich

binden door hun een gevoel van vrijheid, maar ook structuur en perspectief te bieden. Liever niet honderd verschillende functies, maar gestructureerde, heldere paden als traineeships, roulatiesystemen en opleidingstrajecten. Het sluit allemaal aan bij de wens van jongeren om snel te leren, carrière te maken en erkend te worden in hun individuele mogelijkheden. Zo wordt je bedrijf een werkgever waar je langer kunt blijven (zekerheid), terwijl je wel verschillende functies kunt hebben (afwisseling, experimenteren, uitproberen) en carrière kunt maken (aanzien).
Volgens psycholoog Jan Derksen hebben werkgevers ook een rol in het temperen van verwachtingen: 'Je moet ze laten merken dat ze welkom zijn, dat ze erbij horen én dat ze er nog lang niet zijn. De boodschap moet zijn: het zal tien tot twintig jaar duren voor je de top bereikt, je zult het zelf moeten doen, en dat betekent dat je veel beter moet presteren dan je nu doet.'[18]

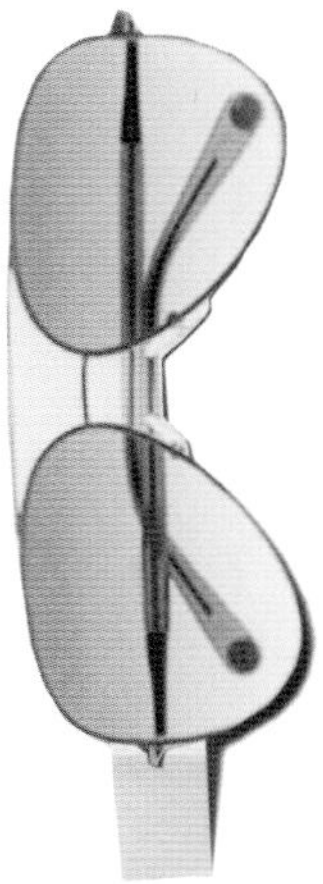

Vraag en aanbod De arbeidsmarkt draait net als alle markten om vraag en aanbod. Los van de vraag hoe de economie zich ontwikkelt, weten we nu al dat we de huidige groep jongeren nu en in de toekomst hard nodig hebben om de uitstroom van oudere medewerkers op te vangen.
Daarbij zal het dringen worden tussen de verschillende sectoren, want iedereen vist in dezelfde vijver. Jongeren hebben dus volop keuze, of eerder te veel keuze, en moeten kiezen uit een woud van mogelijkheden. Werkgevers die zich bij studenten willen profileren, moeten meer doen dan het klassieke sponsoren van feesten of sporttoernoois onder studenten.
Bedrijven die jonge mensen goed aan zich weten te binden, richten zich op kernwaarden als creativiteit, betekenisgeving en vrijheid. Interessant is het groeiende aantal jonge mensen dat ervoor kiest om als zelfstandige door het werkende leven te gaan – dan maar geen carrière bij een baas. Ze geloven in hun eigen toegevoegde waarde, in hun eigen kunnen. En alleen werkgevers die hier ook in geloven, weten hen echt aan te spreken.
Eerder stelden we dat jongeren steeds narcistischer worden, meer gericht op zichzelf, zelfbewust, er heilig van overtuigd dat zij in groepen en organisaties het verschil kunnen maken. Dit is ook een reden waarom veel jongeren moeite hebben met werken in grote organisaties en het verklaart waarschijnlijk waarom steeds meer jongeren kiezen voor een toekomst als zzp'er (zelfstandige zonder personeel).

Tips voor opleidingen >

- Geef leerlingen de kans om zo veel mogelijk te praten over hun dromen, luister, stel kritische vragen, maar laat ze zelf het antwoord ontdekken. Een keuze voor een vervolgstudie is een persoonlijke zoektocht, die volwassenen wel moeten begeleiden, maar niet te veel invullen.
- Moedig leerlingen aan om tijdens hun oriëntatieproces voor studie- en beroepskeuze zo veel mogelijk te gaan praten met mensen die het beroep al praktiseren. Gebruik het netwerk van ouders van leerlingen van de hele school om leerlingen in contact te brengen met beroepen waar ze van dromen, maar niemand in kennen.
- Een studiekeuze eindigt niet met de eerste dag op een nieuwe opleiding. Juist dan moeten opleidingen tijd stoppen in gesprekken met hun nieuwe studenten, bijvoorbeeld door iedereen na twee maanden een gratis gesprek met een studiecoach aan te bieden.
- Dat kost veel tijd en geld, maar daarmee monitor je potentiële uitvallers, die zich niet spontaan bij een decaan komen melden.

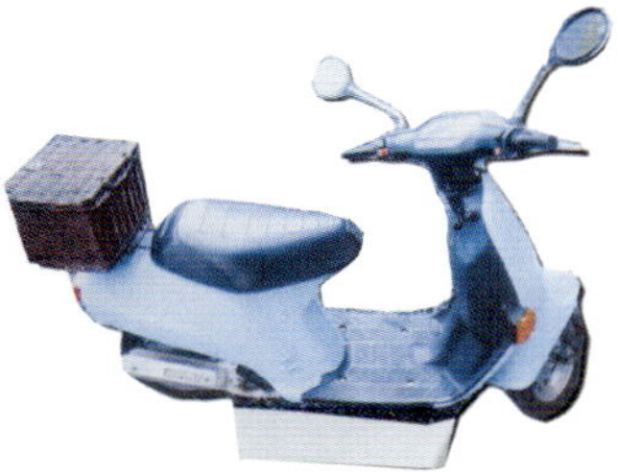

Tips voor werkgevers >

- **Begeleid jongeren intensief.** Bied ze via mentoring veel structuur en feedback zodat ze weten wat je van ze verwacht.
- **Bied veel zichtbare carrièrestapjes.** Jongeren zijn ambitieus, ongeduldig en veeleisend. Ze willen snel groeien en zien dat ze vooruitgaan. Bedrijven zijn vaak kwistig met het beloven van trajecten, maar deze trajecten worden zelden geconcretiseerd.
- **Geef veel complimenten.** Een kritisch geluid hier en daar kan natuurlijk best, mits onderbouwd, maar benadruk vooral ook wat ze goed doen. Veel jongeren zijn onzeker en kunnen directe positieve feedback goed gebruiken.
- **Talentmanagement is voor bedrijven een essentiële competentie om goede werknemers te behouden.** De basis van het talentmanagement is het afstemmen en ontwikkelen van talenten op een manier die bij de medewerker en bij de organisatiedoelstellingen past. Ga bij jongeren ook op zoek naar aanvullende talenten die oudere werknemers minder beheersen, zoals ICT-vaardigheden.
- **Communiceer op een duidelijke manier.** Jongeren zijn allergisch voor vage doelen en taken. Ze calculeren in welke prestaties precies voldoende zijn en gaan slecht om met regels die halverwege het spel veranderen.
- **Sfeer is essentieel.** Besteed veel aandacht aan de onderlinge werkrelaties. Een goede sfeer is onontbeerlijk om jongeren te behouden. Werk is voor jongeren een plaats waar ze met gelijkgestemden rondhangen tot het tijd is de gesprekken buiten de werkplek voort te zetten.
- **Vergelijk niet met vroeger.** De arbeidsmarkt is erg veranderd. Jongeren steeds vergelijken met de arbeidsmoraal van jonge mensen pakweg dertig jaar geleden brengt je geen nieuwe inzichten.
- **Leef je in.** Jongeren kunnen zich nog niet verplaatsen in de verschillende afwegingen die een leidinggevende moet maken; leg daarom uit wat je bedoelt. Jongeren willen waardevol werk doen en hun tijd niet verdoen met taken waar ze het nut niet van inzien.
- **Denk aan je mimiek.** Jongeren schrijven aan gezichtsuitdrukkingen en opmerkingen sneller een negatieve bedoeling toe. Zo zullen ze een bedenkelijke blik eerder interpreteren als afkeuring.

COMPAQ
BLINDGAD IN WACO
ZELFMOORD OF MASSAMOORD?
REAL-TIME RACING
SEVIER
ERIKA
e presidentsverkiezingen en het
t Witte Huis. Met 13 biografieën
SAMSUNG
SUPER T-BASS

Egbert, 17 jaar, thuiswonende vwo-scholier uit Nijkerk.

Jongeren en de maatschappij: overal over mee-praten?

8.

De babyboomgeneratie kan zich zuchtend afvragen waar het maatschappelijk engagement is gebleven. De huidige generatie jongeren voert nauwelijks acties, is amper lid van politieke organisaties en gaat alleen maar de straat op als het eigenbelang echt heel groot is. De inspraakmogelijkheden die in de jaren zestig en zeventig hard bevochten zijn, staan nu allemaal in de wet, zelfs zodanig dat iedere overheid jongeren bij van alles en nog wat móét betrekken. De meeste jongeren lopen hier niet echt warm voor. Maar kan het puberbrein al deze politieke discussies al overzien?

'Ze wilden hier iets voor de jeugd doen. En toen hebben ze gevraagd of ik voor wat politici wilde vertellen waarom het hier zo saai is. Nou, prima. Ik zing R&B. Daar treed ik ook mee op. Ik zou heel graag les willen geven aan 11- en 12-jarige kinderen, gewoon hier in een buurthuis.
Maar die politici komen hier zo zitten, met koffie en koekjes. En dan luisteren ze naar je en ze vinden alles leuk wat je zegt, maar daarna zie je ze nooit meer. Er zou zogenaamd iets gedaan worden, maar voor ze het besproken hebben en alle papieren hebben geregeld, ben ik al van school. Beetje jammer van de tijd.' Ilyas, 17 jaar

8.1 Participatie, omdat het moet?

Wat vindt de jeugd ervan? Het is de afgelopen tien, vijftien jaar een gevleugelde vraag geworden. Van de ijsberen op de Noordpool tot en met het cultureel meerjarenplan van hun woongemeente: jongeren mogen tegenwoordig overal iets van vinden. Een combinatie van opvoedingsonzekerheid bij ouders en leraren, technologische voorsprong van jongeren en een overwaardering van het jong zijn leidt ertoe dat we jongeren als de goeroes van de moderne tijd zijn gaan beschouwen.
Tot in het Internationale Verdrag van de Rechten van het Kind is vastgelegd dat jongeren het recht hebben mee te praten over zaken die hen aangaan. Overheden op alle niveaus zijn verplicht om jongeren te betrekken bij het maken van hun beleid. De basisgedachte is simpel: jongeren zijn een belangrijke groep in de samenleving en we doen er dus goed aan om een vinger aan de pols te houden over wat jongeren nu precies denken over hun eigen leefomgeving. Daarmee weten overheden beter wat hun behoeften zijn en kunnen hun organisaties klantgerichter en dus effectiever gaan werken. Want veel professionals praten wel over, maar weinig mét jongeren.
Over de wenselijkheid van dit alles zijn volwassenen het altijd snel eens. Participeren geeft jongeren de kans nieuwe vaardigheden te leren en theoretische kennis toe te passen in de praktijk. Hun imago als groep wordt er beter van en de kloof tussen jongeren en de rest van de samenleving verkleint. De meeste jongeren hebben echter geen natuurlijke behoefte om te participeren in organisaties in de vorm die de volwassen wereld hun aanbiedt.

De kernvraag is dus hoe we jongeren kunnen verleiden en kunnen leren te participeren.

'Ik wil heus wel een spaarlamp indraaien, maar verder zegt het klimaat me weinig. Wat kan ik er nou aan doen? Laten die regeringen maar eens met goede plannen komen, die zitten alleen maar te ruziën.' Eva, 15 jaar

Opvoeden tot democratisch burger We leven in een democratische samenleving. Deze democratie functioneert zolang mensen de onderliggende waarden onderschrijven en de vaardigheden beheersen die nodig zijn om binnen dat systeem te participeren. Hierbij gaat het om het besef dat mensen van mening verschillen of de vaardigheid je te verplaatsen in de positie van andere individuen en zienswijzen. Democratie is niet eenvoudig. Het gaat er namelijk niet alleen om je eigen mening te geven, maar ook om je eigen inzichten af te wegen tegen die van anderen en vervolgens concessies te kunnen doen en keuzes te kunnen maken. In een democratie los je conflicten op een vreedzame manier op.
Een democratie functioneert alleen als alle burgers de spelregels accepteren en hanteren. Ook jongeren moeten zich dit gedachtegoed eigen maken om democratisch burger te worden. Inspraakmogelijkheden en projecten zijn er volop, maar is het puberbrein er ook klaar voor?
Het lijkt soms wel alsof we het vanzelfsprekend vinden dat jongeren democratische burgers zijn, maar het is beter om als uitgangspunt te nemen dat ze ook dit moeten leren. Na de Tweede Wereldoorlog leidde het besef 'dit nooit meer' bij velen tot maatschappelijke betrokkenheid en democratisch burgerschap. Bij jongeren, die de keerzijde van niet-democratische samenlevingen niet uit eigen ervaring kennen, is dit besef veel minder aanwezig.

Democratisch portfolio Hoogleraar jeugdbeleid Micha de Winter pleit ervoor dat we jongeren democratische ervaringen gaan leren. Hij constateert dat niemand zich echt verantwoordelijk voelt voor de opvoeding van jongeren tot democratische burgers. We bieden volop mogelijkheden te participeren, maar vrijwel niemand stelt zich de vraag in hoeverre jongeren dit ook al kúnnen. Als je het begrip uiteenrafelt, zijn er veel complexe vaardigheden vereist: abstraheren, je mening vormen, je mening verwoorden, luisteren naar anderen,

compromissen sluiten. Als je nog nooit de ervaring hebt opgedaan dat mensen naar jouw mening luisteren en hier iets mee doen, hoe zet je dan ineens de stap om op jouw school of in jouw gemeente iets gedaan te krijgen?
Democratische ervaringen kunnen op tal van plaatsen worden opgedaan: op school, in de buurt, via vrijwilligerswerk, tijdens sociale activiteiten in het kader van maatschappelijke stages of een sociaal jaar, enzovoort. De vorderingen en ervaringen kunnen worden vermeld in een persoonlijk portfolio, dat een substantiële rol kan spelen in het cv van jongeren. Het cv toont daarmee hun kunnen en hun maatschappelijke betrokkenheid.

Doelen van democratische burgerschapsvorming

Om jongeren te leren wat het betekent om in een democratie te leven, moeten we ze:

1. een kader geven waarin ze ervaren dat het normaal is dat er meningen, religies en overtuigingen zijn die afwijken van die van hen;
2. vaardigheden aanleren om hun meningen en overtuigingen te uiten en om te gaan met andere overtuigingen en om problemen op te lossen die ontstaan door verschillende zienswijzen;
3. ervaringen meegeven op micro- en macroniveau: van de klas met zijn sociale dynamiek (bijvoorbeeld *mediation* in de klas door leeftijdgenoten) tot inspraakmogelijkheden (de leerlingenraad, meedenken met de gemeenteraad).

Morele oordeelsvorming

Een voorwaarde om te participeren is dat je je eigen mening kunt vormen, los van die van anderen. Wat is goed, wat is slecht? Wat vind ik daarvan? Psycholoog Lawrence Kohlberg deed interessant onderzoek door kinderen en jongeren morele dilemma's voor te leggen en hun te vragen wat zij ervan vonden. Kinderen denken vaak zwart-wit, iets is goed of fout en er is geen tussenweg. Vanaf een jaar of 10, 11 beginnen jongeren hun eigen mening te vormen. Zo rond hun 14e gaan jongeren meer redeneren vanuit sociale relaties: behandel een ander zoals jij zelf ook wenst te worden behandeld. Op wat oudere leeftijd, vanaf ongeveer 25 jaar, gaan mensen daarnaast ook meer redeneren vanuit het maatschappelijk belang: welke verantwoordelijkheden en regels zijn er nodig om een samenleving te laten functioneren?

Wie bereik je eigenlijk? Als we democratische vaardigheden zien als een leerproces, geeft het ons ook beter zicht op een ander aspect: de ondervertegenwoordiging van sommige segmenten jongeren. Jongeren zijn onderling erg divers. Hoger opgeleide jongeren leren bijvoorbeeld op school debatteren en hun meningen te uiten, terwijl dit op het vmbo veel minder nadruk krijgt. In de hele samenleving zien we dat hoger opgeleide mensen actiever participeren in de politiek en maatschappij en bij jongeren zien we dat terug. Mark Bovens, hoogleraar Bestuurskunde, zegt hierover: 'De stem van hoger opgeleiden legt meer gewicht in de schaal bij verkiezingen, klinkt veel luider bij allerlei vormen van protest en inspraak en ze is allesbepalend in Kamer en kabinet. Politicologisch onderzoek uit de VS laat zien dat de ongelijke participatie zich vertaalt in een vertekening van de politieke agenda. Ook in ons land is aannemelijk, maar empirisch lastig te bewijzen, dat de specifieke problemen waar lager opgeleiden mee te maken hebben minder hoog op de politieke agenda komen doordat de meeste volksvertegenwoordigers en opinieleiders (en hun kinderen) hoog zijn opgeleid. (...) Er is één groep in het bijzonder die steeds onverschilliger tegenover politiek staat en dat zijn laagopgeleide jongeren.'[1]

Zo ontstaat ongewild maar structureel een enorme vertekening. In jeugdbeleid gaan bijvoorbeeld veel discussies over risicojongeren of allochtone jongeren, terwijl die groep zelf in het debat volledig ondervertegenwoordigd is. Niet uit onwil, ze zijn gewoon lastiger te mobiliseren.

Als je je alle jongeren die potentieel mee kunnen praten met de politiek voorstelt binnen een grote piramide, dan bevinden zich in de top zo'n 5 procent politici-in-de-dop, de rasechte vergadertijgers die over van alles meepraten en zich de politieke mores moeiteloos eigen maken. Daaronder zit een laag van 20 procent jongeren die nog redelijk goed te bereiken is mits de thema's en de aanpak aanspreken. Voor globalisering of klimaatverandering komen ze niet gauw in beweging, maar voor een gesprek over het brommerrijbewijs of het jongerenwerk in de wijk zijn ze wel te porren. In de brede basis van de piramide bevindt zich circa drie kwart van alle jongeren die voor beleidsmakers en politici nauwelijks te bereiken zijn. Hier zitten ook de jongeren om wie het meestal gaat: de vroegtijdige schoolverlaters, hangjongeren, buurthuisgebruikers, lager opgeleide jongeren. Hun motieven blijven structureel onderbelicht.

Veel participatietrajecten grijpen terug op de kleine groep jongeren die van participatie een hobby maakt: de goedgebekte, aangepaste jongeren uit de top van de participatiepiramide. Door hun eigen afstand tot de jongerencultuur zijn bestuurders en beleidsmakers zich ook zelden bewust van mogelijke vertekeningen. Voor hen is een jongere een jongere, terwijl het voor een wethouder altijd goed is om na te denken over de representativiteit van zijn gesprekspartners: komt het verzoek voor die skateplek van een brede groep jongeren of van een klein groepje skaters dat goed kan lobbyen?

Jongeren in probleemwijken willen een eigen rol

YoungOpinions is een regelmatig onderzoek dat wordt uitgevoerd door Young-Works en PartyPeeps2000.com (PP2G), een van de grootste multiculturele profielensites, waar muziek, kleding en uitgaan de belangrijkste ingrediënten zijn. Jongeren (van 12 tot 25 jaar) die een profiel hebben op PP2G wordt regelmatig gevraagd naar hun mening over actuele thema's.

In juni 2008 werden PP2G-jongeren ondervraagd die in de zogenaamde 'prachtwijken' wonen. Toen bleek maar liefst drie kwart van hen ronduit trots te zijn op hun wijk. Een ruime meerderheid van de jongeren die in een prachtwijk woont, vindt dat jongeren verantwoordelijk zijn voor een groot deel van de problemen in hun wijk en dat jongeren die problemen veroorzaken hard door de politie mogen worden aangepakt.

Jongeren hebben echter geen vertrouwen in de politiek. Volgens 69 procent van de ondervraagde jongeren lukt het de politiek niet om de problemen in hun wijk op te lossen, omdat ze niet weten wat hiervoor nodig is. 88,4 procent vindt dat de politiek jongeren moet betrekken bij het oplossen van de problemen door naar hen te luisteren. Jongeren hebben het gevoel dat de politiek geld anders besteedt dan zij zelf zouden doen. Ze vinden dat het tijd is om te investeren in jongeren, terwijl ze het gevoel hebben dat de politiek vooral kiest voor meer blauw op straat en het opknappen van woningen. Maar liefst 65,1 procent van de jongeren in de probleemwijken is geïnteresseerd om zelf mee te werken aan projecten in hun wijk. Maar ze hebben vaak geen idee wat ze hiertegen kunnen doen, hoe ze bijvoorbeeld in actie kunnen komen. Interessant is verder dat bijna drie kwart van de jongeren vindt dat je hun mening vrijwel nooit terug ziet in algemene nieuwsmedia.

Zie www.youngopinions.nl.

8.2 Hoe betrek je jongeren dan?

Nu jongerenparticipatie een recht is geworden, moeten we voorkomen dat het blijft bij een doel op zichzelf. Meepraten over politiek, meedenken over de maatschappij, een rol innemen als bewuste burger: dit alles vergt bepaalde vaardigheden en kennis. Hoe en waar kunnen we jongeren die democratische vaardigheden dan het beste leren? Wat kunnen we doen om het puberbrein beter voor te bereiden op die maatschappelijke rol?

Het gezin als minidemocratie Micha de Winter wijst het gezin aan als de eerste leerschool voor sociale participatie en een democratische gezindheid. Een autoritatieve manier van opvoeden (liefhebbend maar duidelijk) geeft kinderen de beste kansen qua sociale empathie en maatschappelijk succes. In hoofdstuk 2 zagen we al dat jongeren bij deze opvoedstijl het best gedijen. Maar het dient een breder belang dan alleen dat van het individu, iets wat we in onze hyperindividuele samenleving nogal eens uit het oog verliezen. Democratie kan alleen bestaan als voldoende mensen een middenweg zoeken tussen hun eigen belangen en die van anderen.

Het gezin is een minidemocratie. De wil en de vaardigheid om consensus te bereiken (een democratische vaardigheid bij uitstek) leren jongeren bijvoorbeeld prima tijdens een verhitte discussie over de vakantiebestemming voor komende zomer of tijdens de onderhandelingen over computertijd of huishoudelijke klusjes. Vanwege de emotionele band tussen ouders en kinderen is het gezin de ideale plek om dit soort vaardigheden in een liefdevolle omgeving te ontwikkelen.

Democratie-educatie op school Socialisatie vindt voor pubers ook in sterke mate plaats op school. Het ontwikkelen van een democratische gezindheid is in het overvolle programma echter niet heel belangrijk. Wel zijn in allerlei kerndoelen of eindtermen aspecten van democratie-educatie verstopt, maar de overheid mag hier volgens De Winter meer nadruk op leggen. Kennis doe je op via literatuur of media; attitudes en vaardigheden ontwikkel je bijvoorbeeld door de school in te richten als proeftuin voor democratie: denk aan het instellen van een leerlingenparlement, een politieke debatgroep of schaduwverkiezingen. Voor een deel gaat dit ook 'vanzelf', door de manier waarop een school als gemeenschap functioneert, waarop docenten en kinderen met elkaar omgaan en waarop de relaties met ouders en de buurt zijn georganiseerd. Goed of minder goed, school is hoe dan ook voor jongeren een samenleving in het klein.

Hoe worden jongeren betrokken? Veel gemeenten, maar ook provincies en andere organisaties die zich door de wet of hun 'maatschappelijke rol' gedwongen voelen om naar jongeren te luisteren, kunnen dat alleen op een goede manier realiseren door actief op zoek te gaan naar een doorsnee van de jongeren over wie het gaat en vormen te bedenken die voor jongeren aantrekkelijk zijn. Dat is niet gemakkelijk. We lopen de drie vormen langs die op dit moment het meest gebruikt worden:

• Onderwijsprojecten. Met name de rijksoverheid probeert vaak via het onderwijs leerlingen te bereiken met allerlei maatschappelijke onderwerpen. Soms gaat het niet verder dan voorlichting (over de multiculturele samenleving of over gezondheid), maar dikwijls willen de Haagse departementen hiermee ook debat uitlokken in de klas – over Europa, democratie, tolerantie, keuzes in de rijksbegroting. Zolang die pakketten goed aansluiten bij de behoeften en de vakken van het onderwijs, is daar niets mis mee. Het kan vooral een goede manier zijn om kennis over de samenleving en democratie over te brengen. Aangezien jongeren toch op school zitten, heb je ze dan in elk geval te pakken. Het enige probleem is dat niet alles via school kan en dat er jaarlijks tientallen goed bedoelde lespakketten na een beperkt gebruik onder in de kast verdwijnen.

• Participatieprojecten in gemeenten of provincies. Steeds meer lokale overheden proberen op basis van een concreet project met een groep jongeren uit hun gemeente contact te krijgen en ze dan één of meer actuele politieke kwesties voor te leggen. Jongeren praten mee in projectgroepen, in debatten of tijdens brainstorms. Ze gaan zelf op onderzoek uit om hun mening te vormen, bijvoorbeeld door interviews te houden met leeftijdgenoten, betrokken instanties of volwassenen. Ze maken foto's of filmpjes en brengen zo zelf in beeld hoe bijvoorbeeld een nieuw plein of buurtcentrum moet worden ingericht. Onderwerpen zijn er volop: alleenstaande minderjarige asielzoekers, eenzame ouderen, bevordering van begrip tussen culturen... De valkuil is voor gemeenten vaak dat ze tegelijk willen weten wat de jongeren beweegt én duidelijk sturen om draagvlak te krijgen voor hun eigen agenda. Ook bij debatten met jongeren zetten volwassenen vaak de toon. Politici willen in dialoog met jongeren, liefst zichtbaar voor iedereen. Maar waar politici floreren, klappen veel jongeren dicht en giechelend en stotterend kunnen ze hun mening niet goed voor het voetlicht krijgen.

• Vaste structuren: een jongerenraad. Het is natuurlijk de droom van iedere politicus dat jongeren zichzelf organiseren om hun mening te laten horen, liefst in een vorm die goed aansluit op de volwassen vergadercultuur. Bij het uitblijven van zulke spontane jongerenorganisaties hebben veel gemeenten in het verleden geëxperimenteerd met een jongerenraad of een jongerenparlement; een vaste groep jongeren die wekelijks of maandelijks meedenkt met de onderwerpen die bijvoorbeeld ook in de gemeenteraad spelen. Behalve dat dit bijzonder veel begeleiding vraagt en na één of twee jaar weer stopt omdat de vriendengroep dan uit elkaar valt, heeft deze vorm vaak niets te maken met een vertegenwoordiging van jongeren. Het zijn dan wel jongeren die meepraten over onderwerpen die hun leeftijdsgroep aangaan, maar ze zijn niet gekozen. Dus als beleidsmakers actief zo'n groep bij elkaar brengen, moeten ze in elk geval zorgen dat meerdere stemmen vertegenwoordigd zijn. En dat is heel moeilijk. Als ambtenaar ben je soms al blij dát er jongeren zitten.

U-shake

U-shake is een groep Utrechtse jongeren van 12 tot 24 jaar die in Utrecht de gemeente, culturele instellingen en andere organisaties gevraagd en ongevraagd advies geven over onderwerpen die jongeren belangrijk vinden, zoals onderwijs, werk, sport, uitgaan, veiligheid en discriminatie. Het is geen jongerenraad met een vaste samenstelling, maar een platform waarin tientallen jongeren participeren waarbij per deelproject een selectie jongeren aan de slag gaat.

Jongeren betalen om mee te doen? De meeste jongeren zijn niet vanuit zichzelf gemotiveerd om mee te doen met zogenaamde participatieprojecten. Ze hebben een overvolle agenda. Een middag meepraten over de inrichting van een nieuw buurthuis concurreert met een middagje gamen, shoppen met vriendinnen, zwemmen, huiswerk maken of een bijbaantje. Maar als je wéét dat je moet concurreren met al die andere activiteiten van jongeren, moet je de aantrekkelijkheid van je activiteit verhogen, bijvoorbeeld door ze te betalen voor hun deelname. Dat levert veel discussie op. Krijg je dan wel de goede jongeren? Zijn ze gemotiveerd om echt een inhoudelijke bijdrage te leveren?

En vooral: kun je dat wel maken in een participatietraject? Wij hebben hier al meer dan tien jaar mee geëxperimenteerd en het blijkt dat je juist de jongeren die je er graag bij wilt hebben, degenen die niet uit zichzelf geïnteresseerd zijn in politiek, een worst voor moet houden om mee te doen. Als ze dan komen, blijken ze vaak positief verrast te zijn over hoe leuk het is ergens over mee te denken. Het is niet zo dat ze het niet willen of kunnen, maar eerder dat ze eerst moeten worden overgehaald om er tijd voor te maken. Een makkelijke manier is om ze te financieel te belonen voor hun 'advies'. Aangezien het hier gaat om kwalitatief meedenken en niet om een democratische vertegenwoordiging, is goed uit te leggen dat je geld betaalt om te zorgen dat je jongeren binnenkrijgt die anders buiten beeld zouden blijven.

Een eigen initiatief of aanhaken? Scoren bij de pers en bij opdrachtgevers is niet hetzelfde als scoren bij jongeren. Voor bestuurders en beleidsmakers is het ontzettend verleidelijk hun eigen ding te doen: een jongerenkrant maken, een jongerenforum opstellen, een jongerenconferentie organiseren. Een eigen activiteit is het meest tastbaar en dat is handig voor publiciteit en voor interne verantwoording. Maar om jongeren te bereiken is het vaak beter om aan te haken bij activiteiten die er al zijn. Door inhoud toe te voegen op plekken waar al heel veel jongeren samenkomen, lift je als het ware mee op de interesse voor die activiteiten en kun je ook moeilijk te vertalen onderwerpen bij een lastig te bereiken publiek voor het voetlicht brengen. Coolpolitics bewijst al meer dan vijf jaar met goedbezochte debatten op Lowlands dat jongeren ook – of zélfs – op een muziekfestival geïnteresseerd zijn in politiek en wetenschap. Succesvolle voorbeelden combineren het nuttige met het aangename. Door een inhoudelijke boodschap af te wisselen met inspirerende tussendoortjes, houd je de aandacht langer vast. 10 procent is inhoud, 90 procent is vorm.

Uit- of thuiswedstrijd? 'Kom met ons praten, we willen weten wat jullie ervan vinden!' Bestuurders zeggen het vaak met een groots gebaar, gemakkelijk en vrijblijvend. Maar voor jongeren speelt het politieke spel zich helemaal niet af in de politieke arena. De gemeenteraad of het provinciegebouw is niet hun terrein. Wie echt wil weten wat jongeren ervan vinden, zegt het anders: 'Ik kom naar jullie toe om te horen hoe jullie erover denken.' De overheid kan in dit opzicht veel leren van het bedrijfsleven. Jongerenrecruiters

en -marketeers beseffen heel goed dat zij de informatie bij de jongeren moeten gaan halen. Ze doen hun best om gegevens van jongeren te bemachtigen en kennis te krijgen van de jongerencultuur door zelf contact op te nemen. Het is hún belang.
Veel bestuurders en beleidsmakers voelen die urgentie minder. Jongeren staan wel in hun blikveld, maar niet in het midden. De afstand die zij zelf tot jongeren voelen, maakt dat bestuurders tegen een drempel oplopen. Ze voelen een onbewuste angst om de wereld van jongeren binnen te gaan en zich te verdiepen in hun cultuur. En dus spelen ze liever thuis dan uit. Zo is er wederzijds een drempel om in contact te treden. Volwassenen zullen die drempel als eersten over moeten.

Jongeren hoeven niet altijd betrokken te worden

Niemand wil beticht worden van regentesk beleid of 'disrespect' voor jongeren en dus krijgt vrijwel elke campagne een vertaling naar jongeren en moet in alle werkgroepen een jongere vertegenwoordigd zijn. Maar er zijn ook legio onderwerpen waarvoor jongeren niet de meest voor de hand liggende doelgroep of vraagbaak zijn omdat ze er nog geen interesse in hebben. Moet je jongeren mee laten praten over het gemeentelijk referendum terwijl ze nog niet eens mogen kiezen? Over de inrichting van het nieuwe stadsdeel aan de overzijde van de rivier, terwijl ze over tien jaar waarschijnlijk al lang ergens anders wonen? Jongerenparticipatie is nu vaak een proces waarbij kinderen of jongeren worden gevraagd hun meningen te geven omdat ze nu eenmaal jong zijn en er recht op hebben om mee te praten.
De beslissing om jongeren als doelgroep buiten beeld te laten, is soms volstrekt legitiem. Als jongeren ergens met de haren bij worden gesleept, is dat een garantie voor mislukking en frustratie (aan beide kanten). Kies onderwerpen waarbij jongeren als doelgroep echt relevant zijn en formuleer een duidelijk doel: wil je hen informeren, wil je dat ze hun mening geven of mogen ze meebeslissen? Dat bepaalt de aanpak en de middelen. Jongeren betrekken heeft pas zin als ze iets aan een plan of een proces kunnen toevoegen.
Hun mening over hoe je het best hun leeftijdgenoten kunt bereiken met een gezondheidscampagne is minder relevant, omdat professionals daar meer over weten.

Mediavaardigheden Participeren in maatschappelijke projecten vraagt ook om mediavaardigheden. Iemand kan niet goed in een maatschappij functioneren als hij niet weet hoe hij zich moet informeren. Jongeren zijn, zoals we al zagen, geen informatie-experts maar hebben juist behoefte aan scholing in vaardigheden die nodig zijn om deel te nemen aan de informatiemaatschappij. Ze kunnen nog niet alle informatie kritisch beoordelen en inschatten of iets betrouwbaar is. De discussie over mediawijsheid die we in hoofdstuk 6 hebben belicht, werkt ook door in participatie.

Recent onderzoek van het Commissariaat van de Media laat zien dat jongeren de helft van de tijd die ze besteden aan het volgen van nieuws op radio, televisie, internet of in de krant, besteden aan gratis nieuwstitels. Het aandeel gratis nieuws is bij jongeren twee keer zo groot als bij ouderen. Jongeren hebben een duidelijke voorkeur voor snel en kort nieuws zoals dat bijvoorbeeld wordt gebracht op teletekst, de website nu.nl en diverse radiozenders als Q-music, 3FM en Radio 538. Deze nieuwsbronnen selecteren hun inhoud meer op het entertainmentgehalte. *Nice to know* prevaleert boven gedegen, sensationeel nieuws boven achtergrondreportages. Daarmee voorziet het Commissariaat dat er een generatie aankomt die niet goed kan meepraten over wat er in de maatschappij gebeurt, omdat zij zich baseert op oppervlakkige en beperkte informatie.[2]

Rob Wijnberg (1982), hoofdredacteur *nrc.next*

'Twintig televisiezenders, drie treinkranten, zes dagbladen, duizend tijdschriften en honderden televisieschermen in bus en tram bombarderen hun publiek non-stop met nieuws, opinies en achtergronden. Bovendien is het meeste ook nog op ons gericht. Aan de jonge mens – met een gat in zijn hand en de duim op de sms-knop – valt immers nog te verdienen.

Maar aan lessen informatieverwerking doet onze samenleving niet. Welke school of universiteit leest klassikaal kranten of kijkt in de klas tv? Geen enkele. Niemand gelooft immers dat omgaan met andermans ellende – ook al is het niet "werkelijk" – geleerd hoeft te worden. Dus knijpen wij, om niet overspoeld te worden door een golf van wereldproblematiek, onze ogen vaker dicht, wachtend op het moment dat het "laatste nieuws" zijn letterlijke betekenis eens waarmaakt.'[3]

Screenagers en online democratie? Jongeren gebruiken veel digitale bronnen, waardoor ze vrij gemakkelijk online informatie en meningen delen en op een informele manier van elkaar leren. Deze vormen van digitale participatie spelen een belangrijke rol bij hun persoonlijke ontwikkeling. Op veel jongerenfora praten jongeren volop over maatschappelijke thema's.
De mogelijkheden om je online te organiseren en met elkaar (maatschappelijke) discussies aan te gaan, wordt ook wel 'participatiecultuur' genoemd. Iedereen kan immers zelf meedoen aan allerlei discussies op blogs, fora, sociale netwerken en reactiepagina's of daar met een paar kreten op reageren, van discussies over nieuwe wetgeving tot het bekendmaken van consumentenmisstanden in een bepaalde branche. De belangrijkste basisvaardigheden om hier goed aan mee te kunnen doen, is dat je begrijpt waar en hoe je online je mening kunt geven en hoe je de reacties en meningen van anderen moet interpreteren. Daarnaast zijn er allerlei regels hoe je op een goede manier met elkaar kunt discussiëren op internet en manieren om aandacht te krijgen voor je eigen standpunt.
De meeste mensen die voor 1980 geboren zijn, hebben nog vaak het idee dat de jongste generatie wel weet hoe de online wereld in elkaar zit. Maar niets is minder waar. Ook hier moeten basisvaardigheden worden aangeleerd. Opvoeders en opleiders zijn vaak in de veronderstelling dat ze jongeren niets nieuws meer kunnen leren wat digitale media betreft en dus blijven scholing en begeleiding vaak uit. Daarbij zijn ouders vooral bezig om zelf niet achterop te raken. De uitdaging voor opvoeders en opleiders is duidelijk: jongeren de basisvaardigheden voor de nieuwe participatiecultuur bijbrengen.

De meeste vaardigheden zijn voor later Pubers blijven ook pubers. Maar weinig jongeren zullen gepassioneerd discussiëren over de finesses van de staatsinrichting of een geweldige interesse aan de dag leggen voor de voor- en nadelen van diverse kiessystemen. En ook na een goede democratieopvoeding en geanimeerde politieke discussies bij het avondeten meldt maar een enkeling zich aan voor de medezeggenschapsraad. Dat wil niet zeggen dat het nutteloos is om kennis en vaardigheden over te dragen. Het puberbrein is een enorme spons die ook informatie voor later opzuigt. Als hun wereld groter wordt, valt het wellicht op zijn plaats. De democratische ervaringen blijven je bij.
Vaardigheden om met elkaar te overleggen en problemen op te lossen

kunnen geoefend worden, zodat jongeren stap voor stap leren onderhandelen, compromissen sluiten en het politieke spel begrijpen.
Er wordt wel geopperd om de kiesgerechtigde leeftijd te verlagen of een jongerenpartij op te richten, om jongeren meer bij de politiek te betrekken. Wij geloven niet zo in de effectiviteit van zulke grootschalige ingrepen. Jongeren zijn zo verschillend en nog zo op hun eigen ontwikkeling gericht, dat we echt op andere manieren moeten doordringen tot het puberbrein. Pas als je zelf positieve democratische ervaringen hebt opgedaan, ga je geloven dat jouw mening er echt toe doet en ontwikkel je het zelfvertrouwen om die mening ook te uiten.
Dat volwassenen staan te popelen om naar je te luisteren merk je dán pas. Volgens hersenwetenschapper Eveline Crone kunnen jongeren beter buiten de geijkte paden denken: 'Hun hersenen laten immers een explorerend vermogen toe dat kan leiden tot nieuwe creatieve inzichten, die in volwassen hersenen soms al zijn geëindigd in een ongewenste tunnelvisie.'[4]

Tips voor politici en beleidsmakers >

> **Als je jongeren wilt inschakelen, kies dan voor een duidelijk traject met een kop en een staart.** Langdurige en actieve betrokkenheid willen en kunnen jongeren niet toezeggen. Er gebeurt zo veel in hun leven dat aandacht vraagt: school, werk, vrienden. Wie weet hoe het er een jaar later voor staat? Als je regelmatig jongeren wilt spreken, kun je beter een bredere groep geïnteresseerde jongeren samenstellen en daar per keer een selectie uit maken.

> **Wees extreem duidelijk over (on)mogelijkheden.** 'Nee' is ook een antwoord, zelfs een veel beter antwoord dan de radiostilte die jongeren nu vaak ervaren als iets niet doorgaat. Jongeren moeten leren dat democratie meer is dan 'u vraagt, wij draaien'. En wees duidelijk over de termijn van resultaten: 'Als de gemeenteraad besluit tot een nieuw jeugdhonk, dan is dat er op zijn vroegst in 2010.'

> **Jongeren willen best moeite doen om jou de juiste informatie te geven, als je maar duidelijke en open vragen aan ze stelt.** Verwacht niet dat ze beleidsplannen gaan schrijven of lezen. Hiermee overvraag je de meeste jongeren en de groep die dan overblijft, is niet-representatief en vertroebelt je beeld.

> **Vertaal je vragen naar thema's die echt relevant zijn voor jongeren.** Over besluitvorming in Europa hebben ze misschien nog geen mening, over veiligheid op straat, jongerenhuisvesting, stageplaatsen of vrijetijdsvoorzieningen hebben ze die wel degelijk.

life by ESPRIT

Mahoeba, afkomstig uit Afghanistan, 16 jaar,
4 vmbo, uit Uithoorn.

Multiculturele samenleving: leven in twee werelden

9.

De multiculturele samenleving, kunnen en willen we daar een apart hoofdstuk aan wijden? De hersenpan van allochtone jongeren zal vanbinnen toch niet anders zijn? En is de toegenomen aandacht voor allochtone jongeren niet vooral een hype waar we liever verre van blijven? Die vragen hebben we ons gesteld bij dit hoofdstuk, om het vervolgens toch te schrijven. Want ook al vinden we het lastig omdat je misschien zomaar bijdraagt aan stigmatisering, toch is het een feit dat allochtone jongeren soms een grotere hobbel moeten nemen dan hun autochtone leeftijdgenoten. Daardoor kan hun puberbrein onder spanning komen te staan. Relatief gezien komen allochtone jongeren veel vaker in de problemen, of het nu gaat om crimineel of om ander grensoverschrijdend gedrag. Juist in de levensfase waarin duidelijkheid en structuur essentieel zijn, moeten zij leren omgaan met de tegenstrijdigheden van de verschillende werelden waarin ze leven.

'Ik wil graag journalist worden, presentator bij de NOS, of politicus. Mijn ouders willen gewoon dat ik iets doe wat ik leuk vind. Dat is bij de meeste van mijn vrienden met Marokkaanse ouders niet zo. Die ouders willen dat hun kinderen alleen maar tienen halen. Terwijl een acht ook al een heel mooi cijfer is.
Mijn ouders zijn daar gelukkig veel makkelijker in. Ik kan ook goed praten met mijn moeder. In Marokkaanse gezinnen wordt vaak niet veel gepraat over gevoelens. Al die jongens die voor ellende zorgen, dat ligt gewoon aan de opvoeding. Die kunnen thuis hun gevoelens niet kwijt als ze bijvoorbeeld gepest zijn. Dan gaan ze dat op straat afreageren.
Kijk, als je gewoon meedoet aan de Nederlandse samenleving en je aan de wet houdt en aardig bent voor je buren, dan komt het wel goed. Het heeft met generaties te maken. Voor ons is biologie nu nog een vak waar Marokkaanse jongeren niet goed mee om kunnen gaan, het is te open, je praat niet over seks, ook niet thuis. Maar in 2020 is dat gewoon normaal.' Abu, 15 jaar

Over wie hebben we het?[1]

Met allochtone jongeren bedoelen we al die jongeren van wie één of beide ouders of zijzelf in het buitenland geboren zijn. Volgens deze definitie, die het CBS ook hanteert, zijn ook prinses Máxima en haar drie dochters allochtoon, net als 3,2 miljoen andere inwoners van Nederland, bijna 20 procent van de totale bevolking. Bij jongeren ligt het percentage allochtonen hoger, rond de 24 procent, en in sommige grote steden meer dan 50 procent.
Iets minder dan de helft van de allochtonen in Nederland is van westerse herkomst; dan gaat het bijvoorbeeld om Duitsers en Polen. De andere helft betreft niet-westerse allochtonen, vooral bestaand uit Turken, Marokkanen, Surinamers en Antilliaanse Nederlanders, de TMSA-groep. Binnen deze vier herkomstgroepen behoort 40 tot 50 procent tot de tweede generatie. Op dit moment ontstaat de derde generatie, maar met 50.000 inwoners en een gemiddelde leeftijd van 10 jaar is die groep nu nog klein. De derde generatie is volgens de definitie autochtoon: zowel zijzelf als hun ouders zijn in Nederland geboren.
Bij allochtone jongeren gaat de meeste aandacht uit naar jongeren met een Marokkaanse en Antilliaanse achtergrond, omdat zij relatief gezien het meeste probleemgedrag vertonen.

9.1 Leven in twee werelden

De zoektocht naar en geleidelijke ontplooiing van de eigen identiteit (van 'wie ben ik?' naar 'mag ik mezelf zijn?') zijn leidend in het ontwikkelingsproces van jongeren. Verschillende partijen oefenen in dat proces belangrijke invloeden uit: opvoeders, school, peers en overige opvoeders.

Iedere jongere maakt het geregeld mee dat mensen verschillende opvattingen hebben over zijn of haar gedrag. Je vrienden denken bijvoorbeeld anders over hangen op straat dan je ouders. Docenten op school gaan anders om met discipline dan de trainer op de volleybalclub. Juist te midden van die veelheid aan opties gaan jongeren gaandeweg hun eigen identiteit bepalen.

Alle jongeren doorlopen dit proces. Maar – en dat willen we benadrukken – allochtone jongens en meiden ondervinden meer verschillen en fricties tussen al die verschillende domeinen. In hun omgeving bevinden zich bovendien vaak ook meer vrienden, ouders en familieleden die met dezelfde fricties kampen. Eenvoudig gesteld kun je zeggen dat hoe groter de verschillen zijn tussen de verschillende domeinen (thuis, school, peers, overige opvoeders), hoe complexer het is voor een jongere om op te groeien.

Laten we twee voorbeelden geven. Youssef is 18 jaar, kijkt naar BNN, luistert naar Marco Borsato, heeft een gemengde vriendengroep op school en voetbalt dagelijks met drie Nederlandse vrienden op een pleintje in de buurt. Maar in de ogen van zijn buren blijft hij die lastige Marokkaanse jongen die zo veel op straat hangt. Of verbeeldt hij zich dit alleen maar? Zoals we eerder zagen, kunnen jongeren gezichtsexpressies immers moeilijk duiden.

Sengul, Turkse Nederlandse van 17, doet het supergoed op het vwo. Ze haalt hoge cijfers, is fan van *CSI* en wil straks Forensisch Onderzoek gaan studeren in Amsterdam. Haar mentor op school stimuleert haar die plannen door te zetten, maar haar ouders durft ze haar plannen nog niet te vertellen. Ze woont in Zaltbommel. Van het atheneum in haar straat naar dagelijks treinen naar Amsterdam, ze weet nu al wat haar ouders gaan zeggen. Maar door de open dag die ze laatst heeft bezocht is ze alleen nog maar enthousiaster. Hoe kan ze aan haar ouders duidelijk maken dat ze dit echt wil?

Ik versus wij

De maatschappelijke discussie over integratie gaat vaak over uiterlijkheden en rituelen, over hoofddoeken, alcohol drinken en handen geven. Interessanter is om te kijken naar de onderliggende waarden die overtuigingen en

gedrag sturen. Veel ouders van allochtone jongeren komen uit niet-westerse culturen, waar de *ranking* van waarden en behoeften heel anders uitvalt dan in onze westerse cultuur. Het belang van de groep is veel groter. Hoogleraar Interculturele Communicatie David Pinto heeft dit helder gemaakt door naast de behoeftepiramide van Maslow een tweede piramide te ontwikkelen.
De piramide van Maslow is een bekend model in de westerse psychologie en marketing. De kernboodschap is dat zelfontplooiing voor mensen in westerse samenlevingen de 'hoogste behoefte' is. Wij vinden het essentieel dat het individu zich ontplooit en zelfstandig beslissingen neemt. Om dit hogere doel te realiseren moet eerst aan 'lagere fundamentele behoeften' voldaan zijn. Denk aan elementaire zaken zoals eten, drinken, slaap en bescherming tegen kou, maar ook – ietsje hoger in de piramide – zekerheid, acceptatie en erkenning.

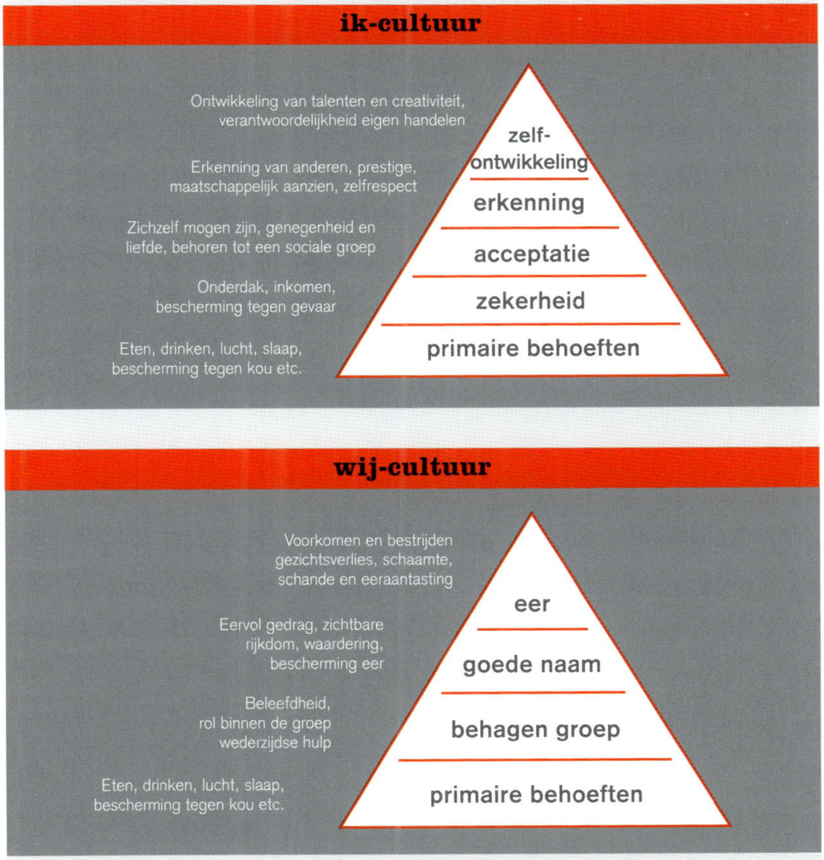

Piramide volgens Maslow (boven) en Pinto (onder)

Pinto's piramide laat zien dat in niet-westerse culturen andere behoeften centraal staan. Ook daar vormen elementaire behoeften de basis om in leven te blijven, maar – en hier wordt het interessant – zelfontwikkeling, in westerse samenlevingen 'het hoogste goed', komt in de onderste piramide helemaal niet voor. Het behoud van eer is daar het belangrijkst. In de onderste piramide zien we met name behoeften die samenhangen met acceptatie binnen de gemeenschap, in de bovenste staan vooral individualistische waarden. Experts spreken dan ook wel over de 'ik-cultuur' versus de 'wij-cultuur'. Interessant is bijvoorbeeld de focus op zichtbare rijkdom, die we veel bij allochtone jongeren zien. Sommige Marokkaanse jongens dragen veel dure merkkleding – van Gucci tot Armani – en in algemene zin laten allochtone jongeren zich in studie- en beroepskeuze meer leiden door zekerheid en materieel succes. Daardoor laten ze veel beroepen links liggen in ruil voor een commerciële functie of kantoorbaan.

Binnen en buiten De verschillen tussen de ik- en wij-cultuur werken door in het leven van allochtone jongeren in Nederland. Hoe meer de ouders zijn verbonden met de cultuur uit het land van herkomst en hoe meer de kinderen zijn geïntegreerd in de Nederlandse samenleving, hoe groter de tegenstellingen tussen 'binnen' (thuis) en 'buiten'. Neem de opvoeding: wordt een kind opgevoed tot autonoom, zelfdenkend wezen, of zijn gehoorzamen van de ouders en conformeren aan de gemeenschap de norm? En als een kind afwijkt van de regels, is dat dan bespreekbaar of zien ouders dit als het falen van hun autoriteit?

Sommige jongeren hoppen steeds heen en weer tussen twee waardestelsels, tussen twee werelden. Succesvol zijn en waardering krijgen zijn binnen deze werelden twee verschillende verhalen. Voor de duidelijkheid: ze staan lang niet altijd lijnrecht tegenover elkaar. Jongeren die bijvoorbeeld hun opleiding niet afronden, zijn ook in de ogen van veel allochtone ouders niet succesvol in de maatschappij. Deze ouders willen liefst de 'eer' (wij-cultuur) hooghouden met kinderen die succesvol zijn en hun talenten benutten (ik-cultuur) in de samenleving.

Veel allochtone jongeren weten beide culturele werelden uitstekend te combineren. Ze putten uit hun religieuze en etnische achtergrond en vertalen dit op hun eigen manier naar hun leven in Nederland. Maar – en dat wordt hierna duidelijk – er is ook een groep die moeite heeft met dat continue switchen. Zie het als een extra stressfactor, waardoor jongeren sneller problemen kunnen ervaren en afwijkend gedrag kunnen gaan vertonen.

Dubbele identiteit

In dit schema zie je hoe een Turkse jongen zijn identiteit zowel op Nederlandse als op Turkse waarden baseert, steeds afhankelijk van het thema. Qua ambitie en media is de Nederlandse schil overheersend, qua religie of opvoeding overheerst juist de Turkse invloed op zijn identiteit.[2]

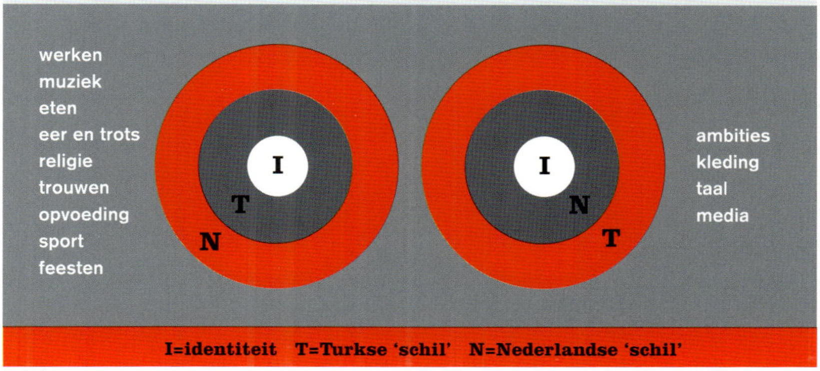

Begrip voor kwetsbaarheid

Said Bensellam was zeventien jaar lang portier in het Amsterdamse nachtleven. Tegenwoordig zet hij zich met Connect Initiatieven in voor probleemjongeren in Bos en Lommer. Bensellam won verschillende onderscheidingen, waaronder die van Amsterdammer van het jaar 2006. Hij vertelt:

'Ik kon vroeger op school niet meekomen en door mijn vaders onwetendheid was daarvoor geen begrip. Ik lag buiten de groep, werd eenzaam en had niemand om mee te praten. Eigenlijk ben ik zo mijn jeugd kwijtgeraakt. Ik was een zachtaardig kind, maar ben gaan trainen en portier geworden en zo terechtgekomen in een rare machowereld. Dit is het verhaal van heel veel kinderen van Arabische afkomst. Ze lopen tegen twee verschillende culturen aan en worden nauwelijks begeleid. Niet thuis en niet op school. Ze gaan zich isoleren of worden agressief.

Een Marokkaanse vader die van een goedbedoelende leraar hoort dat zijn kind concentratieproblemen heeft, krijgt een baksteen tegen zijn hoofd. Die

vader denkt: mijn zoon wil niet leren. Thuis krijgt het kind straf. Nog een voorbeeld van de druk waaronder sommige kinderen leven: van hun ouders leren ze dat ze in een groep moeten douchen met hun onderbroek aan, op school moet die na het gymmen uit. Wat doet zo'n jongetje als hij thuiskomt zonder z'n natte broek? Verbergen. Hij zit vast in een leugen.
In de puberteit gaat het regelmatig mis. Allochtone pubers worden niet afgeremd zoals Nederlandse. Als Nederlandse pubers fouten maken, worden ze daarmee geconfronteerd, er wordt over gesproken. Allochtone worden afgestraft, vaak hard geslagen. Daarmee creëren vaders afstand en ze leren hun kinderen niets. De volgende keer dat er iets speelt, moffelen ze het weg.
Ik probeer de brug te slaan tussen allochtone jongeren en de maatschappij. Ik ben begonnen bij de jongeren zelf, toen ben ik met de vaders gaan praten en nu breid ik de cirkel uit naar de moeders. Ik confronteer ze met hun gemiste kansen. Vertel ze wat het doet met de ontwikkeling van hun kinderen als ze geen begeleiding bieden. Hoe ze kunnen stimuleren en investeren.
Ze moeten weten dat ontbijten 's ochtends belangrijk is, net als praten over lichamelijke ontwikkeling. Dat kun je niet wegstoppen. Het probleem van onze cultuur is dat we te veel liefde missen. Alleen met liefde en begrip laat je kinderen groeien.
Aan de andere kant wordt er weinig gedaan om probleemgedrag bij allochtone kinderen van jongs af aan te signaleren. Die kinderen moeten in een vroeg stadium spreken met een kinderpsycholoog, zodat ze spelenderwijs over hun gevoelens en emoties leren praten. Begeleiding op scholen is essentieel. Net als begrip voor de kwetsbaarheid die aan probleemgedrag ten grondslag ligt.'

Sociale uitsluiting Uitsluiting, discriminatie – bij die begrippen speelt beleving een grote rol. Er zijn jongeren die zich al gediscrimineerd voelen als ze bij een balie of op straat hun paspoort moeten laten zien. En word je bij het zoeken van een stageplek nu afgewezen om je hoofddoek of om je sociale vaardigheden? Maar sociale uitsluiting is niet alleen een kwestie van beleving, er zijn ook harde feiten. Neem de participatie op de arbeidsmarkt. Hoewel de positie van allochtone werkzoekers van 15 tot 25 jaar recentelijk sterk is verbeterd – de werkloosheid daalde van 27 procent in 2005 naar 15 procent in 2007 – is deze nog altijd bijna twee keer zo hoog als bij autochtone leeftijdgenoten (11 procent in 2005 en 8 procent in 2007). Vooral lager opgeleide allochtone jongeren blijven kwetsbaar op de arbeidsmarkt.[3] Maar zelfs wanneer rekening wordt gehouden met verschillen in opleiding en leeftijd hebben allochtonen meer kans op werkloosheid dan autochtonen. Dit geldt met name voor Marokkanen van de tweede en Antillianen van de eerste generatie.[4] In de criminaliteit zien we een oververtegenwoordiging van allochtone jongeren. Marokkaanse en Antilliaanse jongeren tussen de 12 en 18 jaar worden bijvoorbeeld twee keer zo vaak doorverwezen naar HALT voor een taakstraf[5].

9.2 Het allochtone puberbrein

Thuis, op school, op straat, met vrienden onder elkaar: voor sommige allochtone jongeren gelden steeds andere normen en waarden. Als de contrasten daartussen te groot zijn, wordt het voor jongeren moeilijk om te begrijpen wat er precies van hen wordt verwacht. Ze groeien op in een wereld die totaal niet consequent is in zijn eisen en normen en zoeken vooral structuur en begeleiding. Wat betekent deze complexe zoektocht voor hun ontwikkelingsproces?
De spanning die het leven in twee werelden meebrengt, maakt dat sommige jongeren vastlopen in een samenleving die hen niet begrijpt en die zij niet begrijpen. Het puberbrein raakt overvraagd. Salah Sidali, psychiater bij Mentrum, over jongens met een Marokkaanse achtergrond: ‘Ze leven in twee werelden. Thuis moeten ze hun ouders onvoorwaardelijk gehoorzamen. De jongens moeten zich als man gedragen, macho zijn. Als ze wat ouder zijn, is er weinig intimiteit meer en wordt er weinig gecommuniceerd. Buiten het gezin moeten ze juist mondig zijn, het individu staat voorop. Nogal eens leidt dit tot conflicten met de ouders. Jongeren maken zich los van de familie, maar buiten vinden ze ook geen binding. Ze kunnen daardoor in een identiteitscrisis raken.’[6]

Drie strategieën Om zich psychisch en emotioneel staande te houden ontwikkelen jongeren tactieken. Wij zien hier drie strategieën: continu laveren, kiezen voor de Nederlandse óf kiezen voor de allochtone wereld.
Om met laveren te beginnen: sommige jongeren ontwikkelen twee min of meer parallelle gedragscodes, één voor thuis en één voor daarbuiten, om succesvol in beide werelden te kunnen opereren. Deze tactiek kan tot op zekere hoogte functioneren, maar stelt wel hogere eisen aan het puberbrein in een kwetsbare fase. Jongeren kunnen het gevoel ontwikkelen dat ze voortdurend een schijnvertoning opvoeren zonder ooit echt zichzelf te kunnen zijn. En jongeren hebben, naast structuur en discipline, vooral behoefte aan begrip en acceptatie.[7]

Om deze frictie niet dagelijks te hoeven ervaren kunnen jongeren zich ook steeds verder verwijderen van hun familie. Soms zijn de familiebanden toch al verstoord, doordat ouders niet goed op de hoogte zijn van het doen en laten van hun zoon of dochter buitenshuis. Terwijl ouders behoud van hun cultuur vaak belangrijk vinden, hebben hun kinderen meer de neiging zich (deels) aan te passen. Dit 'vernederlandsen' leidt bij ouders tot de angst om van hun kinderen te vervreemden. Als de ouders zelf niet of amper in contact staan met de Nederlandse samenleving – door taalproblemen, gebrek aan kennis en ook gebrek aan contacten met autochtone mensen – kunnen zij hun kinderen hierin ook veel minder goed begeleiden en begrijpen. Meiden worden doorgaans meer en langduriger gecontroleerd dan jongens. Verwijdering zoeken van de familie is voor hen meestal minder een optie dan voor hun broers. Daarom zoeken meiden vaak steun en begrip binnen een groep islamitische vriendinnen. Omdat ouders deze groep vaak wel vertrouwen en zien als een verlengstuk van hun cultuur, krijgen de meiden zo ook meer bewegingsvrijheid. Als Sengul samen met drie vriendinnen in Amsterdam gaat studeren, mag ze waarschijnlijk wel van haar ouders.

Een laatste strategie betreft het zoeken van houvast door duidelijke structuur en regels juist op te zoeken. Uitsluiting vinden jongeren vreselijk; in deze fase van hun leven is het erg belangrijk om ergens bij te horen. Sommige jongeren gaan zich daarom verdiepen in de islam en de godsdienstige geschriften en bepalen op basis hiervan onderling regels, vrij van de 'oppervlakkige tradities' van hun ouders. Dit kan een heel liberale vorm krijgen of zelfs eindigen in het loslaten van de godsdienst (al zullen de meesten dat aan de buitenwereld niet laten zien uit angst uit de groep te worden verstoten). Maar er is ook een kleine groep jongeren die in hun zoektocht naar erkenning en herkenning uitkomt bij de orthodoxe of 'zuivere' islam, de veelbesproken radicalisering. Deze jongeren ontlenen hun hele identiteit aan hun religie en vinden aansluiting en acceptatie binnen een hechte groep, vaak gepaard gaand met een sterk wij-/zij-gevoel. Ouders staan in dit proces vaak onmachtig en onwetend aan de zijlijn. Een deel van hen keert overigens na één, twee jaar weer terug uit de geradicaliseerde groep. Ook dit spoort met wat we weten over de ontwikkeling van jongeren: als ze wat ouder worden, zoeken ze minder heftige emoties en spanningen. De meeste leden van de Hofstadgroep waren bijvoorbeeld tussen de 15 en 25 jaar.

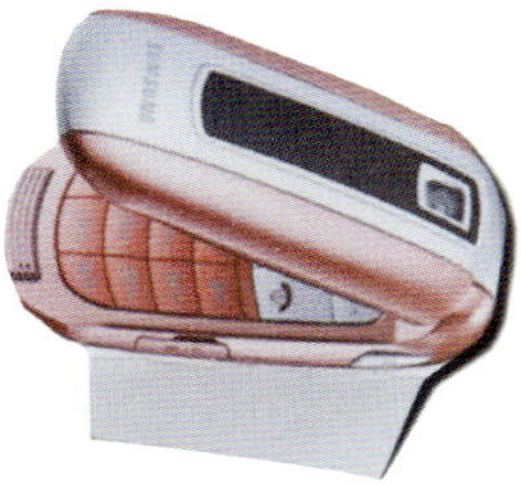

Radicalisering

Amy-Jane Gielen, auteur van *Radicalisering en identiteit*, deed onderzoek naar radicalisering en vond overeenkomsten tussen moslim- en extreemrechtse jongeren:

'Hoe definieer je radicalisering? Daar begint het mee. Dat zijn voor mij niet alleen radicale moslimjongeren, dat zijn er zo weinig. Ik bedoel daarmee juist alle jongeren die bij een kleine, fanatieke groep gaan horen en zich zo buiten de samenleving plaatsen. Hun identiteit is steeds minder meervoudig en wordt juist heel rigide. Het gaat bijvoorbeeld ook om extreemrechtse jongeren.

Jongeren die radicaliseren missen vaak vaardigheden. Ze zijn niet kritisch of eigenzinnig en daardoor snel beïnvloedbaar. En bij het merendeel zijn de gezinsbanden niet sterk. Ook een gebrek aan communicatie en aandacht kan ertoe bijdragen dat een jongere radicaliseert.

De laatste jaren zie ik vooral meisjes worstelen met hun identiteit en zo ook vatbaarder worden voor radicalisering. Wanneer je deze meisjes vraagt: "Wie ben je? Wat doe je graag? Waar ben je goed in? En wat wil je later worden?" kunnen ze daar geen antwoord op geven. Deze vragen worden hun thuis ook niet gesteld. Ze worden niet gestimuleerd om een eigen identiteit te ontwikkelen en groeien op met de gedachte dat eer en de goede naam van de familie boven alles gaat.

Deze meisjes hebben een voorbeeld nodig: een bekende vrouw die zich heeft losgekoppeld van haar religie of traditie en succesvol meedoet in de Nederlandse maatschappij zonder thuis een conflict te veroorzaken. Want daar zijn de meeste allochtone jongeren bang voor.'

Vaker schizofreen In oktober 2007 liep Bilal B., een jongen van 22 jaar uit Slotervaart, verward een Amsterdams politiebureau binnen om twee politieagenten neer te steken en vervolgens te worden neergeschoten. Al in 2003 had Bilal de diagnose schizofrenie gekregen. Hij leed aan wanen en zelfmoordneigingen. Drie dagen vóór zijn aanslag had hij zelf contact opgenomen met de crisisdienst omdat hij dwanggedachtes had en stemmen hoorde in zijn hoofd. Hij stond onder behandeling van een psychiatrische kliniek. Tijdens een wandeling onttrok hij zich aan zijn begeleider en begon zijn verwarde daad.

Het verhaal van Bilal is een triest incident. Maar het staat niet geheel op zichzelf. In 2001 toonde de Utrechtse psychiater en epidemioloog Jean-Paul Selten aan dat allochtone mensen in Nederland, en met name jonge Marokkanen, aanzienlijk meer kans hebben op psychische stoornissen dan autochtonen. Waar zich bij één op de 125 autochtone Nederlanders schizofrenie openbaart, is die kans bij tweede generatie Marokkaanse jongeren maar liefst één op de achttien! En meestal openbaart deze psychische stoornis zich voor het eerst in de puberteit.
Marokkanen van de eerste generatie in Nederland hebben vier keer zo veel kans op de aandoening als autochtone Nederlanders, hun kinderen zelfs zes tot acht keer. Immigreren is daarmee een hogere risicofactor dan andere onderzochte factoren, zoals ter wereld komen tijdens de Hongerwinter, tijdens een bevalling met complicaties, drugs gebruiken en wonen in een stad. Bij Surinamers en Antillianen liggen de cijfers iets minder extreem (een verhoogd risico van respectievelijk 2 en 3,7 keer). Bij Turkse mensen is het risico gemiddeld, wat verklaard kan worden door de sterke sociale cohesie en hechte familiebanden binnen de Turkse gemeenschap.

Schizofrenie

Schizofrenie is een complexe psychiatrische ziekte, die gepaard gaat met psychoses. De kenmerkende verschijnselen van schizofrenie zijn wanen, hallucinaties, het wegvallen van de samenhang in spreken en denken, onlogische gedragingen en een gebrek aan emoties en motivatie. Het leven van schizofreniepatiënten valt in goede en slechte periodes uiteen.
Schizofrenie is deels erfelijk bepaald: zo'n 10 procent van de bevolking is genetisch kwetsbaar. Toch krijgt maar één op de tien van die kwetsbaren de ziekte, onder invloed van omgevingsfactoren. Vaak openbaart schizofrenie zich tijdens de adolescentie. Bij verwaarlozing van psychosen is de kans op ernstige schizofrenie groter.[8]

Hoe te verklaren? Een verhoogde kans op schizofrenie is te verklaren uit gevoelens van sociale uitsluiting en vernedering door anderen in de omgeving. Onderzoek met fMRI-scans (MRI-scans die de hersenen in beweging kunnen onderzoeken) heeft aangetoond dat de hersenen lichamelijke pijn op dezelfde manier waarderen als sociale uitsluiting of vernedering. Beide vormen van pijn –

fysiek en psychisch – beantwoordt het menselijke brein met agressie.[9]
Wie zich gediscrimineerd en/of buitengesloten voelt, ervaart kortom 'sociale stress'. Deze stress kan ook heel impliciet worden ervaren. Het gaat niet alleen om aan den lijve discriminatie ervaren of persoonlijk worden uitgescholden, ook negatieve stereotypen die rondwaren over een groep werken stressverhogend. Hierdoor ontwikkelen mensen moeilijker een 'positieve identiteit' en zijn ze ook vatbaarder voor achterdocht en paranoïde ideeën. Salah Sidali, die als psychiater bij de Amsterdamse ggz-instelling Mentrum veel allochtone jongeren behandelt: 'Als je maar lang genoeg wordt vernederd en buitengesloten, ontstaat stress. Die beïnvloedt de hormoonhuishouding in je hersenen, waardoor mensen die al vatbaar zijn voor schizofrenie een grotere kans lopen de ziekte te krijgen.'[10]
In Nederland doen onder anderen de psychiaters Wim Veling en Jean-Paul Selten interessant onderzoek naar de relatie tussen etnische achtergrond en psychische stoornissen. Ze hebben bijvoorbeeld gevonden dat psychische stoornissen bij tweedegeneratieallochtonen in Nederland veel meer voorkomen dan bij de eerste generatie. Ouders zijn meer verbonden met de wij-cultuur en ervaren minder frictie. Voor veel ouders is terugkeer naar hun land van herkomst ook geen vraag maar een vaststaand gegeven, zelfs al hebben ze geen idee wanneer deze zal plaatsvinden. Hun kinderen daarentegen zijn sterker op de Nederlandse samenleving georiënteerd, hoppen tussen twee culturen en willen daardoor meer de strijd aangaan tegen uitsluitingmechanismen als stigmatisering en discriminatie.[11] Psychiater Jean-Paul Selten: 'Je bent in Nederland geboren, je verwacht gelijk behandeld te worden. Als dat dan niet zo is, is dat extra vernederend.'[12]
Eind 2007 publiceerden Selten en Veling en enkele andere Nederlandse wetenschappers interessante aanvullende inzichten in het *American Journal of Psychiatry*: allochtonen die in gemengde wijken wonen, hebben meer kans op schizofrenie dan allochtonen die in 'zwarte' wijken wonen. De onderzoekers troffen in de Haagse wijken Transvaal en Schilderswijk namelijk geen verhoogde kans op schizofrenie aan, terwijl in de rest van Den Haag Marokkanen vier keer zo veel kans lopen en Surinamers en Turken bijna twee keer. Veling: 'Die jongens zeggen: "Als ik op straat loop, grijpen mensen naar hun portemonnee. En ik denk dat dat in buurten als de Schilderswijk minder is. Ze komen daar nauwelijks Nederlanders tegen. (...) Voor allochtonen is het moeilijker dan voor andere jongeren en jongvolwassenen om een eigen

identiteit te vormen, omdat zij opgroeien in twee culturen. En het spanningsveld is mogelijk nog groter als je opgroeit in wijken waar weinig anderen van je eigen etnische groep wonen.'[13]

Schizofrenie onder allochtonen

Jean-Paul Selten, als psychiater verbonden aan het Universitair Medisch Centrum Utrecht, deed onderzoek naar schizofrenie onder allochtonen:

'Schizofrenie ontwikkel je tussen je 18e en 30e levensjaar. We hebben uit onderzoek het bewijs dat in Nederland Marokkaanse jongens een verhoogde kans hebben om de ziekte te ontwikkelen, maar er is geen bewijs voor de oorzaak. Ik heb daar wel theorieën over. De ziekte schizofrenie kan ontstaan door het gevoel langdurig buitengesloten te zijn, wat stress veroorzaakt. Andere redenen zijn een trauma uit de jeugd, misbruik bijvoorbeeld, of een laag IQ.

Dat juist Marokkaanse jongens vaker de ziekte ontwikkelen, komt volgens mij omdat zij gedurende hun jeugd het gevoel hebben dat ze niet bij 'de groep', de Nederlanders horen. Ze voelen zich gekrenkt. Marokkaanse meisjes gaan in Nederland in hun positie vooruit. Ze hebben weinig status in Marokko en krijgen hier de kans opleidingen te volgen en verder te komen. Jongens hebben in Marokko veel meer aanzien en dalen in Nederland juist in status. Ze moeten zich gaan bewijzen en hebben het gevoel niet voor vol te worden aangezien. Dat zorgt voor frustratie en daarmee gepaard gaat stress. Dat hoor je ook van broers van patiënten.

Het risico is verhoogd bij Marokkaanse mannen en jongens van de eerste en vooral van de tweede generatie. Bij de tweede generatie heb je het over jongens wier ouders de Nederlandse taal niet goed of helemaal niet spreken. Kinderen beginnen dan op de basisschool vaak al met een taalachterstand. Dat haal je bijna niet meer in, zeker niet als je familie minder goed geïntegreerd is in de Nederlandse samenleving. Het gevolg is dat je je al snel een buitenstaander voelt.

Om dat te voorkomen moeten er vanuit de samenleving eisen gesteld worden aan jongeren. Nederland mag bijvoorbeeld best zijn uitkeringsbeleid veranderen: beter een microkrediet dan een uitkering. Op die manier móéten deze jongens wel aan het werk in plaats van thuis zitten of nietsdoen. Je leert op die manier mensen kennen, je leert de taal, omgangsnormen en, belangrijk, je krijgt zelfrespect omdat je meedraait in de samenleving.'

In de hiphopcultuur zie je meerdere artiesten die zich in hun teksten afzetten tegen de gevestigde orde. Overgewaaid uit Amerika is ook in Nederland een brede urban en hiphopcultuur ontstaan. Urban en hiphop zijn inmiddels *mainstream* muziekstijlen, waarmee veel scherpe randjes zijn verdwenen. Maar artiesten als Raymzter en vooral Kempi, Appa en Salah Edin verwoorden volop gevoelens van uitsluiting en discriminatie, die veel allochtone jongeren erg aanspreken.

De kaders Laten we nogmaals kijken naar het schema met de vier betekenisgevende kaders. Wat kan dit toevoegen aan de inzichten over allochtone jongeren?

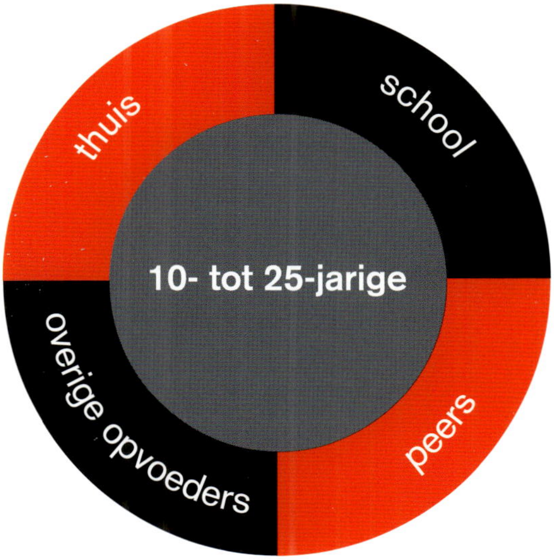

Opvoeding De meeste frictie bevindt zich doorgaans tussen 'thuis' en de overige domeinen. Hier zit dan ook de sleutel tot verandering. Het opvoedingsideaal in Nederland verschilt veel van het ideaal in niet-westerse culturen. Kinderen ervaren dat er thuis vaak minder vrijheid is dan op school. Veel ouders hebben zich niet op 'opvoeden in Nederland' voorbereid. Zij hebben het idee dat Nederland een land is waar alles kan en mag, een beeld waar de media aan mee helpen.
Ook de ouders ervaren een spanningsveld tussen twee verschillende culturen en merken dat ze hun eigen opvoedingsnormen niet zomaar kunnen

overplanten, maar zien hun kinderen in de loop der jaren ook groeien en veranderen. Idealiter groeien ouders hierin met hun kinderen mee. Maar veel allochtone ouders zien hun opvoedingstaak vooral als 'het beschaven en modelleren van hun kinderen' en niet in het ontplooien van autonomie en zelfstandigheid. Zij letten meer op sociale kwaliteiten en vaardigheden en noemen hun kinderen bijvoorbeeld intelligent wanneer zij begrip tonen voor en adequaat reageren op wat hun ouders zeggen. Deze 'sociale intelligentie' wordt gevormd door discipline, door omgang met goede mensen en door te leren van hun voorbeeld.

Hun dochter of zoon maakt op straat en op school allerlei zaken en dilemma's mee, waar thuis veel minder over gesproken wordt. Terwijl praten met ouders over die klasgenoot die te veel blowt of die vechtpartij op school jongeren helpt hun morele oordeelsvermogen te ontwikkelen.

'In Nederland ben ik een Marokkaan en in Marokko ben ik een Nederlander. Eigenlijk ben ik nergens thuis. Ja, als ik in bed lig ben ik thuis.' Rapper Appa[14]

Emancipatiemotor School – is het de ideale emancipatiemotor, de plek waar iedereen samenkomt om vanuit gelijke kansen te werken aan de eigen toekomst? Je ziet bij allochtone jongeren twee stromingen. Een groeiende groep is hoogopgeleid. Allochtone jongeren en vooral meiden hebben in onderwijsland een grote inhaalslag gemaakt, vaak ook door opleidingen te stapelen. Daarentegen verlaat een kwart van die tweede generatie school zonder startkwalificatie en is er een grote middengroep.[15]

We zien dus jongeren, vooral meiden, die school aangrijpen om zichzelf te ontwikkelen en – in de ogen van hun ouders én in de ogen van de maatschappij – goed te presteren. Ze zijn ambitieus, werken hard, leren door en kiezen voor opleidingen met een goed en stabiel toekomstperspectief. Hier halen allochtone meiden hun broers en neven hard in. Zij snappen dat ze, door op school goed te presteren, het vergrootglas op hun gedrag kunnen wegnemen. Zij zijn niet gehaaid, maar ambitieus en carrièregericht. Voor allochtone meisjes lijkt de wet van de remmende voorsprong in werking te zijn getreden. Dat juist islamitische meisjes het goed doen op school hebben ze paradoxaal genoeg deels te danken aan het gebrek aan bewegingsvrijheid buitenshuis en soms ook aan de stimulerende rol van hun moeders, die vaak, in tegenstelling tot vaders, ook

een mentale omslag hebben gemaakt. De school is een legitieme weg naar de buitenwereld, een manier om de controle te verkleinen.
Daarnaast is er het pad van jongeren die op school minder of niet succesvol zijn en die voortijdig afhaken, zonder diploma of startkwalificatie. Een deel van deze jongeren komt evengoed prima terecht op de arbeidsmarkt of als zelfstandig ondernemer, maar een ander deel is extra kwetsbaar op de arbeidsmarkt en op school.
Als we dan zien dat lager opgeleide jongeren vooral trouwen met andere lager opgeleide jongeren, en hoger opgeleide met hoger opgeleide jongeren, dan wordt duidelijk dat er tussen de succesvolle zakenman en de schoolverlater een wereld van verschil is. Reden temeer om voorzichtig te zijn met stigmatisering.

Echte vrienden Allochtone jongeren trekken vaak sterker naar elkaar toe, vooral naar jongeren met dezelfde etnische achtergrond. Ze begrijpen elkaar, groeien op in vergelijkbare contexten en kunnen elkaar daarin goed ondersteunen. Zo bezien kan de peergroup veel goeds betekenen in de puberteit. Maar een gevaar is wel dat de invloed van vrienden en kennissen erg groot kan worden als jongeren nog maar heel weinig of geen correctie krijgen vanuit de andere kaders en netwerken.
Het ontbreken van de juiste netwerken wordt steeds meer als verklaring gebruikt voor de verhoogde criminaliteit onder allochtone jongeren. Volgens deze netwerktheorie zijn er drie soorten sociale netwerken waar allochtone jongeren deel van kunnen uitmaken: het allochtone netwerk (de familie en de allochtone vrienden en buurtgenoten), het autochtone netwerk (autochtone leeftijdgenoten, op school en in bijbaantjes) en ten slotte het deviante netwerk, dat bestaat uit afwijkende en (semi)criminele leeftijdgenoten.
Als die eerste twee netwerken minder betekenisvol en stabiel zijn en dus minder bescherming, begeleiding en correctie van gedrag bieden, resteert jongeren vooral het sociale netwerk van hun allochtone leeftijdgenoten. De jongeren zoeken hun vrienden en kennissen in hun buurt en glijden, met elkaar, makkelijker af naar afwijkend en grensoverschrijdend gedrag. En aangezien er altijd wel iemand is die weer iemand kent die wel wat kan ritselen, is het contact met criminele netwerken snel gelegd.

Frans Driessen en andere deskundigen verklaren de verhoogde kans op crimineel gedrag bij allochtone jongeren vanuit deze netwerktheorie. Als je wilt weten hoe het komt dat relatief veel meer allochtone jongeren 'de fout' ingaan, hoef je volgens hen niet te zoeken naar verklaringen vanuit cultuur, opvattingen, denkbeelden of normen en waarden. Veel belangrijker is dat bij sommige groepen allochtone jongeren de (juiste) sociale contacten ontbreken.

Overige opvoeders In allochtone culturen kan de sociale controle van de gemeenschap erg groot zijn. Ooms en tantes, buren, bekenden: gezamenlijk houden zij in de gaten wat jongens en meiden doen. En hun ogen en oren zijn overal. Als een Turks meisje bij een jongen achter op de fiets zit, bereikt dit nieuws haar moeder al voordat ze goed en wel thuis is. Dit creëert druk bij ouders. Zij willen liefst dat hun kinderen geen aanstootgevend gedrag vertonen, omdat het hun positie in de gemeenschap in gevaar kan brengen.
Tegelijk zien we dat als ouders in sociaaleconomische achterstandssituaties leven, zij hun kinderen minder een netwerk kunnen bieden. Allochtone jongeren hebben vaak minder kruiwagens en minder rolmodellen in hun directe omgeving.
De laatste jaren bieden diverse initiatieven hierin tegenwicht door allochtone jongeren actief in contact te brengen met mensen die zij anders nooit zouden ontmoeten. Vanuit ons model redenerend kun je stellen dat het de categorie 'overige opvoeders' is die in actie komt.
Een inspirerend voorbeeld is de IMC Weekendschool, met inmiddels negen vestigingen waar gemotiveerde jongeren van 10 tot 14 jaar uit sociaaleconomische achterstandswijken elke zondag les krijgen van professionals zoals journalisten, rechters, wiskundigen, stylisten en winkeliers die met plezier hun vak uitoefenen. In Amsterdam-West biedt Campus Nieuw West begeleiding en coaching in sociale vaardigheden, van sollicitatietraining tot ICT-projecten. Bedrijven en hun werknemers participeren hierin vrijwillig en enthousiast omdat ze een bijdrage willen leveren aan de toekomstige generatie, maar ook omdat ze willen leren van deze generatie die in de toekomst mogelijk werknemer wordt.
Het is superbelangrijk dat jongeren gaandeweg leren hun netwerken te verbreden, zeker als hun eigen ouders de wegen minder kennen en/of beroepsmatig geen voorbeeld kunnen stellen. Want het gaat niet alleen om de contacten, maar vooral ook om de sociale vaardigheden. En er is een wisselwerking tussen die elementen. Als jongeren hun netwerken en hun horizon leren verbreden, krijgen ze ook meer ideeën voor hun eigen toekomst.

9.3 Diversiteit – hoe nu verder?

De groep allochtone jongeren is onderling zo divers dat we algauw te veel generaliseren. Toch vinden we het belangrijk om te laten zien dat allochtone jongeren vaak opgroeien in een complexere wereld. Het is al niet makkelijk om puber te zijn, maar voor veel allochtonen komen hier nog allerlei complicaties bij.

Nu we weten dat sociale uitsluiting leidt tot agressie en psychische stress, dat werkloosheid en schooluitval onder allochtone jongeren groter is en we ook hebben vastgesteld dat de netwerken van allochtone jongeren die de fout in gaan minder een vangnet vormen, wat kunnen we dan zeggen over mogelijke oplossingen? Vanuit het puberbrein kunnen we pleiten voor meer positieve aandacht voor allochtone jongeren. Want ook al zijn er theoretisch gezien voor alle jongeren in Nederland dezelfde kansen, de uitgangspositie is hier en daar behoorlijk uit balans.

Een deel van de oplossing ligt binnen allochtone gemeenschappen zelf. Het is belangrijk dat allochtonen onderling de discussie over essentiële zaken aangaan, en ook kritiek kunnen uiten. Het gaat vooral om dilemma's rond groepsgedrag versus individueel gedrag en om dilemma's die allochtone jongeren ervaren tussen de wij- en de zij-cultuur. Hoe kunnen jongeren zich ontplooien zodat ze zich niet hoeven los te weken uit hun gemeenschap? Ouders, die zelf ook vaak in een spagaat zitten, kunnen meer opvoedingsondersteuning gebruiken.

Maar een deel van de oplossing ligt ook bij de autochtone Nederlanders. We weten inmiddels hoe belangrijk het is dat je op school en thuis en later in je werkende carrière jezelf mag zijn en dat je gewaardeerd wordt om wie je bent. Docenten en andere professionals die met jongeren werken, moeten begrijpen hoe de piramide van Pinto door kan werken in het leven van allochtone jongeren. Met alles wat we nu weten over het puberbrein, over de ontwikkelingsmogelijkheden en de plasticiteit van dat brein, is het eigenlijk stuitend te zien dat we in onze samenleving vaak zo statisch praten over identiteit. 'Voel je je Turks of voel je je Nederlands?' vinden we een heel gewone vraag. Maar identiteit is niet statisch en al helemaal niet bij jongeren. Daar komt bij, zoals Máxima ons in 2007 ook al voorhield: 'Nederland is veel te veelzijdig om in één cliché te vatten. "De" Nederlander bestaat niet.'[16]

In onze westerse cultuur vinden we zelfontwikkeling het hoogste goed, in de piramide van Maslow staat het in de top, maar een Marokkaan of Antilliaan blijft in de beeldvorming toch vooral een Marokkaan of Antilliaan.

Overdrive En het hedendaagse klimaat lijkt er niet eenvoudiger op te worden. Tweede Kamervoorzitter Verbeet verzuchtte onlangs dat een debat over integratie in de *overdrive* werd gevoerd. Allochtone jongeren zijn wekelijks onderwerp in de media. Opvoedkampen, legertroepen... Kamerleden buitelen over elkaar heen met beleidsmaatregelen. De toonzetting in dit debat is in elk geval niet behulpzaam voor het zelfbeeld van jongeren.
Echt tricky wordt het als het bestaansrecht van de ene groep grotendeels gebaseerd lijkt te zijn op wat iemand anders nu juist níét is: Marokkaans = niet-Nederlands. Het leidt ertoe dat bepaalde groepen zich gaan afzetten tegen de gevestigde orde vanuit het gevoel geen lid te mogen zijn. Zo ontstaat een vicieuze cirkel van afwijzing – gedrag – afwijzing.
Op die manier creëren we pubers zonder land, jongeren van de tweede generatie: in hun land van herkomst voelen ze zich niet thuis. Ze gaan bijvoorbeeld naar familie op vakantie, maar hun houding is tweeslachtig: 'Mooi land, lekker weer, leuk om de familie te zien,' maar ze zijn daar buitenlander en gaan na een tijdje thuis en de vrienden in Nederland missen. Wat als ze zich dan hier in Nederland ook niet echt welkom voelen?
Veel allochtone jongeren identificeren zich steeds minder met een land en steeds meer met een geloof. Onderzoeker Susan Ketner liet zien dat als je Marokkaanse jongeren vraagt: 'Wat ben je?' de meesten zichzelf in de eerste plaats omschrijven als moslim, vervolgens als Nederlander en dan pas als Marokkaan. Het geloof kan jongeren veel meer houvast bieden dan hun afkomst. De islam verbindt hen bijvoorbeeld met een wereld die groter is dan het Marokko van hun ouders, maar ook groter dan Nederland. Ontstaat hiermee een nieuwe generatie van wereldburgers?

Duo Penotti

In 2005 ging Paul Rosenmöller voor zijn tv-serie *Paul Rosenmöller en...* met Ali B naar Marokko. Paul vroeg Ali B of hij zich meer Marokkaan of meer Nederlander voelde, waarop deze zei: 'Dat zou bijna zijn alsof ik een gespleten persoonlijkheid heb, alsof ik de ene keer Marokkaan en de andere keer Nederlander ben. Ik zie mezelf als Marokkaanse Nederlander of Nederlandse Marokkaan. Kijk, je hebt bruine en witte chocolade, maar je hebt ook Duo Penotti en dat is gewoon één pot chocolade. Zo ben ik, één persoon. Ik ben niet meer van het één dan van het ander. Ik ben geboren in Nederland en mijn roots liggen in Marokko. Dat heeft mij gemaakt tot wat ik nu ben.'[17]

Tips voor de communicatie met allochtone jongeren >

> **De impact van de dubbele identiteit varieert per thema.** Bij sommige onderwerpen denken en doen allochtone jongeren als hun autochtone leeftijdgenoten, bij andere thema's zijn er weer grote verschillen. Wees je bewust van die diversiteit aan invalshoeken.

> **Een aparte benadering is vaak niet nodig.** Een separate communicatiestrategie voor allochtone jongeren is in veel gevallen net zo weinig zinvol als een campagne voor brildragers of blonde mensen. Benader jongeren liever op interesse en niet op afkomst.

> **Behandel alle jongeren respectvol.** Alle jongeren zijn gevoelig voor de manier waarop ze worden benaderd. Allochtone jongeren zijn hier extra gevoelig voor en zijn vaak alert op discriminatie. Ze willen respect krijgen en niet hoeven verdienen. Houd hier rekening mee. De sleutel ligt vooral in prettige non-verbale communicatie.

> **Leven in twee werelden biedt ook rijkdom.** In dit hoofdstuk hebben we laten zien dat leven in twee werelden frictie kan geven. Het genereert echter ook veel rijkdom. Toon interesse in de veelzijdige achtergrond van jongeren. Ze vinden het vaak fijn erover te vertellen.

Infobesitas: opgroeien in het informatietijdperk

10.

Informatie is tegenwoordig in overvloed en continu beschikbaar. En waar we in ons eetpatroon steeds meer tussendoortjes verorberen, zijn we ook in ons informatiegedrag aan het 'grazen' geslagen. Innovaties als internet en smartphones bieden nieuwe uitdagingen in de omgang met informatie, voor jongeren én volwassenen. Steeds in verbinding staan met je netwerk, ertoe doen, niets willen missen, voortdurend afgeleid zijn: voor je het weet lijd je aan infobesitas. Obesitas, oftewel zwaarlijvigheid, ontstaat door de combinatie van te weinig beweging en een te hoge energie-inname. Met infobesitas bedoelen we het fenomeen dat iemand zo veel communiceert en informatie ontvangt dat hij het niet meer kan verwerken.
We willen mensen niet zozeer een nieuw ziektebeeld aanpraten als wel laten zien dat de drang om op de hoogte te zijn toeneemt. Wie niets wil missen, moet mee in de snelheid, en dat kan dwangmatige vormen aannemen. Juist bij jongeren, communicatiedieren bij uitstek, moeten we hier alert op zijn.

'Als ik wakker word kijk ik eerst op mijn Blackberry, daar doe ik alles mee. Ik check Facebook twintig keer per dag, meestal uit verveling. Even kijken naar foto's en naar wat vrienden hebben gepost. Het kost veel tijd, maar je blijft het doen, het is verslavend. Dat heb ik ook met tv-series die ik download, dan kan ik niet stoppen met kijken. Meestal kijk ik een of twee uur per dag. Als ik thuiskom ga ik eerst een beetje computeren of series kijken en schuif ik mijn huiswerk voor me uit. Ik begin er vaak pas om 23 uur aan en ga dan om 1 uur naar bed. Dan ben ik de volgende dag moe. Daarom ben ik op huiswerkbegeleiding gegaan, want ik heb het nodig dat iemand me controleert. Mijn moeder komt tegenwoordig ook veel vaker mijn kamer binnen. Daardoor ga ik sneller aan mijn huiswerk en doe minder snel andere dingen. Afspraken maken helpt, dat ik bijvoorbeeld huiswerk maak in de buurt van iemand. Het helpt ook als ik geen andere dingen kan doen, zodat ik minder afleiding heb. Het is vooral een automatisme. Op vakantie had ik twee weken geen Blackberry en dat vond ik wel moeilijk. Normaal heb je altijd iets te doen en nu niet. Na een week was ik eraan gewend en miste ik het ook niet meer zo. Eigenlijk vond ik het juist wel rustgevend, dat je niet de hele tijd op de hoogte bent van wat iedereen aan het doen is.' Nina, 16 jaar

10.1 Hoe jongeren omgaan met media en communicatie

In dit hoofdstuk, geschreven in de zomer van 2010, gaan we dieper in op het informatie- en communicatiegedrag van jongeren. Technologische ontwikkelingen maken een aldoor intensievere informatieconsumptie mogelijk. Het medialandschap verandert sneller dan we kunnen bijhouden, steeds meer informatie is steeds sneller beschikbaar en voortdurend komen er nieuwe innovatieve toepassingen bij. Informatie biedt voortdurend kortetermijnprikkels, helemaal als hij snel, kort en relevant is. Daar is het puberbrein gevoelig voor: 'Lees dit, klik hier, reageer nu'.

Jongeren behoren vaak tot de *early adopters* en integreren alle mogelijkheden in hun dagelijkse leven. Moeiteloos, zo lijkt het wel, en daar zit 'm de crux. Gaat het wel zo moeiteloos? Natúúrlijk bieden al die communicatie en informatie heel veel goede zaken en mogelijkheden, maar is het soms niet gewoon ook een beetje veel?

We zullen eerst ingaan op het mediagebruik van jongeren; vervolgens laten we zien hoe ook de beschikbare informatie aldoor toeneemt en zoomen we verder in op *social media*. Daarna gaan we in op de vraag óf en wanneer intensief informatiegebruik een probleem vormt, en belichten we zowel gevolgen als mogelijke oplossingen.

Infobesitas

De term *'infobesity'* dook op 30 maart 2003 voor het eerst op in een column van James Morris, verbonden aan de Carnegie Mellon University: 'De overvloed aan informatie heeft een nieuwe ziekte gebracht: infobesitas. Kranten, tijdschriften, televisie en internet produceren veel meer informatie dan wij kunnen opnemen. Nee, niemand wordt gebombardeerd, oftewel gedwongen om informatie op te nemen die hij niet wil, maar de informatie verleidt ons om te veel te nemen, net als met voedsel. Internet geeft, door alle informatie samen te brengen en beschikbaar te maken via computers, sommigen de hoop dat we de informatieberg onder controle zullen krijgen. Maar dat is een illusie.'

'Ik sta op en kijk of ik nog sms'jes heb. Is er nog iets gebeurd in de nacht toen ik sliep?' Ellen, 17 jaar

Mediagebruik Allereerst enkele cijfers over het mediagebruik van jongeren, met de kanttekening dat het moeilijk te meten is nu media zo alomtegenwoordig zijn. Sommige onderzoeken werken met kastjes die deelnemers in hun huis installeren die het mediagebruik automatisch registreren. Er bestaan zelfs *mediawatches*, horloges die frequenties van tv, radio en websites meten, maar ook hier moet de onderzoeksdeelnemer bepaalde data, zoals bijvoorbeeld gelezen kranten, zelf invoeren.

En in die zelfrapportage zit altijd een vertekening. Mensen onderschatten hun mediagebruik steevast. Neem Driss, een jongen van 17 die wij spraken: 'Ik gebruik de computer niet echt; alleen voor projecten. Vóór het eten kijk ik tv of zit ik op internet. Om acht uur begin ik met huiswerk, dan weer internet of tv, vaak beide tegelijkertijd.'

SPOT, Nederlands Kenniscentrum voor Televisie, lanceerde in mei 2010 cijfers over het mediagedrag van Nederlanders van 6 tot 65 jaar.[1] Zij bestempelen 13- tot 16-jarigen als *heavy media users*: deze groep besteedt dagelijks gemiddeld bijna 6,5 uur aan media.[2] Uitgaande van zeven dagen in een week hebben we het dan

eigenlijk al over een fulltime werkweek, mét overuren. Bij de 17- tot 19-jarigen daalt het mediagebruik iets, naar 5 uur per dag.
Hoe is die mediatijd opgebouwd? Televisie is nog een belangrijke pijler, hoewel er sinds een paar jaar een neerwaartse trend heerst.[3] Jongeren kijken gemiddeld bijna twee uur per dag tv. Radio en muziek luisteren blijven met 1,5 uur (13 tot 16 jaar) en een half uur (17 tot 19 jaar) eveneens populair. En jongeren van 13 tot 19 lezen dagelijks een kwartier tot een half uur in kranten, tijdschriften en boeken.
Dan is er het internetgebruik, een containerbegrip voor alle online activiteiten met een heel uiteenlopend karakter: surfen naar informatie, kijken naar filmpjes en clips, online gamen, actief zijn binnen social media of online andere media raadplegen, zoals nieuwsbronnen of tv-programma's. Inmiddels heeft 99 procent van de Nederlandse jongeren thuis internettoegang, waarvan 41 procent op de eigen kamer.[4] In tijdsbeslag heeft internet televisie ingehaald. 13- tot 16-jarigen besteden meer dan een uur aan social media als Hyves, msn of Facebook, veel meer dan volwassenen. Bij 17- tot 19-jarigen daalt dit naar een half uur, mede omdat deze groep meer uithuizig is en leeftijdgenoten dus meer *in real life* en minder online ontmoet. Online tijd omvat verder onder meer filmpjes bekijken (21 minuten), surfen voor informatie (36 minuten) en online gamen (33 minuten).
Samenvattend kun je zeggen dat traditionele media, zoals tv, radio en tijdschriften, van belang blijven, maar dat internetgebruik er in belang en tijdsbeslag bij is gekomen en steeds meer een leidende positie inneemt. Verder zien we mediakanalen toenemend in elkaar overlopen. Door snelle internetverbindingen kijken we moeiteloos films en tv-programma's online. En nu steeds meer jongeren met een eigen laptop en/of smartphone kunnen internetten waar en wanneer ze maar willen, stijgt het aandeel van online media helemaal snel. Om de vergelijking met eten nog eens te maken: je hoeft niet meer thuis te zijn om te eten, je snackt met gemak de hele dag door.

'Ik heb 1000 sms'jes per maand en die gaan altijd op.' Bonnie, 16 jaar

Informatie *in the pocket* Het gebruik van de mobiele telefoon steeg onder jongeren van 13 tot 19 jaar in Nederland in vijf jaar van 25 procent naar een vrijwel volledige dekking van 97 procent. Een ongekende mediarevolutie.[5]
Voor de aanbieders van mobiele telefoons vormen jongeren en jongvolwassenen de belangrijkste afzetmarkt. Veel jongeren hebben hun mobieltje inmiddels ingewisseld voor een smartphone, zoals de iPhone en de Blackberry, waar je

geavanceerde software op kunt installeren, zodat je naast bellen of sms'en ook kunt mailen, internetten en allerlei applicaties downloaden. Veel taken die voorheen een computer vereisten, kun je nu verrichten vanaf je smartphone. Met dat 'digitale zakmes' hebben we al die informatie- en communicatietools ineens... op zak, waar en wanneer we maar willen. In 2009 kon 49 procent van de jongeren tussen de 15 en 25 jaar al internetten via de mobiele telefoon, een stijging van 29 procent ten opzichte van 2008![6] Het zal niet lang meer duren voordat alle jongeren hun toestel hebben ingeruild voor een smartphone.

Het mobieltje is onmisbaar geworden in het leven van jongeren. Bellen, muziek luisteren, filmpjes bekijken, sms'en of pingen (een equivalent van sms'en, maar dan gratis), mailen: bij de meesten is het mobieltje een groot deel van de dag in gebruik of in elk geval binnen handbereik. Als we hier met jongeren over praten, vertellen ze ons hoe de stress toeslaat als de batterij leeg is en hoe ze linea recta naar huis gaan als ze hun mobiel zijn vergeten. Velen zeggen een paar keer per uur naar hun mobieltje te grijpen op zoek naar nieuwtjes. Schoolpauzes veranderen in *'social media breaks'* waarin iedereen even online gaat om te checken of er in de afgelopen twee uur nog iets spannends is gebeurd.

De ontwikkelingen gaan hard, niet in de laatste plaats door de prijsopbouw. Abonnementen voor smartphones kennen nu meestal een vaste prijs voor onbeperkte internettoegang. Waar jongeren vroeger uit kostenoverwegingen hun sms-gedrag beperkten, vaak door schade en schande wijs geworden, hoeven ze dat met een onbeperkte bundel niet te laten. Sms'en wordt snel goedkoper, en dan zijn er ook nog applicaties als Ping of What's App, waarmee je gratis zo veel berichten stuurt als je maar wilt. Zo veel als je maar wilt...? Er gaat ineens, voor een vast bedrag per maand, een nieuwe wereld onbeperkt voor je open: een wel heel uitdagend uitgangspunt voor tieners.

Volgens SPOT gebruiken 13- tot 19-jarigen hun mobiele telefoon dagelijks 19 minuten, om te bellen en sms'en, maar ook om te mailen of te surfen.[7] Dit zal de komende tijd ongetwijfeld flink stijgen. In Amerika, waar mediatrends vaak voorlopen op Nederland en waar sms'en al jaren veel goedkoper is dan hier, zien we dat één op de drie tieners, vooral 14- tot 17-jarige meiden, meer dan 100 sms'jes per dag verstuurt.[8]

Informatiehausse De informatiestroom die op ons afkomt groeit. Enerzijds trekken steeds meer informatiekanalen offline en online onze aandacht, van billboard tot computerscherm in de aula op school tot gratis dagblad. Anderzijds kun je als je zelf actief informatie zoekt over een onderwerp veel meer vinden dan vroeger. Vooral de hoeveelheid informatie op internet groeit exponentieel. Het wereldwijde web bestaat inmiddels zo'n 20 jaar en waar bezoekers in de begintijd vooral een passieve rol hadden – content aanschouwen die anderen hadden gecreëerd –, creëren gebruikers nu ook zelf volop content. Niet dat iedereen dat doet; je kunt nog steeds in de passievere rol informatie consumeren en dat doen de meeste surfers ook. Maar blogs, wiki's en sociale netwerksites bieden tools om zelf content te creëren en dit heeft geleid tot een hausse aan informatie. Op Wikipedia vind je meer dan 13 miljoen artikelen. Op YouTube staan meer dan 100 miljoen video's en wordt elke minuut 24 uur nieuw beeldmateriaal geüpload.[9] Laat de cijfers even op je inwerken: hoeveel minuten zitten er in een dag, dus hoeveel dagen heb je nodig om het nieuwste materiaal van gisteren te bekijken? Of neem Twitter: als jij 100 mensen volgt die elk dagelijks drie berichtjes plaatsen, zijn dat al 300 tweets per dag.

Een nieuwe online ontwikkeling is *cloud computing*: steeds meer software, bronnen en informatie zweven als een wolk op internet, klaar om *on demand* te worden geraadpleegd. Je hoeft ze niet meer te downloaden, je kunt er immers altijd bij. Via de online muziektool Spotify vind je bijvoorbeeld oneindig veel muziek. Je favoriete tracks sla je op als hyperlink en zijn via deze online jukebox waar je maar wilt te beluisteren.

Twee voorbeelden van de informatiehausse

Jessica (17) moet een profielwerkstuk maken voor school over duurzame energie. Google meldt circa 670.000 zoekresultaten, op YouTube vindt zij bijna 700 filmpjes, op davindi.nl staan 191 verwijzingen en dan is ze nog niet eens in de plaatselijke bibliotheek geweest.

Jort (21) heeft een liefde voor psy-trance, een substroming van trancemuziek, waarin spiritualiteit een belangrijke rol speelt. Twee vrienden delen zijn enthousiasme; verder kent hij een paar andere psy-trance-fanaten in Spanje en Duitsland. Soms bezoekt Jort een feest of festival. Waar hij een paar jaar geleden nog cd's en uitgaanstips uitwisselde met zijn vrienden, maken iTunes, Facebook en Twitter nu dat geen feest of nieuwe track hem nog ontgaat.

Een virtuele laag over de echte wereld

Informatietechnologie verandert onze samenleving in een zeer hoog tempo. De mobiele telefoon is steeds meer het centrale medium. Via mobiele communicatie komen de online en offline wereld steeds dichter bij elkaar. *Augmented reality* is bijvoorbeeld een techniek die beelden uit de echte wereld via je mobiel voorziet van extra informatie uit de online wereld. Je maakt met je mobiel een foto van een straat en een virtuele laag laat meteen zien waar een winkel uitverkoop heeft. Een ander voorbeeld is geotracking: je loopt over straat en via je mobiel ontvang je informatie over highlights in de omgeving en zie je of er vrienden in de buurt zijn. We zijn al zo ver dat je met een simpele foto van mensen in een uitgaansgelegenheid direct hun online profielen kunt raadplegen. Enkele datingsites zijn hiermee aan het experimenteren. Het sociale netwerk Foursquare is een andere toepassing, waarmee jongeren 'burgemeester' kunnen worden van hun favoriete uitgaansgelegenheid door er zo vaak mogelijk gesignaleerd te worden (door de geotracking in hun mobiel) en er hun online contacten uit te nodigen. De grenzen tussen de echte en de virtuele wereld en tussen commerciële en niet-commerciële informatie vervagen steeds meer. Mobiele content wordt geavanceerder, mooier, handiger, sneller. Kunnen we straks nog functioneren zonder mobiele telefoon?

Contact! Maar de toename van informatie is lang niet het hele verhaal. Zeker, er is een groep die steeds bezig is nieuwssites te volgen of die alles wil bijhouden over voetbal of mangastrips, maar een groot deel van de tijd dat jongeren online zijn wordt besteed aan… elkaar. Aan communiceren binnen hun sociale netwerk. Dat is een wezenlijk andere behoefte: het gaat meestal meer om de sociale interactie dan om de informatie op zich.

Social media is een verzamelterm voor online platforms waar de bezoekers met weinig of geen tussenkomst van een redactie de content verzorgen. Het gaat om blogs en fora, om sociale netwerken als Hyves, Facebook en HabboHotel en sociale diensten als Twitter.

Jongeren zijn op een aantal blogs en sociale netwerksites heel actief en dit gebruik is explosief gestegen. Hyves, Facebook, PartyPeeps, PartyFlock, GirlScene; was in 2006 40 procent van de jongeren van 12 tot 14 jaar actief op een profielsite, eind 2009 is dit al 80 procent,[10] en meer dan de helft (52 procent) van de jongeren van 18 tot 29 jaar heeft zelfs twee of meer accounts bij online communities.[11]

Bijna de helft van de tijd die jongeren online doorbrengen, besteden ze aan social media als msn of Hyves. Tussen 8 en 11 uur 's avonds legt meer dan één op de vier 13- tot 16-jarigen contact via een online platform.[12] Wij vermoeden dat deze cijfers in werkelijkheid nog hoger liggen.

Jongens versus meisjes

Zijn er verschillen tussen jongens en meisjes in mediagedrag? Wel degelijk. Het zal een combinatie zijn van rolpatronen en van biologische aanleg, maar waar we zien dat meisjes en vrouwen offline meer gericht zijn op het onderhouden van sociale contacten, reflecteert zich dat ook in hun mediagebruik. Meiden zijn actiever bezig met social media, hebben bijvoorbeeld vaker een profiel op een profielensite en besteden hier meer tijd aan. Jongens besteden daarentegen gemiddeld meer tijd aan gamen, online of op een gameconsole.

Bewuster omgaan met informatie

Guus Pijpers adviseert als directeur van Acuerdis en Associate Professor in Information Behavior aan de TiasNimbas Business School in Tilburg organisaties en hun managers over de inzet en het gebruik van informatie.

'Infobesitas ontstaat als je te veel informatie krijgt voor jouw persoonlijke situatie, zonder dat je de tijd neemt deze te verwerken volgens jouw eigen criteria. Hierdoor kun je verslavingsverschijnselen krijgen. Informatieverwerking is persoonsgebonden: de een verwerkt honderd e-mails in tien minuten, de ander niet. Jongeren zijn vatbaarder voor infobesitas om een aantal redenen: ze staan open voor technologische innovatie en ze zijn van nature nieuwsgierig, exploratief, leergierig. Ze zien veel dingen voor de eerste keer met een frisse blik en zijn nog lerende hiervoor kaders te scheppen. Daarbij ontbreekt voorbeeldgedrag door ouderen of andere iconen. Via nieuwe technologie krijgen we veel informatie op twee, drie of wel vier manieren aangereikt: online, radio, tv, krant, in gesprekken. Dit vergt een selectieproces en dat is bij jongeren nog in ontwikkeling. Volwassenen kunnen doorgaans beter doseren. Zij kennen het belang van goede nachtrust,

tien minuten even niets doen, tot rust komen in het weekend of de 'loze' momenten tijdens het sporten of autorijden. Dán gaat je onbewuste aan het werk en verwerk je informatie.
Jongeren die last krijgen van infobesitas zoeken geen rust tussen drukke periodes. Ze gáán maar door. Maar probeer maar eens drie liter water ineens op te drinken, dat lukt je niet. Zo is het met informatieverwerking ook.
Dat geldt zeker voor alle social media, zoals msn, Hyves en Facebook.
Continu hieraan meedoen geeft ook status. Waar je vroeger aanzien verwierf met je Nike-schoenen, doe je dat nu met je 350 Hyves-vrienden.
Technologie is nooit de oorzaak en ook niet het probleem. Technologie doet alleen wat wij willen. We moeten jongeren leren bewuster met social media en informatietechnologie om te gaan door ze informatievaardigheden aan te leren. Wanneer kies je welk medium? Hoe voer je een gesprek? Hoe schat je in of wat jij vertelt toegevoegde waarde heeft voor de ander, hoe het overkomt op een ander en wat hij/zij met die informatie doet?
Mensen houden van mensen. Goed een-op-een kunnen communiceren is en blijft altijd de sleutel. Steeds weer blijkt dat communicatie via andere middelen, zoals mail of Facebook, alleen werkt als goed livecontact aan de basis staat. Ook organisaties die jongeren willen bereiken, neigen dit nogal eens te vergeten en trappen in de valkuil hen vooral via technologie te willen benaderen.'

10.2 Het puberbrein en infobesitas

Nu we de toename in mediagebruik van jongeren uiteen hebben gerafeld, gaan we dieper in op onderliggende oorzaken en behoeften. We laten zien dat veel mediagedragingen cirkelen rond de behoefte vriendschappen te maken, te onderhouden en te verdiepen en om status binnen de groep te krijgen. Universele, eeuwenoude behoeften in een digitaal jasje. Vervolgens gaan we in op de vraag wanneer er sprake is van infobesitas. Wanneer ben je verslaafd of compulsief met media bezig? Wat zijn de gevolgen en vooral: wat kun je ertegen doen?

Oneindig kampvuur? In hoofdstuk 4 belichtten we het belang voor jongeren van aansluiting bij hun *peers* en het vormen van vriendschappen. Voor die communicatie en uitwisseling met vrienden zetten zij volop online communicatie in. Jongeren communiceren steeds meer over steeds minder, kunnen volwassenen smalend reageren. 250 Hyves-vrienden, waar gaat het allemaal over? Maar die blik helpt niet het fenomeen beter te begrijpen. Het gaat niet alleen om informatieoverdracht; het draait om communicatie, om het uitwisselen op zich en het aldus onderhouden van je sociale contacten.

Volgens Danah Boyd, social media researcher bij Microsoft, verschillen de conversaties op de sociale netwerksites als Hyves, Facebook of Twitter niet wezenlijk van de gesprekken die jongeren vroeger in het winkelcentrum voerden. Het gaat om roddelen, flirten, grapjes maken, bluffen, rondhangen. Nieuw is volgens haar dat die communicatie via de social media zo zichtbaar is geworden voor iedereen[13] (en bovendien zichtbaar blijft, tot in lengte van dagen). De behoefte is kortom dezelfde, maar door de technologie heeft de conversatie een andere vorm gekregen.

Internet wordt soms wel een wereldwijd kampvuur genoemd. Een groep vrienden zit om een vuurtje, staart in de vlammen en kletst. Internet biedt, hoewel minder intens, een online kampvuur dat maar doorgaat, zodat je constant in de kring bij vrienden en bekenden kunt gaan zitten om de laatste nieuwtjes uit te wisselen en bij te praten. En op het moment dat je 300 vrienden op je Hyves of Facebook hebt, dooft dat vuurtje nooit en is er altijd wel ergens iets te beleven.

Communicatiewetenschappers van de UvA, Patti Valkenburg en Alexander Schouten, hebben zich verdiept in de vraag wat online communicatie bijdraagt aan de sociale ontwikkeling van jongeren.[14] Volgens hen zijn twee elementen cruciaal: zelfpresentatie, jezelf op een bepaalde manier kunnen presenteren, en zelfonthulling, de wijze waarop je intieme informatie over jezelf onthult.

Beide vaardigheden leer je door te doen. Zo is het bijvoorbeeld cruciaal om persoonlijke ontboezemingen te leren doseren. Als je te weinig over jezelf vertelt sluit je moeilijker vriendschappen, maar omgekeerd werkt te snel te veel onthullen averechts. Het draait heel erg om oefenen en daarop feedback krijgen van anderen. Als iemand die zelfpresentatie en zelfonthulling eenmaal goed onder de knie heeft, werkt dat positief door op de vorming én de kwaliteit van vriendschappen. Valkenburg en Schouten zien bovendien dat jonge tieners (10 tot 13 jaar) meer huisgebonden zijn en elkaar daardoor meer online opzoeken. Dat biedt ook andere voordelen: online word je minder gehinderd door verlegenheid of onzekerheid over je hardnekkige puistje of dat verraderlijke blozen.

Internet als ideale repetitieruimte voor zelfpresentatie en zelfonthulling, ziedaar een essentiële verklaring voor het hoge internetgebruik onder jongeren.

Naarmate jongeren meer online gerepeteerd hebben, kunnen ze vaak ook beter het verschil tussen online en *face to face*-communicatie benoemen. In recent onderzoek dat we deden gaven jongeren van boven de 16 unaniem de voorkeur aan *real life*-contact omdat het intenser is en je beter kunt inschatten hoe een ander reageert.

'Je vrienden in het echt spreken is tien keer zo leuk als via Hyves. Je ziet elkaar, dus er ontstaan ook geen misverstanden doordat iemand iets verkeerd opvat, en je kunt lekker samen lachen.' Lisanne, 17 jaar

Statusbeheer Goed, we begrijpen nog beter waaróm die onderlinge communicatie zo essentieel is voor de ontwikkeling van jongeren. Dit geeft gelijk ook een verklaring voor de grote populariteit van de nieuwste ontwikkeling in social media: de 'statusupdate'. Facebook begon ermee, Twitter volgde en de komende tijd zullen we ongetwijfeld steeds nieuwe applicaties zien die inhaken op dezelfde behoefte. Via de statusupdate van Facebook laat je je netwerk weten wat je op dit moment aan het doen bent. Moest iedereen voorheen langs verschillende profielen surfen om bij te blijven, Facebook vat alle statusupdates van jouw vriendenkring samen en zo ben je in één keer op de hoogte. Twitter stoelt op hetzelfde fenomeen: stel in wie je wilt volgen, ontvang automatisch al hun tweets en praat mee. Snel en simpel.

Deze applicaties hebben zelfpresentatie en zelfonthulling in een enorme versnelling gebracht. Als je veel updates meldt ben je reuze zichtbaar. Er is een maalstroom ontstaan die draait om snelheid, profilering, feedback. Handige applicaties op je smartphone maken dat je 24/7 kunt kijken en reageren.

Het lijkt wel op massaal touwtjespringen met een groot touw: je springt in de cirkel en doet mee. Maar dan moet je wel wat te melden hebben, anders lig je er zo weer uit. Of je staat langs de lijn te wachten op een geschikt moment om in te haken, maar dan moet je wel kunnen inspringen. Hierdoor ontstaat een tendens dat jongeren meer bezig zijn met de vraag hóé zij hun leven interessant in updates kunnen samenvatten dan met dat leven zélf. De vraag verschuift van 'ben ik gelukkig?' of 'ben ik interessant?' naar 'hoe kom ik gelukkig of interessant over?' Hoe leid ik de Blackberry-versie van mijn leven?

Wie in deze tijd gezien wil worden met 'de' populaire vrienden, op de interessante feestjes, zorgt er in ieder geval voor dat hij of zij zo veel mogelijk foto's van zichzelf in interessante settings maakt en online zet. Van een gemiddeld schoolfeest staan een dag later duizenden foto's online. Jongeren delen wat ze hebben meegemaakt en hoe leuk het was. Statusupdates, het woord zegt het al, zijn ook een vorm van statusbeheer. Door veel vrienden te hebben, steeds op de hoogte te zijn van interessante en nieuwe informatie, dingen als eerste te ontdekken, genereer je status. Het gaat niet alleen om wie je bent en wat je kunt; het gaat in het cybertijdperk vooral om wie je kent, wat je meemaakt en wat je weet. En dat was nog nooit zo zichtbaar als nu online. Als jij veel interessante nieuwtjes en filmpjes verspreidt in je netwerk, vinden anderen je grappig en interessant. Als jij leuke filmpjes maakt of jezelf met mooie foto's goed weet te presenteren naar anderen, vergroot dat de positieve feedback van anderen en jouw zelfvertrouwen en status.

'Is het verveling? Nee, ik heb genoeg te doen. Is het oprechte interesse? Nee, ook niet. Het is de angst om dingen mis te lopen, maar ook vooral een verslaving. Ik vind dit best wel een probleem voor mezelf, mijn werk lijdt eronder.' Rosa-Maria, 23 jaar

Wanneer is het een probleem? We hebben laten zien hoe jongeren te maken krijgen met steeds meer informatie en communicatie en hebben dit vervolgens verklaard vanuit specifieke behoeften van jongeren. Hebben jongeren die veel tijd aan media besteden automatisch een probleem? Nee. Je kunt niet een grens trekken en zeggen dat vier of vijf uur internetten per dag problematisch is. De crux zit 'm in de verwerking van alle informatie en wat dat met jongeren dóét. De meeste jongeren maken moeiteloos, vrolijk en doelgericht gebruik van alle communicatietools die deze tijd hen biedt. Maar mediagebruik kan ook dwangmatig worden.

In de volksmond gebruiken we regelmatig de term verslaving, zoals ook Rosa-Maria in bovenstaande quote, maar wanneer is er eigenlijk sprake van een verslaving?

In de psychiatrie stelt men de verslaving aan middelen vast aan de hand van DSM, een Amerikaans handboek voor de diagnose en statistiek van psychische aandoeningen. Deze methodiek kent zeven kenmerken (zoals tolerantie voor het middel, ontwenningsverschijnselen, een groot tijdsbeslag en de drang om te stoppen). Mensen die aan drie van die zeven kenmerken voldoen, vallen binnen de diagnose verslaafd.[15]

In de psychologie kijkt men op een iets andere manier naar het gedrag: in hoeverre is iemand op een dwangmatige manier met een middel of handeling bezig en lijden andere zaken hieronder? Laten we deze kenmerken eens toepassen op infobesitas. Jongeren brengen grosso modo steeds meer tijd door met media en informatieverwerking, maar alleen de tijdsbesteding is niet het probleem. Bij een deel van de jongeren wordt het nijpender en gaat het ten koste van andere zaken, zoals sporten, huiswerk maken of gesprekjes met ouders. Een nog kleinere groep heeft de impuls om steeds op een scherm te kijken om te checken of ze iets missen totaal niet meer onder controle. Tja, dan kan het toch behoorlijk op een verslaving gaan lijken.

Het draait om zelfcontrole

Tim Schoenmakers doet als research manager onderzoek naar internetverslaving bij het IVO, een wetenschappelijk instituut voor onderzoek naar verslaving in allerlei hoedanigheden.

'Wij volgen nu vijf jaar het internetgedrag van zo'n vierduizend jongeren van 12 tot 16 jaar. Zo kunnen we vaststellen dat 3,5 procent van de Nederlandse jongeren compulsief internetter is. Bij vmbo-leerlingen ligt dat gemiddelde met 6 procent hoger dan bij havo/vwo'ers (zo'n 2 procent). Bij de helft hiervan draait het om online gamen (voor het overgrote deel jongens) en bij de andere helft om sociale netwerksites en instant messenging (voor het merendeel meiden). Dit onderscheid wordt trouwens diffuser omdat profielsites als Facebook en Hyves in toenemende mate ook chatten en spelletjes aanbieden.

Wij meten compulsief internetgebruik op een schaal met veertien vragen. Denk aan: "Hoe vaak vind je het moeilijk om met internetten te stoppen?" of "Hoe vaak ben je in gedachten aan het internetten, ook als je niet online bent?" Compulsieve internetgebruikers hebben moeite om te stoppen met internet, ze zijn er continu mee bezig, ook als ze niet achter de computer zitten. Ze voelen zich slecht als ze lang niet kunnen internetten. Vaak is er bij deze groep ook sprake van andere problemen, zoals angstgevoelens.

Tieners roepen algauw: "Ik ben hartstikke verslaafd!" Het klinkt wel stoer. Maar met de overgrote groep is eigenlijk weinig of niets aan de hand. Wij spreken liever van compulsief gebruik. Alles draait om zelfcontrole, de vraag of jij je impulsen kunt beheersen.

Ik kan me voorstellen dat online communiceren met vrienden verleidelijk is voor jongeren. Het is toegankelijk, het is belonend, je kunt het heel vaak, nee, onbeperkt doen. Maar of de groep internetverslaafden gaat toenemen, durf ik niet te zeggen. In het voorjaar van 2010 hebben we voor het eerst gevraagd naar het gebruik van de mobiele telefoon, maar de resultaten daarvan zijn nog niet bekend. Het is natuurlijk ook veel moeilijker te meten. Als jij zes keer in een uur naar je telefoonscherm kijkt, hoe meet je dan hoeveel tijd je dat kostte en hoe onderscheid je surfen en sms'en op de telefoon van vergelijkbare activiteiten op de computer?'

Gevolgen van infobesitas Eerder omschreven we infobesitas als de neiging te veel informatie tot je te nemen, meer informatie dan je kunt verwerken. Infobesitas een verslaving noemen is te kort door de bocht. Als je iets veel doet, maakt dat je nog niet verslaafd. Zie het als het verschil tussen obesitas en een eetverslaving. Er is een samenhang, maar het is niet hetzelfde. Er zijn uiteraard verschillende gradaties van infobesitas. In de zwaarste vorm gaan jongeren het zelf ook als een probleem ervaren. Maar als we goed naar de kenmerken en gevolgen kijken, dan zien we bij veel jongeren mogelijke aanwijzingen voor lichte infobesitas. We lopen enkele gevolgen langs van infobesitas: slaapproblemen en vermoeidheid, stress en concentratieproblemen.

'Ik kan niet slapen zonder tv. Ik luister nog en dan val ik in slaap. Soms heel irritant als ik wat leuks hoor.' Rik, 18 jaar

Nou moe? Slaapproblemen en vermoeidheid Als je heel veel informatie verwerkt, tot 's avonds laat, kan dat je nachtrust verstoren. Eerder schreven we al dat het slaapritme bij tieners door hormonale wijzigingen verandert, waardoor ze 's avonds later moe worden (zie blz. 74). Om goed de slaap te kunnen vatten, kun je het laatste uur voordat je naar bed gaat het beste geen inspannende dingen meer doen, zoals tv-kijken of computeren. Hersenwetenschapper Jelle Jolles vergelijkt de hersenen met de gladde waterspiegel van een vijver: 'Op een moment dat je daar een steen in gooit, duurt het heel lang voordat het oppervlak weer rimpelloos is.'[16] Voor het slapengaan een rimpelloos wateroppervlak, dat is nogal een uitdaging voor veel jongeren. Veel tienerkamers zijn multimediaal ingericht met gameconsoles, computers en natuurlijk het mobieltje op het nachtkastje.
De Amerikaanse hersenwetenschapper Ron Dahl schat dat één op de drie

Amerikaanse tieners een chronisch slaapgebrek heeft: "Tweehonderd jaar geleden, toen we nog bij kaarslicht leefden, was die verschuiving in bioritme niet zo erg. 's Avonds was er toch niet zo veel te doen. Maar nu is dat anders."[17]
Paradoxaal genoeg hebben tieners voldoende slaap hard nodig. In je dromen sla je informatie, indrukken en signalen die je in de loop van de dag hebt verzameld, efficiënter op. Deze informatie wordt 's nachts overgebracht van je hippocampus naar het langetermijngeheugen, de neocortex, zodat je hem op een later moment kunt terughalen.
Uit onderzoek onder ruim 15.000 Amerikaanse scholieren bleek begin 2010 dat jongeren met slaaptekort vaker depressief zijn en ook zeggen vaker over zelfmoord na te denken. Volgens de onderzoekers tast slaapgebrek de verwerking van negatieve emoties en de concentratie aan, waardoor je overdag minder goed met alledaagse stress om kunt gaan.[18] Zo dreigt een vicieuze cirkel: door meer informatiegebruik slaap je minder goed en bij slaapgebrek verwerk je informatie minder goed. Stress ligt op de loer.
In Nederland heeft 35 procent van de jongeren, en vooral vwo-leerlingen, slaapproblemen en ervaart eveneens 35 procent zorgen en stress, zo bleek begin 2009 uit onderzoek van de Nationale Jeugdraad onder ruim 600 jongeren (12-17 jaar). Cijfers die goed overeenkomen met de bevindingen van Ron Dahl. De Nederlandse jongeren weten niet goed waar hun problemen vandaan komen en noemen als mogelijke oorzaken onder meer te veel huiswerk, te veel tv kijken en te veel te doen hebben.[19] Kido Koenig, voorzitter van de Jeugdraad, waarschuwde bij de presentatie van de uitkomsten dat jongeren sneller tegen een burnout kunnen aanlopen. 'De school, verenigingen, vrienden, het bespelen van een muziekinstrument, de duizenden reclame-uitingen die voorschrijven wat een jongere moet doen: dat levert stress op, meer dan vroeger.'[20] Het valt ons op dat zowel Koenig als de 600 ondervraagden internet en mobiel niet noemen als mogelijke oorzaak.

'Ik word heel snel afgeleid door alles!' Ellen, 17 jaar

Het monster van log in en informatiestress Steven Bell vergeleek in een essay uit 2004 de manier waarop studenten informatie zoeken met de consumptie van fastfood. Zij willen informatie snel kunnen vinden en zijn doorgaans minder geïnteresseerd in de kwaliteit ervan. Ze nemen ook minder de tijd om lange documenten te lezen, om te selecteren, analyseren, verwerken, hoofd- van bijzaken te onderscheiden: allemaal verwerkingsprocessen die tijd en concentratie vergen.

Die wens tot snelheid zou wel eens te maken kunnen hebben met de continue afleiding die internet en social media bieden. Omdat er op de sociale netwerksites continu informatie rondgaat en steeds iets nieuws te halen valt, is dat in zijn aard verleidend. Wat je ook aan het doen bent, voor school of voor een bijbaantje, met je ouders of met je vrienden: er is continu de mogelijkheid om je te laten afleiden. Het 'monster van log in' ligt steeds op de loer. Het doet denken aan het begrip *continuous partial attention* (continu verdeelde aandacht) dat de Amerikaanse publiciste Linda Stone in 1998 lanceerde. Hiermee bedoelt Stone het fenomeen dat je continu je aandacht verdeelt tussen verschillende zaken. Op haar blog schrijft ze: 'Bij continu verdeelde aandacht geef je verdeelde aandacht – CONTINU. Je wordt daartoe gemotiveerd door de wens om een LIVE knooppunt te vormen in het netwerk. Anders gezegd: we willen verbinden en verbonden zijn. We willen effectief mogelijkheden scannen en benutten voor de beste kansen, activiteiten en contacten, op ieder moment. Druk zijn, verbonden zijn staat voor leven, herkend worden en ertoe doen.'[21] Volgens Stone leidt *continuous partial attention* tot een kunstmatig gevoel van constante crisis en constante alertheid. Je wordt hyper door alles wat er in je netwerk gebeurt, nog helemaal los van waar je zelf mee bezig bent.

De BBC stelde in een documentaire in februari 2010 de intrigerende vraag of mensen veranderen door internetgebruik: ontstaat er na 20 jaar een homo interneticus?[22] De documentaire belichtte een experiment waarin jongeren ander informatiezoekgedrag vertoonden dan oudere generaties. Ze hadden slechts een zesde van de tijd nodig van de volwassenen om een opdracht te volbrengen, bekeken slechts de helft van de informatie die ouderen tot zich namen en hopten veel sneller naar een volgende link. Wetenschappers uit Londen werken nu door aan de vraag of deze generatie jongeren informatie anders verwerkt dan volwassenen, minder lineair van A tot Z en meer via hyperlinks, associaties en snelle verwijzingen. Dit terrein is nog relatief nieuw, maar reuze interessant: evolueert informatiezoekgedrag bij jongeren zo dat ze meer en meer moeite krijgen om lange stukken te lezen en zijn ze daarentegen beter in staat om snel en associatief korte informatiesnippers te verwerken en onderling te verbinden?

'Mijn laptop ligt op de bank en hij is altijd aan. Soms kijk ik tegelijkertijd tv.' Bonnie, 16 jaar

Afleiding en focus De associatieve vorm van informatieverwerking hangt ongetwijfeld ook samen met multitasken, het combineren van media tegelijkertijd. Denk aan chatten terwijl je tv-kijkt of radio luisteren terwijl je msn't. In hoofdstuk 6 (blz. 134) kwam aan bod waarom jongeren hier juist méér moeite mee hebben dan volwassenen. Ze doen het wel massaal: jongeren van 13 tot 29 jaar (mits nog thuiswonend) multitasken meer dan een kwart (28 procent) van hun mediatijd, en dit percentage is veel hoger dan bij jongere kinderen of oudere volwassenen.[23] Bij multitasken moeten je hersenen gelijktijdig verschillende informatie verwerken, waarbij verwarring kan optreden tussen die verschillende taken. Hersenwetenschappers noemen dit interferentie.[24] Je concentratie wordt bij multitasken continu onderbroken en de kwaliteit van je werk daalt.
Glenn Wilson van de University of London constateerde in 2005 dat het IQ van werknemers die steeds afgeleid worden door binnenkomende e-mails en telefoontjes, met tien punten daalt, twee keer zo veel als de IQ-afname na het roken van marihuana.[25]
Nu zou je kunnen betogen dat je, naarmate je meer multitaskt, deze interferentie beter onder de knie krijgt. Zo is het immers bij veel taken: wat je vaker doet kun je gaandeweg steeds beter. Dat dacht een groep Amerikaanse studenten ook, totdat ze deelnamen aan een experiment aan de Stanford University.[26]
Het onderzoeksteam wilde nagaan of 'zware multitaskers' informatie anders verwerken dan 'lichte multitaskers'. Zij deelden 260 studenten op basis van hun mediagebruik op in een groep 'zware' en een groep 'lichte' media-multitaskers en legden beide groepen meerdere opdrachten voor die concentratie en het switchen tussen taken vereisten. Uitkomst: de zware multitaskers scoorden slechter en hadden meer moeite om irrelevante informatie uit hun omgeving en irrelevante stimuli uit hun geheugen te filteren. De lichte multitaskers konden hun aandacht beter focussen. De onderzoekers concludeerden dat veelvuldige multitaskers informatieverwerking anders benaderen, maar benadrukten dat het gedrag van de zware multitaskers mogelijk in andere situaties juist tot een voordeel leidt. En dat is wel een goede vraag: vraagt het informatietijdperk met steeds meer en steeds snellere informatieverwerking om andere strategieën?
Mobiele telefoons en laptops zijn bij uitstek multitaskende apparaten, dat maakt ze ook zo handig, aantrekkelijk en verleidelijk. Begin 2010 besloot hoogleraar David

Cole van de Georgetown University in Washington laptops te verbieden tijdens zijn colleges. 'Het is wanneer je een klas binnenloopt alsof er een reeks verschillende tijdschriften, verscheidene televisieprogramma's, winkelaanbiedingen en een telefoon op de tafeltjes liggen en je zegt: maak er gerust gebruik van wanneer je gedachten afdwalen.'[27] Cole wijst hier op de versmelting van functies die een laptop allemaal tegelijk biedt. Om optimale concentratie, en dus zo min mogelijk afleiding, te creëren tijdens zijn colleges kiest hij voor de (lap)topless variant.

10.3 Oplossingen voor infobesitas

Het moge duidelijk zijn: de informatiestroom houden we niet tegen, de technologische ontwikkelingen ook niet en de behoefte van jongeren aan nieuwtjes en communicatie al helemaal niet. Laten we nog eens teruggaan naar de vergelijking met obesitas. In onze moderne maatschappij is eten voortdurend aanwezig en word je aldoor verleid om toe te happen. Sommigen hebben amper moeite om nee te zeggen, anderen bezwijken snel en snacken vele tussendoortjes weg. Net als bij voeding gaat het erom je te wapenen tegen de verleiding te gaan 'grazen' en zo ongemerkt te veel tot je te nemen. Het gaat ook om de kwaliteit van wat je eet en het vermogen hierin te kiezen. Het veranderen van gedrag begint altijd bij bewustwording: je wordt je bewust van bepaalde automatismen of denkbeelden, waarna je anders gaat denken en doen.

'Het geeft geen voldoening, ik lees niet omdat ik op zoek ben, ik lees wat ik tegenkom.' Rik, 18 jaar

Leren omgaan met de kwantiteit De afgelopen vijf jaar is er veel aandacht geweest voor mediawijsheid, wat heeft geresulteerd in een reeks aan educatief materiaal. Bij mediawijsheid ligt de nadruk op de media-inhoud. De kern is dat mensen bewust, kritisch en veilig gebruik maken van media. Denk aan het kunnen onderscheiden van de commerciële intentie van de afzender of het bewustzijn dat sommige privéfoto's niet thuishoren op het internet.

Het lijkt ons goed om in de discussie over mediawijsheid ook de kwantiteit mee te nemen. Hoe maken we jongeren weerbaar tegen de grote hoeveelheid aan informatie? Hoe leren we ze hierin prioriteiten te stellen, vooral ook ten opzichte van heel andere tijdsbestedingen, zoals kletsen met je familie of sporten? Hoe verwerk je informatie het beste? En hoe filter je daarin? Veel volwassenen leren voor hun werk vaardigheden als kennis- en timemanagement. Voor een kenniswerker is het essentieel zich te verdiepen in slimmer leren werken en leven, al was het maar omdat stress en burnout op de loer liggen. De meeste tips die voor volwassenen gelden kun je je al vroeg eigen maken en school is hier een uitstekende leeromgeving voor. Veel leer je immers door te doen en te ervaren. Als je vastloopt voor je werkstuk omdat je je niet kunt concentreren en te laat bent begonnen, leer je dat je een volgende keer een andere strategie moet kiezen. Zo worden jongeren zich gaandeweg beter bewust van hun wijze van informatieverwerking.

Geen makkelijke opgave, aangezien mediagedrag veelal onbewust plaatsvindt en jongeren hun omgang met informatie meestal niet als een probleem ervaren. Jongeren noemen bij infobesitas desgevraagd vooral positieve en aspirationele aspecten: iemand met infobesitas zien zij als een persoon die altijd op de hoogte is, naar de hipste feestjes gaat en overal iets van afweet. Negatieve associaties, zoals vermoeidheid, stress of gebrek aan concentratie, noemen ze niet.

En inderdaad is communiceren en op de hoogte zijn vaak leuk en belonend, maar net als bij andere zaken geldt ook hier: leren doseren.

'Ik maak mijn huiswerk in de keuken. Daar heb ik niks, dat werkt veel beter; geen laptop, geen tv.' Bonnie, 16 jaar

Aandacht voor aandacht Aandacht, concentratie is een krachtige tool die wij mensen in handen hebben. Deze vaardigheid om je volledig te focussen op één ding, zonder je te laten afleiden door iets anders, kun je verder ontwikkelen, met oefeningen en via meditatie of *mindfulness*. We kunnen aandacht ook in de war schoppen met bijvoorbeeld sms'jes, mailtjes of alcohol. Maar uiteindelijk bepalen we zelf hoe we onze aandacht gebruiken. Het gaat om keuzes maken, en daar hebben jongeren ondersteuning in nodig. Het begint bij bewustwording van de manier waarop ze informatie verwerken en contact onderhouden met *peers*, en van de effecten van multitasken. Wat doe je wanneer? Hoeveel tijd ben je daar mee bezig? Hoe ga je om met je inbox, met je agenda, met multitasken, met msn? In hoeverre kun je je goed concentreren, indien nodig? Hoe *manage* je je computer, laptop en mobiel? Hoe geef je het allemaal een plek in je bestaan, zonder dat andere zaken er hinder van ondervinden? Wat vind je belangrijk in je leven?

Waar ouders en professionals op veel andere terreinen kunnen putten uit eigen

ervaringen, zien we op dit vlak meer opvoedonzekerheid. Maar ook op dit terrein kun je als volwassene een rol spelen, als plaatsvervangende frontaalkwab.
Net zoals je jongeren opvoedt in de omgang met snacks of geld, met alcohol en scooters, kun je ze hierbij begeleiden. Hoe? Door erover te praten, door voorbeeldgedrag te vertonen, structuur te bieden, jongeren te helpen keuzes te maken en soms ook door regels te stellen.
Onderzoek in opdracht van het ministerie van Jeugd en Gezin eind 2009 concludeerde dat ouders van jongeren (12 tot en met 18 jaar) vooral moeite hebben om grenzen te stellen rond nieuwe media (internetten en gamen), school/huiswerk en het huishouden/de eigen kamer.[28] Het opruimen van de kamer staat als ergernis op 1, maar ouders geven aan dat ze grenzen stellen bij internetgebruik veel lastiger vinden. Naast Hyven en chatten hebben jongeren het immers ook nodig voor opdrachten voor school. Dat dilemma ervaren jongeren zelf ook. Je bent bezig met een opdracht voor school en vrijwel ongemerkt beland je in een conversatie met twee goede vrienden op msn. Klinkt bekend, toch?
We zitten in een overgangsfase. Internet bestaat pas twintig jaar en strekt zijn tentakels steeds verder uit in ons dagelijkse bestaan. De mediaontwikkelingen gaan zo razendsnel dat ze ons enigszins overkomen en dat we hard naar een balans zoeken. De technologie is niet het probleem, wij hebben gewoon nog niet voldoende geleerd om hier goed mee om te gaan.

Jongeren begeleiden naar emotionele volwassenheid

Frank Ruesink geeft trainingen waarin hij jongeren leert te geloven in zichzelf en hun eigen leven te creëren.

'Ouders en school hebben de taak om jongeren te begeleiden naar emotionele volwassenheid, door ze te laten ontdekken wie ze zijn en wat ze écht willen en hoe ze om kunnen gaan met druk van buitenaf. Hoe meer jongeren van zichzelf houden, des te minder ze zich zullen laten opjagen door informatiedruk en bijkomende *peer pressure*.
Veel opvoeders zijn geneigd infobesitas te bestrijden met allerlei regels. Ze verbieden hun kinderen bijvoorbeeld om meer dan een uur per dag achter een scherm te zitten of sms'jes te versturen in de woonkamer. Maar als een kind echt last heeft van informatiedruk, dan bieden dat soort kaders voor de lange termijn geen oplossing. Het gaat er niet om de communicatie af te snijden; je moet de oorzaak van groepsdruk wegnemen door jongeren emotioneel

weerbaarder te maken. Pas vanuit het inzicht dat het communicatiegedrag te maken heeft met groepsdruk of het wegvluchten uit een sociale situatie, kan een jongere zelf dat gedrag doorbreken. Het is mooi als jongeren leren omgaan met de angst dat ze iets missen of iets niet weten.
Soms hebben ouders meer last van het mediagedrag van hun kind dan het kind zelf. Het kind zit de hele tijd achter een scherm en verbindt zich niet met wat er op dat moment in het gezin gebeurt. Maar hoe komt dat? Gaat dat over prikkels van buiten of over de sfeer thuis in de woonkamer? Iets waar je je aan stoort, zegt ook iets over jezelf. Wat zie je bij jouw kind? Weinig verbinding of gezelligheid? Vraag je dan af: Verbind ik me als ouder wel genoeg met mijn kind?
Als jij vindt dat je kind teveel msn't, mailt en achter de computer zit, kijk dan eerst naar je eigen omgang met informatie. Ouders zien bij hun kinderen vaak de problemen waar ze zelf last van hebben. Wie zelf altijd online en bereikbaar is en continu bezig is zijn boodschappen te checken, laat zijn kinderen zien dat dit de manier is om met informatie en contacten om te gaan.
Als je vervolgens nog steeds vindt dat je kind te veel achter de computer zit, ga dan in gesprek. Probeer niet te oordelen, maar inzicht te krijgen in wat het je kind brengt. Als je zoon of dochter er niet gelukkig van wordt, kun je kijken hoe je hem/haar kunt ondersteunen om persoonlijk te groeien en zo andere keuzes te maken.'

Nieuwe media, nieuwe mogelijkheden, nieuwe kansen, maar ook nieuwe risico's. We leven in een reuzespannend tijdperk met ongekende mogelijkheden en het gaat sneller dan we kunnen bevatten. Laten we niet in de valkuil trappen om nieuwe media puur te bekijken door de ogen van de oude media. Het helpt ons niet verder. Technologie stuwt voort en blijft dat doen; de vraag is hoe wij er in onze samenleving mee omgaan en hoe we jongeren bij die grote uitdaging begeleiden om het een plek te geven in hun bestaan.

Tips voor ouders >

- **Praat met je kind over informatieverwerking en mediagebruik.** Volg hoe je zoon of dochter bezig is met media en bovenal: check of andere zaken hier hinder van ondervinden. Lijden huiswerk of sport onder het gamen, msn'en en krabbelen? Stel dan samen regels op.
- **Etiquette:** Spreek af wanneer bellen, pingen of sms'en wel en niet is toegestaan, bijvoorbeeld tijdens het eten. En houd je zelf ook aan die afspraak.

Tips voor jongeren >

- **Als je veel dingen tegelijkertijd doet (bijvoorbeeld tv-kijken en huiswerk maken, of radio luisteren en msn'en), heeft dat invloed op je concentratie.** Simpel gezegd: je doet er langer over en de kwaliteit van wat je doet neemt af. Kies vaker voor één medium tegelijkertijd.
- **Geef je brein 's avonds tijd om tot rust te komen.** Zet het laatste uur voordat je gaat slapen de tv en computer uit.

Tips voor docenten >

- **Besteed in het onderwijs aandacht aan informatievaardigheden.** Kijk naast media-inhoud ook naar de kwantiteit van mediagebruik en draag oplossingen aan als ontspannen, mediteren en concentreren, even 'niksen'.
- **Overschat je leerlingen niet in hun online vaardigheden**, in wat ze kunnen en wat ze doorzien. Online hebben jongeren ook meer moeite om commerciële boodschappen te onderscheiden.

Tips voor verleiders en voorlichters >

- **Een-op-eencommunicatie is de optimale vorm van communicatie.** In echte gesprekken komt een boodschap het beste over, omdat je kunt inspelen op reacties van de ander. Hoe belangrijk internet en andere media ook zijn geworden, onderschat nooit de kracht van *face to face*-gesprekken.
- **Hoe meer zintuigen je met een boodschap aanspreekt, hoe beter mensen de informatie verwerken.** Met name visuele informatie is krachtig. Wil je maximale impact? Gebruik dan niet veel tekst en verlevendig je verhaal met filmpjes en infographics.

Enkele laatste gedachten

Waarom zouden we ons nog druk maken over jongeren die 'domme' dingen doen en experimenteren als we weten dat hun hersenen vanzelf op het niveau komen waarop ze zich verantwoordelijk gaan gedragen? De belangrijkste reden is dat we kinderen moeten helpen om een goede basis te krijgen, zodat ze rond hun 25e verder kunnen als volwassen en gewetensvolle mensen. Het maakt nu eenmaal een groot verschil of een jongen op zijn tweeëntwintigste zonder diploma en met een wietverslaving aanklopt bij het CWI, of dat hij zich op die leeftijd met een afgeronde opleiding en een paar kleerscheuren realiseert dat de volwassenen in zijn leven inderdaad gelijk hadden toen ze zo streng waren.

Met dit boek hebben we meer begrip willen creëren voor jongeren door te laten zien welke ontwikkelingen zij doorlopen. Want hoe beter volwassenen jongeren begrijpen, hoe beter zij ze kunnen begeleiden.
Het puberbrein laat zien dat jongeren meer oprechte aandacht en interesse behoeven, juist omdat ze zo'n turbulente, maar ook intense en vormende fase doorlopen. We kunnen jongeren stimuleren om belangrijke vaardigheden en kennis op te doen, we kunnen ze helpen beslissingen te nemen in een veilige context en ze begeleiden wanneer iets bij nader inzien niet helemaal de juiste keuze blijkt te zijn. En we kunnen ze een goed kader bieden waardoor ze niet al op jonge leeftijd beginnen met alcohol, drugs en andere verleidingen.

Puberbrein binnenstebuiten maakt duidelijk dat we meer moeten kijken naar de biologische factoren die het gedrag van jongeren beïnvloeden. Daarmee geeft het ook een fijne relativering: jong zijn gaat gepaard met risicovol gedrag. (En hoe erg is dat? Risico's opzoeken is ook nodig om te exploreren en je grenzen te verleggen.) Bovendien gaat 'pubergedrag' in de meeste gevallen gewoon weer over. Bijna iedereen heeft vroeger wel eens ruzie gemaakt met zijn ouders, problemen gehad op school of is te laat en beneveld thuisgekomen na een avondje stappen. Het is met de meesten vanzelf weer goed gekomen. Zo goed, dat iedereen zijn eigen jeugdzonden allang is vergeten en zich ook niet meer optimaal kan inleven in de jongeren van nu.

Meer aandacht Meer kaders en structuur begint eigenlijk bij meer aandacht, meer tijd, meer inlevingsvermogen. Je eigen identiteit ontwikkelen is een zoektocht. Daarbij kun je oprechte een-op-een-aandacht van volwassenen in je omgeving enorm goed gebruiken. Als die volwassenen tenminste echt openstaan voor wat jongeren te vertellen hebben. Wij spraken laatst een meisje dat een hulpverleningstraject had doorlopen: 'Bij hulpverleners is het als bij kappers. Sommige kappers vragen echt: "Hoe wil je je kapsel?" Andere vrágen dat wel, maar knippen het gewoon zoals ze altijd knippen. Hulpverleners stoppen je ook gauw in een hokje: "O, die is autistisch? Die moet je zo en zo behandelen."'
Wij hebben de overtuiging dat als we jongeren in onze maatschappij meer duidelijkheid, maar vooral meer tijd en oprechte aandacht geven, de meesten nog beter op hun plek kunnen komen dan nu het geval is.

Met de meeste jongeren gaat het goed

In de research voor dit boek viel ons steeds weer op hoeveel aandacht er is voor excessen en problemen rondom jongeren. Met de meeste jongeren in Nederland gaat het gewoon goed! Graag geven we hier nog wat feiten als tegengeluid:[1]

- Jongeren (12 tot 18 jaar) geven hun leven gemiddeld het rapport cijfer 7,7. Volgens onderzoek van Unicef zijn tieners in Nederland gelukkiger dan in alle andere geïndustrialiseerde landen.
- De helft van de jongeren begint op 13-jarige leeftijd met tongzoenen en heeft op 17-jarige leeftijd voor het eerst geslachtsgemeenschap.
- Twee derde van de Nederlandse jongeren vertoont geen risicogedrag.
- De meeste jongeren gehoorzamen hun ouders en nog meer jongeren zien in hun ouders een voorbeeld.
- Maar liefst twee op de drie jongeren (66%) tussen de 16 en 24 jaar vinden dat bij jongeren de verhouding tussen rechten en plichten scheef is gegroeid.
- 60 procent van de jongeren (83 procent van de meisjes) kijkt nooit naar porno, en slechts één procent (bij meisjes een half procent) doet regelmatig aan cyberseks.

Bedankt!

Bij het schrijven van dit boek hebben we allereerst geput uit de ervaringen van meer dan tien jaar YoungWorks. Veel voorbeelden en anekdotes komen voort uit projecten die wij door de jaren heen hebben mogen uitvoeren. Onze meeste dank gaat dan ook uit naar de vele honderden jongeren die ons en onze collega's de afgelopen jaren in gesprekken en discussies een kijkje in hun leefwereld hebben willen geven.

In de aanloop naar dit boek hebben we allerlei bronnen geraadpleegd en vele mensen gesproken. Wij willen alle mensen bedanken die in interviews hun kennis en ervaringen met ons en met de lezers hebben willen delen: Jan Derksen (Radboud Universiteit), Jean-Paul Selten (UMC Utrecht), Jan Kornelis Dijkstra (RU Groningen), Marjolein Reijs (McDonald's Nederland), Remco Pijpers (Mijn Kind Online), Justine Pardoen (Ouders Online), Wijnand IJsselstein (TU Eindhoven), Willemien Meershoek (Scouting Nederland), Ron Papôt (PartyPeeps2000.com), Daniël Roos (JINC), Said Bensellam (Connect), Piet Boekhoud (Albeda College), Amy-Jane Gielen (A.G. Advies), Guus Pijpers (Acuerdis) en Frank Ruesink. Ook bedanken we Emmy, Idris, Abu, Paul, Daphne, Beau, Layla, Nina en Ilyas voor hun spontane, eerlijke en soms ook openhartige uitspraken.

Wij zijn geen hersenwetenschappers en daarom willen we de volgende mensen speciaal bedanken voor hun medewerking, als kritische meelezer of als gesprekspartner. Zij hebben ons een kijkje gegeven in hun fascinerende vakgebied en ons behoed voor wetenschappelijke valkuilen: hersenwetenschappers Eus van Someren, Dick Swaab, Eveline Crone, Linda van Leijenhorst en Dietsje Jolles. Eveline & Linda, bedankt ook voor de bijzondere middag waarop jullie ons even in de mri-scanner van het UMCL hebben geschoven.

Alle foto's die je in dit boek ziet zijn gemaakt door jongeren. Wij gaven een aantal jongens en meiden de opdracht foto's te maken van voorwerpen die voor hen belangrijk zijn. Zo gaven zij letterlijk een kijkje in hun leefwereld. Tshiela Tshipanda (14), Emmy Bovenhorst (19), Rik Spruijt (20), Egbert Markerink (17), Marjolijn van Dijk (20), Mahoeba Noori (16), Erica Tollenaar (22), Niek Vermond

(17), Jules Fortanier (14), Yves Fortanier (18), Emma van der Elst (14) en Josephine van der Elst (12), dank jullie wel voor al jullie snapshots!

En dan waren er de vele collega's die steeds weer belangstellend vroegen hoe het ermee stond (met ons en met het boek). Iedereen, en in het bijzonder Abdeluheb Choho, Ernst van Dijk, Els Dragt, Andrea Hagen, Helen van der Kuip, Sofyan Mbarki, Sherien Verkaik, Bart de Ridder, Nynke van Spiegel, Joris Schuurman, Esther Weidema, Juditth Lieftink, Annika Baeten en Alet Klarenbeek, onwijs bedankt voor jullie actieve inbreng en steun! Speciaal bedanken we de creatieven van YoungWorks, Cees Dingler en Jeroen Vroegen, die voor de vormgeving van het boek en de website www.puberbrein.nl wederom met goede ideeën kwamen.

Daarnaast zijn we dank verschuldigd aan Marjolein den Hartog, Suzanne Visser en Hermelijn van der Meijden, drie topjournalisten die ons ondersteunden bij de research en bij het op papier krijgen van diverse interviews en verhalen. Ook bedanken we journalist Maaike Miedema als kritische meedenker. En niet te vergeten Willem Bisseling en Paul Sebes van Sebes & Van Gelderen, die direct enthousiast waren over ons idee voor dit boek.

Een boek schrijf je niet tussen de bedrijven door, zo kunnen ook wij nu navertellen. Dat het vaak toch avond- en weekendwerk werd, kunnen onze partners en kinderen volmondig beamen. Dank daarom aan het thuisfront! Aan ons beider partners, Markus en Sarai, die het een tijdlang met minder aandacht moesten stellen, en aan onze kinderen, Timo en Emil, Zeger en Staas, die zelf nog geen van allen puber zijn, maar evengoed een dagelijkse inspiratiebron vormen.

Noten

Inleiding

[1] Carvalho, H. (19 september 2008).

[2] Hersenwetenschapper Eveline Crone spreekt in dat kader van het puberende brein, wat ook aangeeft dat het om een langer proces en niet om een vaststaand gegeven gaat (2008).

[3] Samen met Motivaction heeft YoungWorks een onderzoeksmodel ontwikkeld, waarbij jongeren worden ingedeeld op basis van hun motivaties en drijfveren: YoungMentality. Dit model laat zien dat de waarden die jongeren belangrijk vinden per persoon sterk kunnen variëren en andere inzichten geven dan buitenkant, kleedstijl of sociale of culturele achtergrond.

1. Het puberbrein: de ontwikkeling van jongeren

[1] Dekkers, M. (2002).

[2] Cole, M. & Cole, S.R. (2001).

[3] Kohnstamm, R. (2002b).

[4] Meer informatie en mooie animaties vind je op www.volwassenworden.nl.

[5] Er is een piek in het aantal gepleegde moorden tussen het 20e en 24e levensjaar, die ook verklaard kan worden uit een hoge testosteronspiegel in combinatie met een nog niet volgroeide prefrontale cortex. Mensen komen met een verschillende aanleg voor agressief gedrag ter wereld. Geslacht, genetische aanleg, hoeveelheid voeding die we via de placenta hebben gekregen en rook-, alcohol- en geneesmiddelengebruik van de moeder zijn hierop van invloed. Mensen (mannen én vrouwen) met een hogere testosteronspiegel zijn vatbaarder voor agressie, zo blijkt uit metingen onder daders van geweldsdelicten en verkrachtingen. Omdat mannen een hogere testosteronspiegel hebben dan vrouwen, kunnen we ook verklaren waarom mannen vijf maal zo veel moorden plegen als vrouwen.

[6] Kohnstamm, R. (2002).

[7] Westenberg, prof. dr. P.M. (2008).

[8] Sitskoorn, M. (2007).

[9] Deze en vele andere brieven vind je in: Bruin, Katja de (2008), *Ik moest dit even kwijt.*

[10] *Teen Species* (BBC-documentaire uit 2002 van Judith Bunting, aflevering 'tieners').

[11] Reany, P. (17 september 2005).

[12] Swaab, D. (2008).

[13] Sitskoorn, M. (2007).

[14] Boo, M. de (14 november 2006).

[15] Bos, W. van den (2008).

[16] Dit bleek uit onderzoek van de Radboud Universiteit in opdracht van Centiq, een samenwerkingsverband van overheden, consumenten- en brancheorganisaties en de wetenschap (30 oktober 2008).

2. Opvoeding: het puberbrein thuis

[1] Postman, N. (1982).

[2] Schöttelndreier, M. (2008); Dasberg, L. (1975); Postman, N. (1982).

[3] Duimel, M. en Haan, J. de (2007).

[4] Prins, M. (2008).

[5] Klaver, M.J. (3 juni 2008).

[6] Swaab, D. (10 juli 2008)

[7] Klaver, M.J. (3 juni 2008).

[8] Crone, E. (2008). In hoofdstuk 6 gaan we dieper in op multitasken.

[9] Polman, J. (27 november 2007).

[10] Nussbaum, E. (2007).

[11] Radboud Universiteit (2008).

[12] Qrius, 2007.

[13] Nibud (2008).

[14] Nibud (2008).

[15] Pen, H. (10 maart 2007). Crone, E. (2008). Het genoemde experiment is uitgevoerd door Linda van Leijenhorst.

[16] Verdegaal, E. (26 april 2008).

[17] Dit blijkt ook uit onderzoek van de Radboud Universiteit (2008).

[18] Goede tips hierover staan ook op www.reclamerakkers.nl.

[19] Universiteit van Maastricht (30 mei 2008).

[20] Son, G. van, Furth E.F. van, Schoemaker, C. (24 september 2007).

[21] Bron: iloveana.punt.nl.

[22] Trimbos Instituut (2006).

[23] Schöttelndreier, M. (2008).
[24] *NRC Handelsblad* (28 april 2008).
[25] Monshouwer, K. e.a (2008).
[26] Radboud Universiteit Nijmegen (24 april 2008).
[27] Zie ook www.uwkindenalcohol.nl, de site die Trimbos heeft ontwikkeld om ouders voor te lichten over alcohol.
[28] Crone, E. (2008).
[29] Winter, M. de. (2007).
[30] Westenberg, prof. dr. P.M. (2008).
[31] Winter, M. de (2005).
[32] Prins, M. (2008).
[33] Ontleend aan o.a. Steinberg, L. (2004).

3. Onderwijs: het puberbrein in de klas

[1] Ministerie van OCW (2008).
[2] Visser. S. (april 2005).
[3] MBO-raad (2007).
[4] Knapen, J. (2004).
[5] Hersenstichting Nederland (2008).
[6] *Teen Species* (BBC-documentaire uit 2002 van Judith Bunting, aflevering 'tieners').
[7] MBO-raad (2007).
[8] MBO-raad (2007).
[9] Krajenbrink, D. (21 december 2006).
[10] Westenberg, prof. dr. P.M. (2008).
[11] Krajenbrink, D. (21 december 2006).
[12] Wit, A. de (24 maart 2007).
[13] Inspectie van het onderwijs (2008).
[14] Bouma, J.-D. (20 mei 2008).
[15] De Expertgroep Doorlopende Leerlijnen Taal en Rekenen.
[16] Krajenbrink, D. (21 december 2006).
[17] Boschma, J. & Groen, I. (2007, 2de ed.).
[18] Momenteel vindt vervolgonderzoek plaats onder mbo'ers.
[19] Visscher, M. (2006).
[20] Groeneveld, M.J. & Steensel, K. van (2008).
[21] Blom, S. (30/31 december 2006).
[22] Visser, S. (juni 2005).

4. De peergroup: het puberbrein in het kwadraat

[1] Kol, E. (2008).
[2] Prins, M. (2008).
[3] Prins, M. (2008).
[4] Kohnstamm, R. (2002).
[5] Prins, M. (2008).
[6] Crone, E. (2008).
[7] Vraag gesteld op www.netdokter.nl.
[8] Prins, M. (2008).
[9] Park, A. (juni 2004).
[10] Crone, E. (2008).
[11] Rich Harris, J. (1999).
[12] Gemiddeld zitten jongeren 2,8 uur per dag achter de computer, waarvan 2,3 uur op msn. Een op de vijf jongeren besteedt dagelijks meer dan drie uur aan msn. Prins, M. (2008).
[13] Groeneveld, M.J. & Steensel, K. van (2008).
[14] Gladwell, M. (2002).
[15] Deze cijfers zijn afkomstig uit IVO (2008). Overigens zien we dat deze cijfers snel veranderen. Gegevens uit andere recente onderzoeken laten alweer veel hogere percentages op bepaalde vragen zien.
[16] De Australische journalist Bill Tancer constateerde onlangs dat vooral 18- tot 24-jarigen minder porno kijken en meer sociale netwerksites bezoeken; www.nuzakelijk.nl.
[17] Boyd, D. (2007).
[18] Aan de Universiteit van Amsterdam is meer onderzoek gedaan naar het effect van profielensites op jongeren. Patti Valkenburg en Alexander Schouten zagen in 2005 een positief effect op het zelfvertrouwen van gebruikers van CU2. Van de 880 gebruikers kreeg 78 procent uitsluitend of overwegend positieve reacties.
[19] Dijkstra's onderzoek maakt deel uit van het grootschalige onderzoeksprogramma TRAILS. Zie www.trails.nl.
[20] Prins, M. (2008).
[21] Park, A. (juni 2004).
[22] HALT Nederland (2008).
[23] Vollebergh, Wilma (2008).
[23] *Tegenlicht*, uitzending 29 oktober 2007.
[25] Wensink, H. (8 mei 2008).
[26] Een interessante visionair op dit vlak is Linda Stone, jarenlang werkzaam bij Apple Computer

en Microsoft. Zij vraagt sinds de jaren negentig aandacht voor *continuous partial attention*, het fenomeen dat onze aandacht, met de komst van vele technische mogelijkheden, steeds meer versnipperd is geraakt.

5. Overige opvoeders: het puberbrein buiten de deur

[1] Crone, E. (2008).
[2] YoungWorks (2007).
[3] YoungWorks (2008a).
[4] Raad voor Maatschappelijke Ontwikkeling (2008).
[5] YoungWorks (2008c).
[6] Zie www.rhinegroup.nl.

6. Verleiders en voorlichters: doordringen tot het puberbrein

[1] Nibud (2008).
[2] Hierbij gaat het om alle netto-inkomsten van kinderen en jongeren van 6 tot en met 29 jaar. Qrius (2007).
[3] Dit heet ook wel een Strooptaak, naar de wetenschapper Stroop die het verschijnsel ontdekte.
[4] Crone, E. (2008).
[5] Zie ook www.mediawijsheid.nl, www.mediamakkers.nl, www.reclamerakkers.nl.
[6] Media Makkers (2008).
[7] Zie www.uwkindenalcohol.nl, www.stivoro.nl en www.nederlandtegenterrorisme.nl.
[8] Draaisma, D. (2008).

7. Het puberbrein in het doolhof van opleidingen en banen

[1] Bouma, J.-D. (5-4-2007).
[2] HBO-raad (6 juni 2008).
[3] Meer weten over motivaties van jongeren om wel of niet in de bètatechnische sector te gaan werken? YoungWorks en Motivaction hebben samen met Platform Bèta Techniek het model BètaMentality ontwikkeld. BètaMentality is een onderzoeksmodel waarmee jongeren kunnen worden onderverdeeld op basis van hun waarden en normen (zijn ze statusgericht of juist idealistisch, exploratief of juist introvert). Het model brengt in kaart hoe diverse groepen jongeren ten opzichte van de vakgebieden in het domein van bètatechniek staan; www.betamentality.nl.
[4] Westenberg, prof. dr. P.M. (28 april 2008).
[5] Nibud (2007).
[6] Manpower (2006).
[7] Researchcentrum Onderwijs-Arbeidsmarkt (november 2007).
[8] Marreveld, M. (2006).
[9] VHTO (2008).
[10] VHTO (2008).
[11] VHTO (2008).
[12] Westenberg, prof. dr. P.M. (2008).
[13] Westenberg, prof. dr. P.M. (28 april 2008).
[14] Koelewijn, J. & Twillert, M. van (13 juni 2008).
[15] Researchcentrum Onderwijs en Arbeidsmarkt (november 2007).
[16] Researchcentrum Onderwijs en Arbeidsmarkt (november 2006).
[17] YoungWorks, april 2008.
[18] Boland, C. (19 maart 2008).

8. Jongeren en de maatschappij: overal over meepraten?

[1] Bovens, M. (9-12-2006).
[2] Commissariaat voor de Media (2008).
[3] Wijnberg, R. (19-3-2007).
[4] Crone, E. (2008).

9. Multiculturele samenleving: leven in twee werelden

[1] We doen in dit hoofdstuk uitspraken over allochtone jongeren en specifieke subgroepen daarbinnen. Uiteraard realiseren we ons dat er ook binnen die verschillende groepen grote onderlinge verschillen te vinden zijn. Cijfers: CBS (2008).
[2] Verheggen (2001).
[3] CBS (2008).
[4] Sociaal Cultureel Planbureau (2006).
[5] 1,5 procent van de autochtone jongeren tussen 12 en 17 jaar kwam tussen 2005 en 2007 voor een taakstraf bij HALT terecht, tegenover 3,3 procent

jongeren van Marokkaanse en 3 procent van Antilliaanse herkomst; CBS (2008).
[6] Rooijen, M. van (2007).
[7] Werdmölder, H, (2005).
[8] Bron en meer info: www.ypsilon.org.
[9] Bauer, Joachim (2008).
[10] Rooijen, M. van (2007).
[11] Deijl, W. van der (2005).
[12] Lucas N. (12 november 2006).
[13] Santen, H. van (18 december 2007).
[14] www.hiphopinjesmoel.nl.
[15] Crul, M. e.a. (2008).
[16] Fragment uit toespraak van prinses Máxima, 24 september 2007, bij de presentatie van het WRR-rapport *Identificatie met Nederland*, Den Haag; www.koninklijkhuis.nl.
[17] IKON-tv, 11 juni 2005.

10.Infobesitas: Opgroeien in het informatietijdperk

[1] SPOT (2010). *Tijdsbestedingonderzoek: Alles over tijd 2010*, te downloaden via www.spot.nl.
[2] Hierbij gaat het om gebruik van verschillende media, zoals radio, tv, internet, lezen (boeken, tijdschriften), gamen, bellen en muziek luisteren. Overigens is dit minder dan het gemiddelde bij volwassenen (20-65 jaar), die uitkomen op 7 uur mediaconsumptie per dag.
[3] CBS (2010). Het aandeel 12- tot 18-jarigen dat per week 10 uur of meer tv kijkt via een tv-toestel daalde van 76 procent in 2000 tot 62 procent in 2008.
[4] CBS (2009).
[5] Qrius (2009).
[6] CBS Statline (2009).
[7] SPOT (2010).
[8] Pew Internet (2010).
[9] BBC (2010).
[10] IVO (2009).
[11] Flycatcher (2009).
[12] SPOT (2010).
[13] BBC (2010).
[14] Schouten (2007), Valkenburg (2010).
[15] http://nl.wikipedia.org/wiki/Verslaving
[16] Aarts (17 april 2010).
[17] Beintema (2009).
[18] Gangwisch e.a. (2010).
[19] NJR (2008).
[20] Aarts (17 april 2010).
[21] Citaat van Linda Stone op haar blog http://lindastone.net; vertaling van de auteurs.
[22] BBC (2010). Zie ook www.bbc.co.uk/virtualrevolution.
[23] SPOT (2010).
[24] Zie voor meer uitleg van interferentie blz. 134.
[25] BBC (2005).
[26] Ophir e.a. (2009).
[27] ANP (9 maart 2010).
[28] MarketResponse (2009)

Enkele laatste gedachten

[1] Bronnen: Prins, Maerten (2008), Rutgers Nisso Groep (2008), Onderzoek TNS Nipo in opdracht van *de Volkskrant* en *NRC Handelsblad* (2008).

Bronnen

Literatuur

A. Aamodt, S. & Wang, S. (2008). *Het geheim van je brein*. Utrecht: Kosmos Uitgevers.

Abdus Sattar, S. (2004). *Opvoeding en onderwijs in de islam*. Uitgeverij Oase.

B. Bauer, Joachim (2008). *Lob der Schule: Sieben Perspektiven für Schüler, Lehrer und Eltern*. Hamburg: Hoffman und Campe Verlag.

Baumann, G. (1999). *The Multicultural Riddle: Rethinking national, ethnic and religious identities*. London: Routledge.

Boschma, J. en Groen, I. (2007). *Generatie Einstein: Slimmer, sneller en socialer*. 2e druk. Amsterdam: Pearson Education.

Boyd, D. (2007). *'Social Network Sites: Definition, History, and Scholarship'*. In: Journal of Computer-Mediated Communication 13.11, oktober 2007. Berkeley: University of Berkeley Press.

Bruin, J. de (2005). *Multicultureel drama? Populair Nederlands televisiedrama, jeugd en etniciteit*. Amsterdam: Cramwinckel.

Bruin, K. de (2008). *Ik moest dit even kwijt: 15 jaar brieven aan VPRO's Achterwerk*. Amsterdam: De Bezige Bij.

C. CBS (2008). *Jaarrapport Integratie 2008*. Te downloaden via www.cbs.nl

CBS (2010). 'Meer internet en minder tv bij jongeren'. In: *Webmagazine*, 30 juni 2010.

CBS Statline (2009). 'ICT-gebruik van personen naar persoonskenmerken'. Tabel van 17 november 2009.

Cole, M. & Cole, S.R. (2001). *The Development of Children*. 4e druk. New York: Worth Publishers.

Commissariaat voor de Media (2008). *Mediaconcentratie in beeld: Concentratie en pluriformiteit van de Nederlandse media*. Te downloaden via www.mediamonitor.nl.

Crone, E. (2008). *Het puberende brein: Over de ontwikkeling van de hersenen in de unieke periode van de adolescentie*. Amsterdam: Uitgeverij Bert Bakker.

Crul, M. e.a. (2008). *De tweede generatie: Uitdagingen en kansen voor de stad*. Te downloaden via www.nicis.nl.

D. Dasberg, L. (1994). *Grootbrengen door kleinhouden als historisch verschijnsel*. 14e druk (1e druk 1975). Amsterdam: Boom.

Deijl, W. van der (2005). *Hoop voor moslimjongeren*. Amsterdam: Buijten en Schipperheijn.

Dekkers, M. (2002). *De larf*. Amsterdam: Pandora Pockets / Contact.

Draaisma, D. (2008). *De heimweefabriek*. Groningen: Historische Uitgeverij.

Duimel, M. en Haan, J. de (2007). *Nieuwe links in het gezin: De digitale leefwereld van tieners en de rol van hun ouders*. Den Haag: Sociaal en Cultureel Planbureau.

E. Expertgroep Doorlopende Leerlijnen Taal en Rekenen (2008). *Over de drempels met taal en rekenen*. Te downloaden via www.taalenrekenen.nl en www.minocw.nl

F. Flycatcher (2009). *Gezondheid 2.0*. Onderzoek in opdracht van de Raad voor de Volksgezondheid en Zorg.

G. Gladwell, M. (2002) *The Tipping Point: How Little Things Can Make a Big Difference.* London: Little, Brown Book Group.

Groeneveld, M.J. en Steensel, K. van (2008). *Kenmerkend vmbo: Een vergelijkend onderzoek naar de kenmerken van vmbo-leerlingen.* Hilversum: Hiteq, centrum voor innovatie. Te downloaden via www.hiteq.org.

H. Hall, S. (1990). 'Cultural Identity and Diaspora'. In: J. Rutherford (ed.), *Identity: Community, Culture, Difference* (pp. 222-237). London: Lawrence and Wishart.

Halt Nederland (2008). *Jaarbericht 2007.* Breda: Koninklijke Broese & Peereboom.

HBO-raad (6 juni 2008). 'Eerste studiejaar bottleneck voor hbo-studenten'. Persbericht op www.hboraad.nl.

Hersenstichting Nederland (2008). Brochure 'Puberhersenen in ontwikkeling'. Te bestellen via www.hsn.nl.

I. Inspectie van het Onderwijs (2008). *Onderwijsverslag 2006/2007.* Te downloaden via www.onderwijsinspectie.nl.

IVO (2008). *Monitor Internet en Jongeren 2006 en 2007.* Te downloaden via www.ivo.nl

IVO (2009). *Wat doen jongeren op internet en hoe verslavend is dit? Monitor Internet en Jongeren* 2006-2009.

K. Kaiser Family Foundation (2010). *Generation M2: Media in the Lives of 8- to 18-Year-Olds.*

Knapen, J. (2004). *Coöperatief Leren.* Interstudie/NDO. Te downloaden via www.interstudie-ndo.nl.

Kol, E. (2008). *Hyves.* Utrecht: Kosmos Uitgevers.

Krajenbrink, D. (21 december 2006). *Brainspotting: Goed, beter, best; Lerend kind mist leermeesters.* Te downloaden via www.rathenau.nl.

Kohnstamm, R. (2002a). *Kleine Ontwikkelingspsychologie Deel II: de schoolleeftijd.* 3e druk. Houten/Diegem: Bohn Stafleu Van Loghem.

Kohnstamm, R. (2002b). *Kleine Ontwikkelingspsychologie Deel III: de adolescentie.* 3e druk. Houten/Diegem: Bohn Stafleu Van Loghem.

L. Leeman, Y. (1994). *Samen jong: Nederlandse jongeren en lessen over inter-etnisch samenleven en discriminatie.* Utrecht: Van Arkel.

M. Manpower (2006). *Manpower Witboek: De nieuwe werknemer.* Amsterdam: Manpower.

MarketResponse (2009). *Grenzen stellen bij pubers: vasthouden en loslaten.* Onderzoek onder ouders van pubers ten behoeve van het opvoeddebat, 10 december 2009.

MBO-raad (2007). *Be good and tell it: Actieplan Onderwijskwaliteit.* Te downloaden via www.mboraad.nl.

Media Makkers (2008). *Docentenhandleiding lesmateriaal Media Makkers.* Te downloaden via www.mediamakkers.nl

Meer, R. van der & Dudink, A. (1998). *Het hersenpakket.* Amsterdam: Van der Meer PHPC.

Ministerie van OCW (2008). *Voortijdig schoolverlaten: Uitvalcijfers 2006-2007.* Te downloaden via www.minocw.nl.

Monshouwer, K. e.a (2008). *Jeugd en riskant gedrag 2007. Kerngegevens van het Peilstationsonderzoek scholieren: Roken, drinken, drugsgebruik en gokken onder scholieren vanaf 10 jaar.* Utrecht: Trimbos-instituut.

N. Nibud (2007). *Nibud scholierenonderzoek 2006-2007.* Te downloaden via www.nibud.nl.

Nibud (2008). *Financieel gedrag van jongeren: Achtergronden & invloeden.* Te downloaden via www.nibud.nl.

NJR (2008). *Wat is gezondheid?* Onderzoeksverslag Jeugdraadpanel. Te downloaden via www.njr.nl.

P. Pew Internet (2010). *Teens and Mobile Phones,* april 2010. Te downloaden via http://pewinternet.org.

Postman, N. (1982). *The Disappearance of Childhood.* New York: Vintage Books.

Prins, M. (2008). *De deugd van tegenwoordig: Een onderzoek naar jongeren en hun grenzen.* Nijmegen: Radboud Universiteit Nijmegen.

Pijpers, G (2009). *Slaap je slim: Hoe win je tijd zonder iets te missen.* Amsterdam: Nieuw Amsterdam.

Q. Qrius (2007). *Jongeren07: Alle opties open.* Amsterdam: Qrius.

Qrius (2009). *Jongeren '09: We laten ons niet gek maken.*

R. Raad voor Maatschappelijke Ontwikkeling (2008). *Tussen flaneren en schofferen: Een constructieve aanpak van het fenomeen hangjongeren.* Amsterdam: Uitgeverij SWP.

Radboud Universiteit Nijmegen (24 april 2008). 'Volksgezondheidsprijs voor Haske van der Vorst'. Persbericht op www.ru.nl.

Radboud Universiteit (30 oktober 2008). 'Veel jongeren kunnen niet met geld omgaan'. Persbericht op www.ru.nl.

Researchcentrum Onderwijs-Arbeidsmarkt (november 2007). *De arbeidsmarkt naar opleiding en beroep tot 2012.* Maastricht.

Researchcentrum Onderwijs-Arbeidsmarkt (november 2006). T*echnomonitor 2006.* Maastricht.

Rich Harris, J. (1999). *The Nurture Assumption: Why Children Turn Out the Way They Do.* New York: Free Press.

S. Saharso, S. (1992). *Jan en alleman: Etnische jeugd over etnische identiteit, discriminatie en vriendschap.* Utrecht: Van Arkel.

Schouten, A. (2007). Proefschrift: *Adolescents' Online Self-Disclosure and Self-Presentation.* Amsterdam: Universiteit van Amsterdam.

Seidl, C. (2007). *Schöne junge Welt: Warum wir nicht mehr älter werden.* München: Goldmann Verlag.

Shohat, E. & Stam, R. (1994). *Unthinking Eurocentrism: Multiculturalism and the Media.* London & New York: Routledge.

Sitskoorn, M. (2007). *Het maakbare brein: Gebruik je hersens en word wie je wilt zijn.* Amsterdam: Uitgeverij Bert Bakker.

Sociaal Cultureel Planbureau (2006). *Leefsituatie allochtone stedelingen.*

SPOT (2010). *Tijdsbestedingonderzoek: Alles over tijd 2010.* Te downloaden via www.spot.nl

Son, G. van, Furth E.F. van, Schoemaker, C. (24 september 2007). 'Hoe vaak komen eetstoornissen voor en hoeveel mensen sterven eraan?' In: *Volksgezondheid Toekomst Verkenning: Nationaal Kompas Volksgezondheid.* Bilthoven: RIVM.

Steinberg, L. (2004). *The 10 Basic Principles of Good Parenting.* New York: Simon & Schuster.

T. Trimbos Instituut (2006). *Samenvatting alcoholgebruik en jongeren onder de 16 jaar: Schadelijke effecten en effectiviteit van alcoholinterventies.* In opdracht van Ministerie van VWS. Utrecht: Trimbos Instituut.

Trimbos Instituut (2007). *Nationale Drug Monitor: Jaarbericht 2007.* Utrecht: Trimbos Instituut.

U. Universiteit Leiden (5 februari 2008). 'Studiekeuze komt te vroeg'. Persbericht bij diesoratie P.M. Westenberg. Leiden: Universiteit Leiden.

Universiteit van Maastricht (30 mei 2008). 'Obesitas niet veroorzaakt door minder beweging'. Persbericht op www.unimaas.nl.

V. Valkenburg, P. (2010). 'Online communiceren'. In: *Contact! Kinderen en nieuwe media.* Houten: Bohn Stafleu Van Loghum.

Verheggen, P.P. & Spangenberg, F. (2001). *Nieuwe Nederlanders: Etnomarketing voor diversiteitsbeleid.* Alphen aan den Rijn: Samson.

VHTO (2008). *Meer inzicht in schoolloopbaan-keuzes van leerlingen m/v: Keuzes monitoren met UP Leerlingenkeuze.* Platform Bèta Techniek, Den Haag.

Vollebergh, W. (2008). Oratie *De tijd van je leven: Jeugd in veranderende culturele contexten.* Utrecht: Universiteit Utrecht.

Vos, H. (2006). *Networked Individualism: de nieuwe manier van samenzijn? Een studie naar het gebruik van sociale netwerksites op Internet.* Amsterdam: Universiteit van Amsterdam.

W. Watson, J (1977). *Between Two Cultures: Migrants and Minorities in Britain.* Oxford: Blackwell.

Werdmölder, H. (2005). *Marokkaanse lieverdjes.* Amsterdam: Uitgeverij Balans.

Westenberg, Prof. Dr. P.M. (2008). Diesoratie *De Jeugd van Tegenwoordig!* Leiden: Universiteit Leiden.

Winter, M. de (2007). 'Opvoeding, onderwijs en jeugdbeleid in het algemeen belang: de noodzaak van een democratisch-pedagogisch offensief'. In: P.A. H. van Lieshout, M.S.S. van der Meij en J.C.I. de Pree (red.), *Bouwstenen voor betrokken jeugdbeleid.* Amsterdam: Amsterdam University Press. Pp. 248-263.

Y. YoungWorks (2003). *Amsterdamse jongeren in zicht: Handboek jongerencommunicatie en -participatie in Amsterdam.* Amsterdam: YoungWorks.

YoungWorks (2007). *TeamBrabant: jongeren over musea in Brabant: Highlightsverslag van een Trendspotronde.* Amsterdam: YoungWorks.

YoungWorks (2008a). *Hoe wordt de bieb weer hot?* Amsterdam: YoungWorks.

YoungWorks (2008b). *Let's Talk About Money.*_ Amsterdam: YoungWorks.

YoungWorks (2008c). *Jong in de Baarsjes: Verslag van een Exploratief Onderzoek.* Amsterdam: YoungWorks.

YoungWorks (2008d). *Communicatie-advies OTIB: Jongerencommunicatie m.b.t. electrotechniek.* Amsterdam: YoungWorks.

Z. Zoonen, L. van (1999). *Media, cultuur & burgerschap.* Amsterdam: Het Spinhuis.

Artikelen

A. Aarts, M. (3 april 2010). 'Bedolven onder info-lawine'. In: *De Telegraaf*, 3 april 2010.

Aarts, M. (17 april 2010). 'Pas op voor infobesitas!' In: *De Telegraaf,* 17 april 2010.

ANP (6 juni 2008). 'Eerste studiejaar struikelblok voor hbo'ers'.

ANP (9 maart 2010). 'Professor Amerikaanse universiteit verbiedt laptop'. Volkskrant.nl, 9 maart 2010.

B. BBC (2005). '"Infomania" Worse Than Marijuana'. *BBC News*, 22 april 2005.

Beek, M. en M. van Leeuwen (11 juni 2007). 'Coma-zuipen nieuwe sport jeugd'. In: *Algemeen Dagblad.*

Beintema, N. (2009). 'Puberparadox'. In: *NRC Handelsblad*, 11 april 2010.

Bell, S (2004). 'The Infodiet: How Libraries Can Offer an Appetizing Alternative to Google'. In: *The Chronicle of Higher Education*, Vol 50.

Blom, S. (30/31 december 2006). 'Tussen oud en nieuw. Ziehe: jongeren willen dat school anders is dan hun zelfwereld'. In: *NRC Handelsblad.*

Boland, C. (19 maart 2008). 'Jan Derksen: "Nederland is koploper in narcisme"'. In: *Intermediar.*

Bondstein, J. (10 mei 2008). 'Generation Netzkind'. In: *Der Spiegel.*

Boo, M. de (14 november 2006). 'Verstand komt met de jaren'. In: *NRC Handelsblad.*

Borght, A. van der (1 juni 2008). 'Prethormonen'. Bron: www.goedgevoel.be.

Bouma, J-D. (5 april 2007). 'Veel te veel kapsters'. In: *NRC Handelsblad.*

Bouma, Japke-d. (20 mei 2008). 'Ministerie erkent daling onderwijspeil'. In: *NRC Handelsblad.*

Bovens, M. (9 december 2006). 'De groeiende kloof in de diploma-democratie'. In: *NRC Handelsblad.*

Bruin, Ellen de (17 februari 2007). 'Laat ze geloven dat intelligentie groeit, dan leren ze beter'. In: *NRC Handelsblad.*

C. Carvalho, H. (19 september 2008). 'Ik wil een moeder zijn voor mijn publiek'. In: *NRC Handelsblad.*

E. Ebisch, B. (12 maart 2008). 'Gsm aan oor, pc op schoot'. In: *Spits.*

G. Gangwisch, J.E., e.a. (2010). 'Earlier Parental Set Bedtimes as a Protective Factor Against Depression and Suicidal Ideation'. In: *Sleep* 2010;33(1):97-106.

K. Kamerman, S. (23 oktober 2007). 'Wie we stom vinden en wie juist leuk is'. In: *NRC Handelsblad.*

Klaver, M.J. (3 juni 2008). 'Jongens die gamen, worden goede teamspelers'. In: *NRC Handelsblad.*

Koelewijn, J. en Twillert, M. van. (13 juni 2008). 'Pa is erg betrokken, maar "het is zijn leven"'. In: *NRC Handelsblad.*

L. Lucas, N. (12 november 2006). 'Schizofrenie: Ziek van het buitengesloten zijn'. In: *Trouw.*

M. Marreveld, M. (2006). 'Kiezen is een kwestie van leren van ervaringen'. In: *Didaktief* nr. 4. Meer informatie: www.frans-meijers.nl.

Morris, J. (2003). 'Tales of Technology: Consider a Cure for Pernicious Infobesity'. In: *Post-Gazette*.

N. Navis, J. (27 november 2007). 'Seks: niet clips, maar vrienden hitsen op'. In: *Spits*.

Nikken, P. (20 maart 2008). 'Seksuele mores Nederlandse jeugd zijn gematigd'. In: *JeugdenCo*.

Nussbaum, E. (12 februari 2007). 'Say Everything'. In: *New York Magazine*.

O. Ophir, E. e.a. (2010). 'Cognitive Control in Media Multitaskers'. In: *Proceedings of the National Academy of Sciences of the United States of America (PNAS)*, 20 juli 2009.

P. Park, A. (juni 2004). 'What Makes Teens Tick'. In: *Time*.

Pen, H. (10 maart 2007). 'Puberbrein kan niet plannen'. In: *Het Parool*.

Polman, J. (27 november 2007). 'Tieners kwistig met privé-gegevens op web'. In: *Spits*.

R. Reany, P. (17 september 2005). 'Onderzoek: pubers hebben minder sociaal vermogen'. In: *Leeuwarder Courant*.

Roelofsz, A. (september 2007). 'Uw grootste woonergernissen'. In: *Eigen Huis Magazine*.

Rooijen, M. van (2007). 'Uitsluiting maakt ziek'. In: *PSY*.

S. Santen, H. van (18 december 2007). 'Allochtonenwijk heilzaam voor psyche: Migranten hebben hogere kans op schizofrenie, maar alleen in autochtone wijk'. In: *NRC Handelsblad*.

Schöttelndreier, M. (2008) 'De jeugd valt altijd tegen'. In: *Oog*.

Swaab, D. (14 juni 2008). 'Oorlog in de zomer'. In: *NRC Handelsblad*.

T. Toonen, A. (29 mei 2008). 'Kind blij met strenge, lieve ouders'. In: *NRC Handelsblad*.

V. Verdegaal, E. (26 april 2008). 'Jeugdzondes'. In: *NRC Handelsblad*.

Vermeer, O. (3 juli 2008). 'Is het niet beter om wat minder beslissingen onbewust te nemen? Een interview met Ap Dijksterhuis'. In: *NRC Handelsblad*.

Visscher, M. (2006). 'Als "The Sims" huiswerk wordt'. In: *Ode*.

Visser, S. (april 2005). 'Wat leerlingen van docenten verwachten'. In: *Onderbouw magazine*.

Visser, S. (juni 2005). 'Het beste van twee werelden: De Eigen Weg van ORS Lek en Linge'. In: *Issues*.

Visser, S. (april 2007). 'Portfolio: wordt vervolgd'. In: *Van twaalf tot achttien*.

Visser, S. (april 2008). 'Stop met dramatiseren'. In: *VO-magazine*.

Visser, S. (september 2008). 'Eerste Slash-cohort laat significante opstroom zien'. In: *Carmel Magazine*.

W. Wensink, H. (8 mei 2008). 'Dilemma's bij pikante webfoto'. In: *NRC Handelsblad*.

Westenberg, P.M. (28 april 2008). 'Laat studenten pas na een jaar flexibel studeren definitieve studiekeuze maken'. In: *NRC Handelsblad*.

Wijnberg, R. (19 februari 2007). 'Boeiuh is ons toverwoord, chilluh onze hobby'. In: *NRC Handelsblad*.

Wit, de A. (24 maart 2007). 'Het temmen van de consument'. In: *NRC Handelsblad.*

Z. Z.a. (28 april 2008). 'Jonge hersens raken sneller verslaafd'. In: *Trouw.*

Geraadpleegde websites

www.hersenstichting.nl – Informatie en animaties over de werking van de hersenen.

www.hiphopinjesmoel.nl – Site over hiphop.

www.jellejolles.nl – Site van hersenwetenschapper Jelle Jolles, met veel informatie over hersenen en onderwijs.

www.mediamakkers.nl – Veel informatie en voorlichtingsmateriaal over mediawijsheid.

www.mediawijsheid.nl – Achtergrondinformatie over mediawijsheid.

www.lifehacking.nl

http://lindastone.net

www.nienkebeintema.nl/puberbrein.htm – Interview met Amerikaanse hersenonderzoeker Jay Giedd.

www.rhinegroup.nl – Site van de producent van de Mosquito.

http://nl.wikipedia.org/wiki/Verslaving

www.ypsilon.org – Site van vereniging van familieleden en betrokkenen van mensen met een psychose of schizofrenie.

Radioprogramma's

Hoe? Zo! – Aflevering 'Puberbrein' (met Eveline Crone) van 6-6-2007 (via www.radiocast.nl).

Winter, M. de. (2005). Op www.dolcevita.kro.nl/audioarchief/uitzendingen2005.

Tv-programma's

Paul Rosenmöller en... 11 juni 2005, IKON TV.

Teen Species. 2002, BBC.

Tegenlicht: Ik en het web. 29 oktober 2007, VPRO.

BBC (2010). *The Virtual Revolution. How 20 Years of the Web Has Changed Our Lives*, 19 juni 2010.

Overig

Bos, Wouter van den (augustus 2008). *Adolescentenbrein onder de loep.* Presentatie voor de Nationale Denktank.

Swaab, Dick (2008). *Het puberbrein.* Persoonlijke aantekeningen / interview.

Interessante websites

Hersenen van jongeren

www.hersenstichting.nl
Algemene informatie over hersenen en specifieker over puberhersenen. Bestel hier online de brochure 'Puberhersenen'.

www.juniorhersenen.nl
Site van het Brain & Development Lab van de Universiteit Leiden, met algemene informatie over hersenen en over het hersenonderzoek dat hier wordt verricht onder kinderen en jongeren.

www.hersenenenleren.nl
Informatieve site over de relatie tussen de hersenen en het vermogen om te leren, van het Centrum Brein & Leren van het Instituut Hersenen & Gedrag van de Universiteit Maastricht, waaraan hoogleraar Jelle Jolles verbonden is.

www.puberbrein.nl
Actuele informatie van de makers van dit boek met onder meer:

- meer achtergrondinformatie;
- diverse filmpjes over jongeren;
- actuele informatie over lezingen en andere activiteiten over dit onderwerp.

Puberteit

www.volwassenworden.nl
Veel (visuele) informatie over de puberteit en alle lichamelijke veranderingen die daarbij horen. Van Johnson & Johnson, producent van o.a. tampons en maandverband.

Opvoeding

www.ouders-online.nl
Grootste ouder-community van Nederland.

www.jmouders.nl
Site van tijdschrift *J/M*, vakblad voor ouders.

Gezondheid

www.safesex.nl
Site van Soa Aids over veilig vrijen.

www.sense.info
Jongerensite met allerlei informatie over seksuele gezondheid, zoals soa's en aids, anticonceptie en seksualiteit.

www.uwkindenalcohol.nl
Site van het Trimbos Instituut over de effecten van alcohol.

Mediawijsheid

www.mijnkindonline.nl
Site van het kenniscentrum Jeugd en Media, met tips naar onderzoeken, publicaties en lesmateriaal.

www.mediamakkers.nl
Informatie over mediawijsheid voor ouders, kinderen en jongeren en docenten.

Jongerenmarketing en reclame

www.youngmarketing.nl
Weblog over jongerenmarketing met vele links.

www.youngworks.nl
Site van YoungWorks, bureau voor jongerencommunicatie.

Twee interessante internationale sites zijn www.ypulse.com en www.onteenstoday.com

Jongerensites

Een virtuele tour langs enkele jongerensites? Naast bekendere sites als www.geenstijl.nl, www.partypeeps2000.com of www.hyves.nl kun je ook een kijkje nemen op www.scholieren.com, www.spunk.nl, www.vkmag.com, www.xseno.nl en www.flabber.nl.